Allitera Verlag

ULRIKE LEUTHEUSSER studierte Geschichte, Geografie und Latein in Köln und Berlin. Sie arbeitete mehrere Jahre im Pressereferat der Max-Planck-Gesellschaft und verantwortete fünfzehn Jahre den Programmbereich Wissenschaft-Bildung-Geschichte im Bayerischen Fernsehen. Für ihre journalistische Tätigkeit wurde sie mehrfach ausgezeichnet; 2007 erhielt sie die Medaille »Bene merenti« der Bayerischen Akademie der Wissenschaften. Sie lebt als freie Journalistin und Autorin in Grünwald. Veröffentlichungen unter anderem: »Hitler und die Frauen« (2001).

HEINRICH NÖTH hatte dreißig Jahre lang an der Ludwig-Maximilians-Universität München den Lehrstuhl für Anorganische Chemie inne. Obwohl mittlerweile emeritiert, forscht er weiter auf dem Gebiet der Hauptgruppenelemente. Seine Forschungsergebnisse wurden durch zahlreiche Auszeichnungen gewürdigt. Er war zweimal Präsident der Gesellschaft Deutscher Chemiker und acht Jahre lang Präsident der Bayerischen Akademie der Wissenschaften.

edition monacensia
Herausgeber: Monacensia
Literaturarchiv und Bibliothek
Dr. Elisabeth Tworek

»Dem Geist alle Tore öffnen«
König Maximilian II. von Bayern und die Wissenschaft

Herausgegeben von Ulrike Leutheusser und Heinrich Nöth

Allitera Verlag

Weitere Informationen über den Verlag und sein Programm unter:
www.allitera.de

Bibliografische Information der Deutschen Nationalbibliothek
Die Deutsche Nationalbibliothek verzeichnet diese Publikation in der Deutschen
Nationalbibliografie; detaillierte bibliografische Daten sind im Internet über
http://dnb.d-nb.de abrufbar.

2. verbesserte und aktualisierte Auflage Mai 2011
Allitera Verlag
Ein Verlag der Buch&media GmbH, München
© 2011 Monacensia Literaturarchiv und Bibliothek
Leitung: Dr. Elisabeth Tworek
und Buch&media GmbH, München
Lektorat: Heidi Keller
Umschlagbild: König Maximilian II. als Großmeister des Wittelsbacher Hausordens
vom heiligen Hubertus (Julius Zimmermann, Kopie nach Wilhelm von Kaulbach)
Printed in Germany · ISBN 978-3-86906-054-5

Inhalt

Grußwort Seiner Königlichen Hoheit Herzog Franz von Bayern 7

Ulrike Leutheusser
Einführung 11

Manfred Pix
»Aufwertung der geistigen Elite«
Der Maximiliansorden für Wissenschaft und Kunst und das Symposion 15

Sylvia Krauss
»Wissenschaftlicher Charakter, praktische Tendenz«
Die Gründung der naturwissenschaftlich-technischen Kommission 32

Katharina Weigand
Ein intelligentes, aber intrigantes »Nordlicht«
Der königliche Berater Wilhelm von Doenniges (1814–1872) 44

Manfred Pix
»Wegbereiter moderner Theorie«
Der Nationalökonom Friedrich Benedikt Wilhelm von Hermann (1795–1868)   55

Heinrich Nöth
»Habe mich fest und unwiderruflich gebunden«
Justus von Liebig (1803–1873) und seine Zeit in München 75

Heinrich Soffel
»Er legte die Erde auf die Waage«
Der Physiker Philipp Johann Gustav von Jolly (1809–1884) 93

Hans-Michael Körner
»Sein Ruhm hatte keinen langen Atem«
Der Historiker Heinrich von Sybel (1817–1895) 105

Wolfram Siemann
»Stets bemüht, meine neue Heimat hochzuhalten«
Der Kulturhistoriker Wilhelm Heinrich Riehl (1823–1897) 117

Hiltrud Häntzschel
»... zu Deiner und allerdings auch zu *seiner* Ehre ...«
Die Berufung von Emanuel Geibel (1815–1884) und Paul Heyse (1830–1914)
nach München 130

Friedegund Freitag
Wortgewaltiger Gegner der »Nordlichter«
Der Mediziner Johann Nepomuk von Ringseis (1785–1880) 142

Thomas Wellenhofer
Eliteförderung im 19. Jahrhundert und heute
Die Gründung des Maximilianeums und der Bayerischen EliteAkademie 154

Die Autorinnen und Autoren 171
Danksagung 175
Bildnachweis 176

Grußwort Seiner Königlichen Hoheit Herzog Franz von Bayern

Fragt man Münchner oder Fremde nach König Maximilian II. von Bayern, erhält man meist die Antwort: Man kenne ihn, allerdings nur als Namensgeber der Maximilianstraße und des Maximilianeums. Schon viel seltener wird er zusätzlich als Gründer des Bayerischen Nationalmuseums genannt.

Bis heute ist die nachhaltige Wirkung seiner Gründungen und Initiativen weniger bekannt und seine Persönlichkeit bei Weitem nicht so populär wie die anderer bayerischer Herrscher.

Schon zu Lebzeiten stand der Kronprinz und spätere König Maximilian im Schatten seines Vaters, König Ludwig I. von Bayern, und später wurde sein Nachruhm vom Glanz und der Tragik seines Sohnes König Ludwig II. von Bayern überstrahlt.

Zu Unrecht: Denn die Wissenschaftspolitik Maximilians II. und sein großes persönliches Interesse an allen Forschungsgebieten und deren Ergebnissen waren zu seiner Zeit einzigartig und weitsichtig, setzten doch viele Fürsten und Könige damals ganz andere Schwerpunkte.

Die Förderung der Wissenschaften durch König Maximilian II. war grundlegend für die Entwicklung des modernen Bayern und ist auch aus heutiger Sicht in Vielem aktuell. Denn der Wettbewerb um die besten Köpfe in der Wissenschaft, Exzellenz-Initiativen und Elite-Förderung sind in unserer Zeit Eckpfeiler erfolgreicher Bildungs- und Wissenschaftspolitik. In Maximilians Regierungsprogramm sind diese politischen Ziele enthalten, man könnte ihn zu Recht einen »Vater der Exzellenz-Politik« nennen.

Mit der Berufung der besten Gelehrten außerhalb Bayerns nach München, den sogenannten Nordlichtern, wollte Maximilian II. den Wissenschaftsstandort Bayern und dessen Renommee in Deutschland stärken. Ebenso initiierte er die Maximiliansstiftung zur Förderung hochbegabter Landeskinder, für die er das Maximilianeum erbauen ließ, sowie die Stiftung des Maximiliansordens für Wissenschaft und Kunst. Mit großem Interesse verfolgte er persönlich die Vorträge über neue Forschungsergebnisse in den königlichen Symposien. In der politischen Ausrichtung Maximilians II. waren Forschung und Bildung von herausragender Bedeutung. Bis heute tragen die Stiftung und der hochangesehene Orden zum Ansehen Bayerns bei.

Möge das Buch auch noch lange nach dem Jahr 2011 – in dem der 125. Todestag Ludwigs II. und der 200. Geburtstag Maximilians II. begangen werden – dazu beitragen, König Maximilian von Bayern als Förderer der Wissenschaften in der Öffentlichkeit bekannter zu machen.

Die Herausgeber, Ulrike Leutheusser und Prof. Dr. Heinrich Nöth, sowie die Autoren haben einen wertvollen Beitrag dazu geleistet.

Nymphenburg, im Oktober 2009

König Maximilian II. von Bayern, um 1860

Einführung

Schon als Kronprinz fasste Maximilian den Entschluss, Bayern »zum Lernen zu bringen« – die Kultur- und Wissenschaftspolitik hatte daher in seinem Regierungsprogramm oberste Priorität: »Meine künftige Regentenaufgabe in Bayern zur Zeit anzugeben, würde zu sehr ins Einzelne führen. Was das Gebiet des Geistes betrifft, so will ich vor allem darauf sehen, dass alle Tore dem Geist geöffnet werden, dass wir in der Entwicklung der Zeit nicht zurückstehen, sondern voranschreiten und so einen geachteten, verehrten Namen in Deutschland erhalten. Dann könnte Bayern im Süden von Deutschland werden, was Preußen im Norden ist, dann könnten wir an der Spitze der deutschen Staaten zweiten Ranges eine Großmacht bilden, wozu Österreich wegen seiner Fülle außerdeutscher Interessen nicht befähigt ist.«
An seinen hochgeschätzten Lehrer, den Philosophen Friedrich Wilhelm Joseph von Schelling, schrieb er fast sieben Jahre vor seiner Thronbesteigung im November 1841: »Sie wissen, dass ich die möglichste Förderung und Unterstützung der Wissenschaft mir zur Hauptaufgabe gesetzt habe.«
Maximilian wäre gewiss lieber Professor für Geschichte geworden, anstatt nach der erzwungenen Abdankung seines Vaters Ludwig I. den bayerischen Thron zu besteigen.
Der Sohn übernahm ein schweres Erbe: »So stehe ich dem täglich wachsenden Ungewitter gegenüber, ein unerfahrener Pilot mit leckem Schiff auf stürmischer See.« Die Revolutionsstürme waren zwar vorüber, doch eine mögliche Wiederkehr und damit eine Gefährdung der Monarchie nicht ausgeschlossen. Das durch die Revolution von 1848 ausgelöste Trauma prägte Maximilian bis an sein Lebensende.
Was zeichnete den jungen Monarchen aus? Sensibel und zurückhaltend, in seinen Entscheidungen oft durch Selbstkritik und Selbstzweifel gehemmt – Maximilian war alles andere als ein Machtmensch. Der »moderne Fürst auf dem Thron«, wie ihn der Historiker Friedrich Prinz genannt hat, war bestrebt, sein Amt nach bestem Wissen und Gewissen für »sein« Bayern auszufüllen. Weder persönliche Prachtentfaltung und Reichtum noch militärische Eroberungen interessierten den König,

sondern vielmehr, die Wohlfahrt und das Ansehen Bayerns zu mehren. Für soziale Einrichtungen öffnete er auch seine Privatschatulle, er unterstützte Initiativen, wie einen Verein zur Erziehung armer und verwahrloster Knaben, und verbesserte das Kinderschutzgesetz.

Ein Hauptcharakterzug seiner Persönlichkeit waren seine unstillbare Wissbegierde und sein lebenslanger Lerneifer. »König Max II. [...] hatte in seinem ganzen Wesen wenig Leidenschaftliches, aber eine Leidenschaft erfüllte ihn [...] die Leidenschaft zu lernen«, urteilte sein enger Berater, der Volkskundler Wilhelm Heinrich Riehl. Auch Marie von Preußen lernte den Bildungshunger ihres späteren Gemahls früh kennen, schon als Verlobte begleitete sie ihn während eines Aufenthalts in Berlin zu einer Vorlesung und einer Versammlung des Wissenschaftlichen Vereins. Später erregte die Königin bei den Teestunden mit Gelehrten und Schriftstellern zuweilen den Unwillen ihres Mannes, wenn sie den Vorträgen nicht volle Aufmerksamkeit schenkte und stattdessen in Fotoalben blätterte oder sich mit anderen unterhielt.

Bei seinen Regierungsgeschäften studierte Maximilian, um keinen Fehler zu machen, intensiv die Akten, gab zahlreiche Gutachten bei Experten unterschiedlicher, sogar konträrer Richtung in Auftrag, um alle Aspekte zu beleuchten und für seine Entscheidungen eine möglichst objektive Grundlage zu haben. Diese wissenschaftliche Vorgehensweise bei der Vorbereitung politischer Entscheidungen kennen wir aus der Politikberatung unserer Zeit, sie kann allerdings bei exzessiver Anwendung zu unliebsamen Verzögerungen führen und als mangelnde Entschlusskraft des Politikers oder der Regierung gedeutet werden.

In seiner Denkschrift »Bayerns Politik« vom November 1855 formuliert der Monarch die Richtlinien seiner Politik programmatisch. Die Förderung von Wissenschaft, Kunst und Kultur hat darin einen besonderen Stellenwert. Mit der Betonung auf Wissenschaft an erster Stelle werde Bayern »ein Centralpunkt deutscher Wissenschaft im Süden«.

Die Berufung der besten Professoren an die Ludwig-Maximilians-Universität in München sollte zum einen die Reputation Bayerns heben, andererseits durch die praktische Umsetzung der Forschungsergebnisse die Entwicklung von moderner Industrie und Wirtschaft fördern und letztlich den allgemeinen Lebensstandard der arbeitenden Bevölkerung verbessern.

Maximilians Wissenschaftspolitik ist aus heutiger Sicht aktueller denn je: Der Wettbewerb um die besten Köpfe wurde von ihm begonnen. Elitenetzwerke und Exzellenzinitiativen zur Förderung wissenschaftlicher Höchstleistungen führen diese Entwicklung in unserer Zeit fort. Der Wettbewerb um Spitzenforscher wird in der wissensbasierten Welt des

21. Jahrhunderts noch zunehmen, ist von den politischen Entscheidungsträgern gewünscht und wird den Universitäten und Forschungseinrichtungen »von oben« verordnet. Die Grundlagen dieser Entwicklung wurden im fortschrittsbegeisterten 19. Jahrhundert gelegt. Man kann daher den bildungs- und wissenschaftsgläubigen König Maximilian II. in gewissem Sinn »Vater des Exzellenzwettbewerbs« nennen.

Viele der vom Monarchen berufenen Professoren kamen aus Norddeutschland, waren protestantisch und stießen bei den einheimischen katholischen Professoren auf erheblichen Widerstand. Spöttisch nannten sie ihre neuen Kollegen »Nordlichter«, bekämpften sie innerhalb und außerhalb der Münchner Universität, zum Teil auf persönlich verletzende Weise. Entscheidende Gründe für die Ablehnung der vom König Berufenen lagen vor allem in der zum Teil erheblich besseren Besoldung, in der gesellschaftlichen Aufwertung der »Nordlichter« durch die großzügige Verleihung des neu geschaffenen Maximiliansordens für Wissenschaft und Kunst, im engen vertraulichen Umgang des Monarchen in den Gesprächsrunden, den sogenannten Symposien, am Hofe sowie nicht zuletzt im arroganten Auftreten einzelner Berufener.

Doch Maximilian war nicht nur ein großer Förderer der Wissenschaften, unter anderem Gründer der bis heute hoch angesehenen Historischen Kommission bei der Bayerischen Akademie der Wissenschaften, sondern auch Initiator der Ausbildung hochbegabter Studenten aus Bayern. Für seine Studienstiftung, eine »Pflanzschule« für künftige Staatsdiener, baute er das Maximilianeum, wo damals »26 Jünglinge von hervorragender geistiger Begabung und tadelloser sittlicher Führung« bei freier Kost und Logis Staats- und Rechtswissenschaften studieren durften. Seit 1949 ist das Maximilianeum auch Sitz des Bayerischen Landtags. In der Studienstiftung Maximilianeum lebt das Erbe des Königs fort, aber auch in einer neuen, erst zehn Jahre alten Einrichtung, die von der bayerischen Wirtschaft und der Staatsregierung getragen wird, der Bayerischen EliteAkademie, in der hochbegabte und sozial engagierte Studierende der bayerischen Universitäten mit einem besonderen Programm gefördert werden. Die Studenten und Studentinnen werden heute allerdings nicht mehr speziell für den Staatsdienst ausgebildet, sondern sollen in ihrem späteren Berufsleben zur Leistungs- und Verantwortungselite in unserer Gesellschaft gehören.

Mit diesem Buch möchten die Herausgeber zusammen mit sachkundigen Autorinnen und Autoren dem historisch interessierten Leser einen weniger bekannten bayerischen König und seine Wissenschaftspolitik näher bringen. In prägnanten Beiträgen werden wichtige politische Berater,

bedeutende nach München berufene Wissenschaftler und Literaten, ein einflussreicher Gegner der »Nordlichter« sowie verschiedene Initiativen des Monarchen zur Förderung der Wissenschaften und Bildung in Bayern vorgestellt.
König Ludwig I. machte München zur Kunststadt, sein Sohn Maximilian II. zur Wissenschaftsstadt. Beide prägten mit ihren unterschiedlichen Persönlichkeiten das Bild Bayerns. Die Förderung der Wissenschaft, die Maximilian als zentrale Aufgabe seines Regierungsprogramms sah und teilweise aus seinem Privatvermögen finanzierte, ist bis heute sein großer Verdienst und war für die Zukunft Bayerns wegweisend. Als Maximilian 1864 im Alter von nur zweiundfünfzig Jahren unerwartet starb, sollen seine letzten Worte gewesen sein: »Ich habe das Beste gewollt.«

Grünwald, November 2009
Ulrike Leutheusser

Manfred Pix
»Aufwertung der geistigen Elite«
Der Maximiliansorden für Wissenschaft und Kunst und das Symposion

König Maximilian II., der sich schon als Kronprinz von seinen wissenschaftlichen Beratern Gutachten zur Förderung der Wissenschaften vorlegen ließ, schuf im Rahmen seiner Wissenschaftsoffensive zu Beginn der 1850er Jahre zwei in ihrer Wirkung nur scheinbar entgegengesetzte Einrichtungen: den nach außen, an die Öffentlichkeit gerichteten Maximiliansorden für Wissenschaft und Kunst und das nach innen orientierte private Symposion. Beide Institutionen bezweckten die »Aufwertung der geistigen Elite, deren Glanz wiederum das bayerische Königtum in ein positives Licht rücken sollte«[1], die erste auf direktem, die zweite auf indirektem Weg.

Den »eigenen Orden«, »um hervorragenden Leistungen im Gebiete der Wissenschaft und Kunst eine besondere Auszeichnung zu gewähren«[2], gründete König Maximilian am 28. November 1853, seinem zweiundvierzigsten Geburtstag. Von diesem Tag an bestand »ein bayerischer Orden zur Anerkennung ausgezeichneter Verdienste in Wissenschaft und Kunst«[3], der »vorzugsweise für deutsche Gelehrte und Künstler bestimmt« war.[4] Er gewährte den Ordensmitgliedern zwar nicht, wie ursprünglich vorgesehen, die Hoffähigkeit, immerhin aber den Hofzutritt, der die Einladung zur königlichen Tafel und die Zuziehung zu Hoffestlichkeiten bedeutete. Intention und Vorbild des Ordens ergaben sich aus Maximilians Direktive für die Ordenserrichtung:

---

[1] Achim Sing: Die Wissenschaftspolitik Maximilians II. von Bayern (1848–1864). Nordlichterstreit und gelehrtes Leben in München (Ludovico Maximilianea Forschungen 17), Berlin 1996, S. 197.
[2] Satzungen des königlichen Maximilians-Ordens für Wissenschaft und Kunst (künftig: Satzung), Druck in: Regierungs-Blatt für das Königreich Bayern (künftig: RBl) 1853, Sp. 1649–1653, hier Präambel.
[3] Ebd., Art. I.
[4] Ebd., Art. III.

Der Maximiliansorden für Wissenschaft und Kunst

»Die Motive [...] liegen vorzüglich darin, dass Bayern vermöge seiner Lage und Macht und seiner inneren Verhältnisse berufen erscheint, in ähnlicher Weise im Süden von Deutschland, wie Preußen im Norden einen Mittelpunkt für ausgezeichnete Kräfte der Wissenschaft und Kunst zu bilden und ein Repräsentant der deutschen Intelligenz zu sein.«[5] Damit unterstrich der König den durch seine Triaspolitik verfolgten Führungsanspruch Bayerns im Konzert der Klein- und Mittelstaaten als dritte Macht gegenüber Österreich und Preußen. Zugleich nahm er die von seinem Onkel König Friedrich Wilhelm IV. von Preußen am 31. Mai 1842 gestiftete »Friedens-Klasse für die Verdienste um die Wissenschaften und die Künste« zu dem Militärorden Pour le Mérite[6] unmittelbar zum Vorbild. Der Orden Pour le Mérite für Wissenschaften und Künste wurde »nur solchen Männern verliehen, die sich durch weit verbreitete Anerkennung ihrer Verdienste in diesen Gebieten, einen ausgezeichneten Namen erworben haben.«[7] Im Gegensatz zum preußischen Orden, bei dem die Anzahl sowohl der deutschen als auch der ausländischen Ritter auf je dreißig begrenzt war[8], lag die Obergrenze der vorwiegend deutschen Ordensmitglieder beim bayerischen Orden bei hundert. Am Stiftungstag des Ordens ernannte Maximilian vierunddreißig Mitglieder im Gebiet der Wissenschaft und dreißig im Gebiet der Kunst.[9]

---

[5] Direktive für die Errichtung des Maximiliansordens für Wissenschaft und Kunst, Druck in: Hans Körner: Der bayerische Maximilians-Orden für Wissenschaft und Kunst und seine Mitglieder, in: Zeitschrift für bayerische Landesgeschichte 47 (1984), S. 299–398, hier S. 352.
[6] Urkunde für die Stiftung einer besonderen Klasse des Ordens Pour le Mérite für Wissenschaften und Künste. Faksimile in: Orden 1977, S. 21–23, Präambel.
[7] Ebd., §1.
[8] Ebd., §2, §6.
[9] RBl. 1853, Sp. 1653–1656.

Da der schwäbische Dichter Ludwig Uhland ablehnte, verringerte sich die tatsächliche Anzahl im Gebiet der Kunst auf neunundzwanzig. Von den Gelehrten wirkten dreizehn in Berlin, zwölf in München, je drei in Göttingen und Wien, zwei in Heidelberg und einer in Tübingen, von den Künstlern dreizehn in München, fünf in Berlin, drei in Wien, zwei in Dresden und je einer in Bonn, Düsseldorf, Hannover, Kassel, Neuses und Rom. Zweiundzwanzig der Ordensmitglieder besaßen bereits das preußische Pendant, unter anderem im Gebiet der Wissenschaften der Germanist Jakob Grimm, der Naturforscher und Geograf Alexander von Humboldt, der Chemiker Justus Freiherr von Liebig, der Jurist Friedrich Karl von Savigny, der Philosoph Friedrich Wilhelm von Schelling; im Gebiet der Kunst die Maler Peter von Cornelius, Wilhelm von Kaulbach und Julius Schnorr von Carolsfeld, der Bildhauer Johann Christian Rauch, der Dichter und Orientalist Friedrich Rückert. Elf wurden in späteren Jahren zu Rittern des Ordens Pour le Mérite für Wissenschaften und Künste gewählt und vom preußischen König bestätigt, darunter die in Berlin wirkenden Historiker Leopold von Ranke (1855) und Georg von Raumer (1863) sowie der Architekt August Stüler (1858). Unter den Münchnern waren auch der Nationalökonom und Finanzwissenschaftler Friedrich Benedikt Wilhelm von Hermann (1861), obwohl er 1840 den Ruf an die Berliner Universität abgelehnt und in der Paulskirche 1848/49 vehement gegen Preußens Hegemonieanspruch gekämpft hatte. Wie in Preußen die 1840 aus Bayern nach Berlin berufenen Cornelius, Rückert und Schelling von Friedrich Wilhelm IV. bei der Ordensstiftung 1842 zu Rittern ernannt wurden, bestimmte auch Maximilian einige der von ihm nach München Berufenen bei Errichtung des Maximiliansordens für Wissenschaft und Kunst 1853 zu Mitgliedern, unter anderem den Juristen Johann Caspar Bluntschli, den Historiker Wilhelm von Doenniges und die Dichter Franz Dingelstedt und Emanuel von Geibel. Von 1854 bis zu seinem Tod (10. März 1864) ernannte der König noch siebenunddreißig Träger des Ordens, darunter den Historiker Heinrich von Sybel (1857), den Schriftsteller und Übersetzer Friedrich von Bodenstedt (1863) und den dänischen Dichter Hans Christian Andersen (1859). Zu Mitgliedern des unter seiner Großmeisterschaft gebildeten sieben- bis neunköpfigen Ordenskapitels[10] ernannte der Ordensstifter ausschließlich in München wirkende Ordensträger, drei Universitätsprofessoren, neben Liebig den Historiker Andreas Buchner und den Altphilologen Friedrich Wilhelm von Thiersch, letzterer zugleich Vorstand der Königlich Bayerischen Aka-

---

[10] Satzung, Art. V.

demie der Wissenschaften, den Dichter Emanuel von Geibel, den Direktor der Akademie der Bildenden Künste Wilhelm von Kaulbach, den Architekten Leo von Klenze und den Generalmusikdirektor Franz Lachner.[11] Die Wahl Liebigs zum Vorsitzenden des Ordenskapitels durch die Kapitelmitglieder am 17. Dezember 1853 fand am 25. Januar 1854 die Bestätigung des Königs.[12] Nach dem Tod Buchners (13. Dezember 1854) ernannte Maximilian Hermann am 4. Dezember 1855 zum Kapitelmitglied[13].

Engelbert Seibertz: Einführung des Naturforschers Alexander von Humboldt in einen Kreis berühmter Künstler und Wissenschaftler in München (Fresko Konferenzzimmer Maximilianeum)

Bald nach Stiftung des Maximiliansordens, am 9. Januar 1854, lud König Maximilian privat erstmals sieben Personen für den Abend zum Billard in die Grüne Galerie der Residenz ein. Dies wird als der Beginn des kö-

[11] RBl 1853, Sp. 1656.
[12] RBl 1854, Sp.125f.
[13] RBl 1856, Sp. 95.

niglichen Symposions betrachtet.[14] »Man wurde«, berichtet der häufigste Stammgast, der Schriftsteller Paul Heyse, »regelmäßig erst am Morgen oder Mittag zu diesen Abenden eingeladen und hatte in Frack und schwarzer Krawatte zu erscheinen.«[15] Die letzte Abendgesellschaft mit zehn Personen fand am 3.[16] oder 4. März 1864[17], wenige Tage vor dem Tod des Königs, statt.

Seine unstillbare Neugier, seine Fähigkeit, präzise Fragen zu allen Wissensgebieten zu stellen und zuzuhören, hatte Maximilian schon als Kronprinz in Zwiegesprächen geschult, um über die Welt seiner Erziehung hinaus Erkenntnisse zu gewinnen: Einsichten, um später einmal regieren zu können, in der Überzeugung, »dass universellste Bildung dem modernen Fürsten unerlässlich« sei.[18] »Kleine Gelehrtengesellschaften« (Ludwig I.), »Abendberedungen« (Maximilian II.) oder »Redeübungen« (Karl Friedrich Neumann) zu den wichtigen Gegenständen des Lebens und der Wissenschaft von März bis Mai 1845 schärften Gabe und Willen zum Disput.[19] Als König arbeitete er »noch offener und eifriger an seiner Fortbildung [...], denn als Kronprinz.«[20] Keineswegs lernte er jedoch, wie einer der häufigsten Gäste des Symposions, der Journalist und Kulturhistoriker Wilhelm Heinrich Riehl, bemerkt, »bloß um seiner selbst willen, sondern viel mehr noch, weil er sein Volk zum Lernen drängen wollte. Denn sein großer Lebensplan bestand dahin: das bayerische Volk durch freie Bildung höher zu heben und in jenes Gemeinbewusstsein der deutschen wissenschaftlichen Kultur zurückzuführen, das ihm während des siebzehnten und achtzehnten Jahrhunderts teilweise abhanden gekommen war.«[21]

---

[14] Hans Rall: Die Symposien König Max II. von Bayern, mit Ausführungen über die Symposien seit Platon. Für die Veröffentlichung posthum ergänzend bearbeitet von Marga Rall, hg. v. Manfred Pix, München 2001 (= Zeitschrift für bayerische Sparkassengeschichte, Beihefte 4), S. 204f.
[15] Paul Heyse: Jugenderinnerungen und Bekenntnisse, Berlin ⁴1901, S. 227.
[16] H. Rall (wie Anm. 14), S. 749, lt. Heyses unveröffentlichtem Tagebuch. Ein Protokoll liegt nicht vor.
[17] Wilhelm Heinrich Riehl: Eine Fußreise mit König Max, in: Ders.: Kulturgeschichtliche Charakterköpfe, aus der Erinnerung gezeichnet, Stuttgart ³1899, S. 245–306, S. 247f.
[18] Wilhelm Heinrich Riehl: König Maximilian II. von Bayern, in: Ders.: Kulturgeschichtliche Charakterköpfe, aus der Erinnerung gezeichnet, Stuttgart ³1899, S. 175–244, S. 183.
[19] Vgl. dazu H. Rall (wie Anm. 14), S.149ff.
[20] W. H. Riehl (wie Anm. 18), S. 182.
[21] Ebd., S. 183.

König Maximilian II. von Bayern, um 1860

Riehl, der von Anfang 1855 bis zum Ende an den Abendunterhaltungen aktiv teilnahm, bezeichnet sie als »die gelehrte Tafelrunde des sogenannten ›Symposions‹«.[22] Er bringt damit zum Ausdruck, dass es sich nicht um eine lose Kette von Veranstaltungen handelte, sondern um ein aus vielen

---

[22] W. H. Riehl (wie Anm. 17), S. 247.

kleinen Teilen zusammengesetztes Ganzes. Insgesamt belief sich die Anzahl der Zusammenkünfte, von Hinzuziehung einiger Stammgäste auf Reisen des Königs[23] abgesehen, auf hundertzweiundachtzig.

Jahr	Monat												Zusammenkünfte
	Jan.	Febr.	März	April	Mai	Juni	Juli	Aug.	Sept.	Okt.	Nov.	Dez.	Anzahl
1854	2	1	4	3	3		1					5	19
1855	2	4	5	4	2	1					1	2	21
1856	6	7	9	7	10	8					2	7	56
1857	5	1			2						2	4	14
1858	5	2	6	3	2	1				1	3	5	28
1859	4	4	4	3	1						2	4	22
1860	1	4	1		1					1		1	9
1861	1	3	4	2									10
1862	1												1
1863		1											1
1864		1											1
Insg.	27	27	34	22	19	12	1	0	0	2	10	28	182

Tab. 1: Die Anzahl der monatlichen Zusammenkünfte des Symposions von 1854 bis zum Tod des Königs im Jahr 1864

Pendelte ihre Anzahl in den ersten beiden Jahren 1854 und 1855 um zwanzig, erreichte sie mit sechsundfünfzig im Jahr 1856 ihren Höhepunkt. In den drei Folgejahren fiel sie auf vierzehn, achtundzwanzig und zweiundzwanzig zurück, bis sie nach Maximilans Resignation im Jahr der politischen Unruhen 1859, als er, den kritischen Stimmen nachgebend, »Frieden mit seinem Volke« machen wollte, 1860 und 1861 auf neun beziehungsweise zehn sank, um in den letzten drei Jahren 1862 bis 1864

[23] Vgl. u. a. die zwei Augenzeugenberichte über die Reise des Königs im Sommer 1858 »vom Bodensee quer durch den Bregenzer Wald, die Allgäuer und bayerischen Alpen sowie die angrenzenden Tiroler Täler nach Berchtesgaden« aus dem Jahr 1871 von Riehl (wie Anm. 17, S. 250ff., Zitat S. 248) und aus dem Jahr 1879 von Friedrich Bodenstedt: Eines Königs Reise. Erinnerungsblätter an König Max, Leipzig 1879 (= Aus meinem Leben, Teil 1), gekürzte Fassung, hg. von Josef Hofmiller, 1925, Neudruck München 1985.

mit jeweils bloß noch einem Treffen gänzlich einzuschlafen. Über vier Fünftel (86 Prozent) aller Soireen wurden im Winter und im Frühling abgehalten. An den einzelnen Begegnungen nahmen zwischen fünf und sechzehn Personen teil. Am häufigsten, also bei über zwei Fünfteln (43 Prozent) der hundertsiebenundsechzig Kolloquien, von denen die Teilnehmerzahl ermittelt werden konnte, betrug die Anzahl der Geladenen zwölf, bei weiteren mehr als zwei Fünfteln (42 Prozent) neun bis elf beziehungsweise vierzehn.[24] Riehl bemerkt dazu: »Meistens waren wir unser zwölf, selten mehr.«[25] Bei dem am 31. März 1859 stattgefundenen Symposion waren neben den sechzehn Münchnern noch acht zur Säkularfeier der Königlich Bayerischen Akademie der Wissenschaften in München anwesende Gelehrte geladen. »Der Kreis der geladenen Gäste erweiterte sich und die sehr verschiedenartigen Persönlichkeiten stellten für sich schon eine kleine Enzyklopädie dar.«[26] Insgesamt umfaßte er mindestens einundneunzig Personen. Davon waren sechsundvierzig, also über die Hälfte, Gäste, die nur einmal, je dreizehn solche, die zwei- bis dreimal beziehungsweise vier bis neunmal, fünf, die zehn- bis neunzehnmal und vierzehn, die zwanzigmal und öfter eingeladen worden waren.[27] Riehl unterschied die Teilnehmer in »stammhaltende Gäste« (»Stammgäste«) oder »regelmäßige Gäste, oder richtiger mitarbeitende Gäste, auf welche bei den Vorträgen und den nachfolgenden privaten Beratungen des Königs gezählt wurde, und Ehrengäste, die ab und zu einmal gebeten wurden.«[28] Nähere Angaben zu den neunzehn mehr als zehnmal Geladenen, die wohl zu den Stammgästen zählten, sind in Tabelle 2 zusammengestellt.

---

[24] Ermittelt nach H. Rall (wie Anm. 14), S. 206–756: Die Quellen der Symposien.
[25] W. H. Riehl (wie Anm. 18), S. 192.
[26] Ebd.
[27] Ermittelt nach H. Rall (wie Anm. 14), S. 757–775: Register über die Teilnehmer an den Symposien.
[28] W. H. Riehl (wie Anm. 18), S. 192.

»Aufwertung der geistigen Elite«   23

Teilnehmer		In München seit	Mitglied bis zum Tod des Königs seit Jahr		Teilnahmefrequenz
Name, biografische Daten, erste / letzte Teilnahme	Beruf, Stellung in München bis zum Tod des Königs 1864	Jahr	AW	Max.-Orden	x-mal
Paul Heyse (Berlin 1830–1914 München) 4.12.1854 / 3.3.1864	Schriftsteller, Dichter	1854			113
Friedrich Bodenstedt (Peine 1819–1892 Wiesbaden) 24.4.1854 / 3.3.1864	Schriftsteller, Übersetzer; Honorarprof. für slawische Sprachen an der LMU	1854		1863	74
Emanuel von Geibel (Lübeck 1815–1884 Lübeck) 4.12.1854 / 3.3.1864	Dichter, Übersetzer; 1852 Honorarprofessor für deutsche Literatur und Ästhetik an der LMU; Begründer des Münchner Dichterkreises	1852 (I: 14.5.)		1853 (E)	62
Franz Löher (Paderborn 1818–1892 München) 22.12.1855 / 3.3.1864	Historiker; als Nachfolger von Dönniges ab 1.10.1855 literarischer und wissenschaftlicher Sekretär des Königs; Honorarprofessor an der Juristischen Fakultät, 18.12.1859 o. Prof. der allgemeinen Literaturgeschichte, dann der Länder- u. Völkerkunde an der LMU	1855	1856 oM 1858 HK		56
Justus Freiherr von Liebig (Darmstadt 1803–1873 München) 4.12.1854 / 6.10.1860	Chemiker: 1.10.1852 o. Prof. der Chemie an der LMU und Konservator des chemischen Laboratoriums; 15.12.1859 Vorstand der AW und Generalkonservator; 19.12.1862 Geheimrat	1852 (I: 16.7.)	1838 kM 1845 aM 1852 oM NTK	1853 (E)	54
Wilhelm Heinrich Riehl (Biebrich / Rhein 1823–1897 München) 24.2.1855 / 3.3.1864	Kulturhistoriker, Volkskundler, Schriftsteller; 1854 Oberredakteur der Presseangelegenheiten des Außenministeriums und Honorarprofessor an der Staatswirtschaftlichen Fakultät, 8.2.1859 o. Prof. der Kulturgeschichte u. Statistik an der LMU	1854	1861 oM		43
Heinrich von Sybel (Düsseldorf 1817–1895 Marburg) 22.11.1856 / 19.1.1861	Historiker; 11.8.1856(–22.10.1861) o. Prof. der Geschichte an der LMU; 1858 geschäftsführender Sekretär der HK	1856 (I: 28.7.)	1857 oM 1861 aM 1858 HK	1857	42

Name	Beschreibung				
Karl Friedrich Dollmann (Ansbach 1811–1867 München) 22.12.1855 / 7.12.1860	Rechtslehrer, Schriftsteller; 1835 Privatdozent, 8.3.1839 a.o. Prof. der Rechte, 19.7.1844 o. Prof. des Kriminalrechts und des Kriminalprozesses an der LMU; Hofrat	1835			38
Ludwig Freiherr von und zu der Tann-Rathsamhausen (Darmstadt 1815–1881 Meran) 4.12.1854 / 15.12.1859	Militär, Adjutant des Kronprinzen, 31.3.1848 Flügeladjutant des Königs	1827			38
Johann Caspar Bluntschli (Zürich 1808–1881 Karlsruhe) 17.3.1855 / 9.1.1858	Staatsrechtslehrer; 1.10.1848 (–22.10.1861) o. Prof. für deutsches Privatrecht, deutsche Reichs- und Rechtsgeschichte und allgemeines Staatsrecht an der LMU	1848 (–1861)		1853 (E)	29
Wilhelm von Doenniges (Stettin 1814–1872 Rom) 4.12.1854 / 6.10.1860	Historiker; 1842 wissenschaftlicher Mentor und Berater	1842 (–1845) 1847 (I: 12.4. 1848)		1853 (E)	25
Adolf von Schack (Schelfstadt b. Schwerin 1815–1894 Rom) 19.2.1855 / 19.1.1861	Kunstsammler und -mäzen, Übersetzer, Hispanist, Orientalist, Dichter	1856	1856 EM	1854	25
Carl Spruner von Mertz (Stuttgart 1803–1892 München) 24.11.1855 / 3.3.1864	Historiker, Geograf, Kartograf, Militär; 31.3.1855 Flügeladjutant des Königs	1814	1842 kM 1851 aoM 1853 oM 1858 HK		24
Franz von Kobell (München 1803–1882 München) 15.12.1854 / 3.3.1864	Mineraloge, Dialektdichter; 1825 ? Adjunkt der AW, zweiter Konservator der Mineralogischen Sammlung; 15.11.1826 (E) a.o., 1834 o. Prof. für Mineralogie an der LMU	Geburt	1827 aoM 1842 oM 1852 NTK	1853 (E)	23
Moriz Carrière (Griedel b. Butzbach 1817–1895 München) 27.1.1855? / 14.2.1860	Philosoph, Ästhetiker; 1853 Honorarprof. an der LMU, 11.3.1855 zugleich Prof. für Kunstgeschichte und akademischer Sekretär an der Akademie der Bildenden Künste; Schwiegersohn Liebigs	1853 (I: 4.3.1855)			19

Karl von Leonrod (1814–1905 Partenkirchen) 5.3.1854 / 19.1.1861	Militär			18
Franz Xaver von Gietl (Höchstädt a. d. Donau 1803–1888 München) 10.3.1855 / 19.1.1861	Mediziner; 1834 Leibarzt des Kronprinzen, späteren Königs; 17.10.1838 o. Prof. der Arzneiwissenschaft an der LMU und medizinische Klinik; 31.12.1849 Geheimrat	1834?		16
Philipp von Jolly (Mannheim 1809–1884 München) 13.12.1854 / 3.12.1859	Physiker; 28.6.1854 o. Prof. der Experimentalphysik an der LMU	1854	1856 oM	15
Reinhold Pauli (Berlin 1823–1882 Bremen) 22.11.1856 / 22.1.1857	Historiker	Winter 1856 (–1857)	1857 aW	11

Tab. 2: Die häufigsten Teilnehmer a. d. Symposien von 1854 bis zum Tod des Königs 1864

Abkürzungen:
aM   auswärtiges Mitglied
aoM außerordentliches Mitglied
AW   Akademie der Wissenschaften
E   Verleihung bei Errichtung des Ordens
EM   Ehrenmitglied
HK   Historische Kommission bei der Akademie der Wissenschaften
I   Indigenat (Verleihung der bayerischen Staatsbürgerrechte)
kM   korrespondierendes Mitglied
LMU Ludwig-Maximilians-Universität
o. Prof. ordentlicher Professor
NTK naturwissenschaftlich-technische Kommission bei der Akademie der Wissenschaften
oM   ordentliches Mitglied
Max.-Orden Maximiliansorden für Wissenschaft und Kunst

Den Kern der Stammgäste bildeten die sieben vom König 1852 bis 1856 vorwiegend aus dem Norden Deutschlands Berufenen: Paul Heyse, Friedrich Bodenstedt, Emanuel Geibel, Franz Löher, Justus von Liebig, Wilhelm Heinrich Riehl und Heinrich von Sybel. Dem Kern des Münchner Dichterkreises Geibel, Bodenstedt und Heyse zahlte Max aus der Kabinettskasse eine »Pension«, die Gelehrten Löher und Riehl stellte er bei sich beziehungsweise im Ministerium an und verschaffte, den erst vierundzwanzig Jahre alten Heyse ausgenommen, allen eine Honorarprofessur an der Universität. Auch unter den weiteren Stammgästen befanden sich fünf Berufene: Johann Caspar Bluntschli, Wilhelm von Doenniges, Adolf Friedrich von Schack, Moritz Carrière und Philipp von Jolly. Doenniges, Maximilans Mentor und Freund, hatte den Maximiliansorden und die Berufungen von Liebig, Riehl, Jolly, Löher und Sybel angeregt. Er war schon Anfang der 1840er-Jahre und dann seit seiner Rückkehr nach München im November 1847 der maßgebliche (kultur-)politische und zugleich meistgehasste Berater des Königs. Als er mit Beginn des Monats Oktober 1855 auf Betreiben des Außenministers Ludwig von der Pfordten in den Ruhestand geschickt wurde und im darauffolgenden Jahr München ganz verließ, verringerte sich sein Einfluss allmählich, wenngleich die freundschaftliche Beziehung zum König fortbestand.

Überwog anfangs Maximilians poetisch-literarisches Interesse, weshalb »man nur von dem ›Dichterkreis‹, welchen der König allwöchentlich einmal zum Souper und Billard bei sich versammelte«[29], sprach, wandelte sich dieser durch die hinzugekommenen Wissenschafter ab 1855 in einen Gelehrtenkreis um. Von da an hatten die Zusammenkünfte nicht »mehr den ursprünglichen Charakter geselligen Verkehrs und Austausches«, sondern, schreibt Riehl, den »ernstlicher Arbeit und persönlicher Beratung«.[30] »Wir«, berichtet Riehl weiter, »begannen unsere Tafelrunde um diese Zeit nicht mehr den ›Dichterkreis‹, sondern das ›Symposion‹ zu nennen; offiziell und im Munde des Königs hatte sie gar keinen Namen. Die Einladungen lauteten: ›zum Billard.‹« »Ich«, fährt Riehl fort, »bezeichne aber diese zweite Periode [...] als die enzyklopädische, das Wort passt dann nicht bloß auf unsere Zusammenkünfte, sondern auch auf die ganze Kulturpolitik, wie sie der König in den Jahren 1855 bis 1859 energischer und selbständiger als je zuvor und nachher [...] entwickelte. Die Hauptwerkstätte seiner mannigfachen Bildungspläne war in jenen vier Jahren – aber auch nur damals – ohne Zweifel das Symposion.«[31] Anschaulich beschreibt Riehl Ort, Ambiente und Ablauf der Zusammenkünfte: »Schon um die Räume, wo wir uns versammelten, webte sich der Zauber der Poesie. Durch seit Jahren unbenutzte Prunkzimmer eines Seitenflügels gelangte man in ein schönes, reiches Rokokogemach aus der kurfürstlichen Zeit, dessen Wände mit alten Historienbildern, Porträten und Landschaften, gleich einer Gemäldegalerie, bedeckt waren; ein völlig einsamer, stiller Raum, wohin nicht das leiseste Geräusch von außen drang, vornehm und reich ausgestattet und doch so traulich, ein Asyl des Friedens inmitten des belebten Residenzschlosses. Hier stand der einfache

[29] Ebd., S. 186.
[30] Ebd., S. 239.
[31] Ebd., S. 190f.

Tisch mit der grünen Lampe, um welchen wir so manchen Abend saßen, in ernste Gespräche vertieft, oft auch erregt in stürmischer Debatte. Dem König zur Rechten saß allezeit Liebig, zur Linken Geibel«[32], das Haupt des sogenannten Münchner Dichterkreises. In Liebig fand Maximilian die naturwissenschaftliche Ergänzung zu seinen früheren historischen und philosophischen Lehrern Ranke und Schelling. Geibel, erzählt Riehl, »der nicht bloß durch seine Verse, sondern auch durch seine Persönlichkeit die besondere Zuneigung des Königs gewann, entwarf und leitete meist das poetische Programm des Abends.«[33] »Das »Souper« war höchst einfach; der König pflegte nicht mit zu essen. [...] Ein an das Zimmer unserer Tafelrunde anstoßender Saal im style de l'empire aus der Zeit Max Josephs enthielt das Billard, auf welchem wir nachgehend ein oder zwei Partien spielten, um dann zum Anhören eines Gedichts und zum Abendessen noch einmal in das Rokokozimmer zurückzukehren. Ein Thronhimmel an der Wand, dem aber der Thron und die übrige ebenbürtige Ausstattung des Raumes fehlten, zeigte an, dass dieser Billardsaal früher vornehmeren Zwecken gedient hatte. Wie der König erzählte, war er selber hier getauft worden, und er erklärte es für ein gutes Zeichen, dass Platen bei seiner Taufe als Page fungiert habe. [...].«[34] »Methodisch in allen Dingen, brachte der König später auch eine Art Geschäftsordnung in das enzyklopädische Symposion. Er gliederte den Abend in zwei Teile, ich möchte sagen, in einen theoretischen und einen praktischen. Der zweite war wichtiger als der erste; aber wer nicht zu den Eingeweihten zählte, wer nur gelegentlich als Ehrengast erschien, der merkte gar nicht, was alles im zweiten Teil vorging und entschieden wurde. Der eine Akt spielte in dem Rokokozimmer, wo wir bei einem kleinen Imbiss und nachher der Zigarre – dem modernen Symbol der ausgleichenden Vertraulichkeit – versammelt saßen, um einen Vortrag anzuhören und das Thema im allgemeinen Gespräch weiter zu erörtern; der andere Akt im Billardsaal. Hier bildeten sich Gruppen während der Pausen des Spiels, man ging auf und ab, und der König sprach mit Einzelnen unter vier Augen. Er beriet sich über seine Pläne, gab und entwarf Aufträge und nahm mündliche Berichte über den Fortgang der von ihm angeregten Arbeiten entgegen. Dazu konnte man bei dieser Gelegenheit auch unaufgefordert ein offenes Wort mit ihm reden. Fremde, welche sich über die langen Spielpausen wunderten, merkten es freilich nicht, dass inzwischen vielleicht ein weittragendes Unternehmen bere-

[32] Ebd., S. 186f.
[33] Ebd., S. 186.
[34] Ebd., S. 187f.

det und beschlossen worden war, wenn der König endlich ein paar Worte in sein kleines Notizbuch schrieb oder sich auch kurzweg einen Knopf zu mehreren bereits vorhandenen Knöpfen ins Taschentuch machte, um dann wieder unter die seiner Kugel harrenden Billardspieler zurückzukehren.«[35]

Es stellt sich nach alledem die Frage: Was erwartete der König von seinen Stammgästen, bei deren Auswahl er wie bei den Berufungen von Männern der Wissenschaft und Kunst und schon bei der Aufnahme von Personen in seinen Orden der »Ritter vom Geiste«[36] (Maximiliansorden) nicht nach Heimatschein (Herkunft), Stand, politischer Haltung und Konfession fragte? Und umgekehrt: Was erhofften sich die Gäste? Auf beide Fragen gibt der Augenzeuge Riehl eine Antwort: »Ganz im Einklang mit seiner methodischen Art, sah er in jedem von uns den Vertreter eines besonderen Fachs, und praktischen Erfolg hatte fast allezeit nur, was der Einzelne aus dem Gebiet dieses Fachs, gefragt oder ungefragt, vorbrachte. Wohl hörte er uns mitunter auch gern über Dinge reden, die wir nicht gerade aus der Schublade unseres ›Fachs‹ holten, aber das Notizbuch hat er dann kaum jemals hervorgezogen, ja nicht einmal das Taschentuch. Was der Einzelne je aus seinem Fachkreis mitteilte, das schien ihm bemerkenswert, was er etwa darüber hinaus vortrug, und wäre es noch so originell und bedeutsam gewesen, flüchtige Unterhaltung. Das Symposion als Ganzes war enzyklopädisch, und der König, welcher unsere Verhandlungen an kaum merkbaren Fäden sicher leitete, die Enzyklopädie in Person; aber der Einzelne unter uns sollte beileibe keine Enzyklopädie sein. Äußerst empfindlich wurde der König berührt, sowie er merkte, dass irgendjemand persönliche Ziele erstrebte oder überhaupt auch sachlich einen herrschenden Einfluss üben wollte. Seine Person vordrängen, war das sicherste Mittel, von ihm zurückgeschoben zu werden, ja selbst die beste Sache, welcher man etwa dabei dienen wollte, zu verderben. König Max fürchtete sich argwöhnisch vor allem Günstlingswesen. Wer daher seine Freundschaft – ich sage absichtlich nicht seine ›Gunst‹ – dauernd zu bewahren wünschte, der musste warten, bis er gefragt wurde, dann aber ehrlich und geradeaus antworten, gleichviel ob er angenehme oder unangenehme Wahrheiten zu sagen hatte; er musste den Umgang mit dem König betrachten wie den Umgang mit einem hochgeachteten Privatmann, wobei das Vergnügen und die gegenseitige geistige Frucht des Verkehrs das einzige Ziel ist und der einzige

---

[35] Ebd., S. 193f.
[36] Ebd., S. 202.

Lohn. Auch der König fasste den geselligen Umgang mit seinen Freunden [...] durchaus im Geist des liebenswürdigen Wirtes; das bekundete seine ganze Haltung, das bezeugten aber auch seine ausdrücklichen Worte: er ließ niemals merken, als wolle er uns eine Gunst oder Ehre erweisen, dagegen dankte er uns um so anmutiger für unsere Ausdauer und frische Teilnahme. Das war dann freilich die feinste Gunst und Ehre, und er hatte ein Recht zu erwarten, dass wir dieselbe mit gleichem Zartgefühl erwiderten und uns allen vordringlichen Wesens, aller eigennützigen Wünsche und Pläne, sowohl ihm selbst gegenüber als nach außen, streng enthielten. Der König war karg mit seinem Lob; er erwartete aber auch von uns keine Schmeicheleien. Jener literarische Kreis zählte Männer genug, welche ihn in der Presse laut hätten lobpreisen können und die, was mehr ist, auch Geist und Geschick besessen hätten, ihn geschmackvoll zu preisen. Keiner von uns hat das getan, und der König würde es auch von keinem begehrt haben. Das hätte auch dem ganzen Wesen unseres gegenseitigen Verhältnisses widersprochen: einen Gönner mag man öffentlich rühmen, einen treuen Freund rühmt man nur in der Stille.«[37]

Nur einmal drang etwas nach außen, als der bei seinem Münchenbesuch eingeladene Hermann Fürst von Pückler-Muskau über seine Teilnahme am 30. März 1855 in der »Allgemeinen Zeitung« vom 16. April 1855 berichtete und das Symposion als »eine unserer Zeit angemessene Veredlung des weiland Potsdamer Tabakscollegiums« nannte.[38] Maximilian sah sich daraufhin in gehörigem zeitlichen Abstand genötigt, das von dem Schriftsteller und Reisenden gezeichnete Bild durch seinen Flügeladjutanten Carl Spruner, der zu den Stammgästen des Symposions zählte, in einem Artikel über »Ein Symposion im Münchener Königsschloß« in der gleichen Zeitung vom 31. Januar 1856 ins rechte Licht rücken zu lassen. Zusammenfassend lässt sich sagen, das Symposion diente dem König »zu seiner Erholung und Zerstreuung, aber auch zu Anregung und Belehrung, vor allem zur Aussprache über seine kulturpolitischen Pläne.«[39]

Über die Gespräche führte einer der Stammgäste Protokoll. Der Historiker Hans Rall bemerkt zu seiner Edition der Abendunterhaltungen: »Von den Protokollen über die Symposien oder ihrer Zusammenfassung in

---

[37] Ebd., S. 194ff.
[38] Zitiert nach Karl-Heinz Fallbacher: Literarische Kultur in München zur Zeit Ludwigs I. und Maximilians II, München 1992 (= Schriftenreihe zur bayerischen Landesgeschichte 98), S. 98.
[39] Andreas Kraus: Maximilian II., in: Neue Deutsche Biographie, Bd. 16, Leipzig 1990, S. 490–495, hier S. 494.

Schlusssätzen ist nur der Jahrgang 1856 so gut wie vollständig. Die leider nur vereinzelt erhalten gebliebenen Protokolle der anderen Jahre ergänzte ich [...] buchstabengetreu durch das in der Handschriftenabteilung der Bayerischen Staatsbibliothek in München liegende Tagebuch Paul Heyses; dadurch gelang es, in etwa den Hauptinhalt und die Teilnehmer an vielen Symposien festzustellen; leider interessierte sich Heyse für ihm fernerliegende Gebiete wenig. Er nahm auch nicht an allen Symposien teil.«[40]

Die Vielfalt der im Symposion behandelten Themen zeigt der Blick auf das Jahr 1856, in dem rund dreißig Prozent aller Abendunterhaltungen der elf Jahre stattfanden. Die Edition der Protokolle dieses einzigen Jahres macht genau die Hälfte aller Protokolle aus. Es war die Zeit, wie Riehl bemerkt, »in der wir vier- bis fünfmal wöchentlich geladen waren, so dass sich die Teilnahme für unsere engere Gruppe der Stammgäste zu einer Art regelmäßigen und nicht immer mühelosen Dienstes steigerte.«[41] »Für unsere abendlichen Zusammenkünfte wurde [...] ein auf Monate hinausreichender Plan entworfen, demgemäß wir in Vorträgen und freier Diskussion den gegenwärtigen Stand sämtlicher Wissenschaften, je nach unseren Fächern, darstellen sollten. Das brachte eine Revolution in den gewohnten Gang des Symposions.«[42] Zugleich war das der Gipfel des enzyklopädischen Wissenstriebs des Königs, »er sättigte und übersättigte sich«.[43] In der Tat war es eine viele Länder umfassende Enzyklopädie aus Literatur, Religion und Kirche, Geschichte, Politik, sozialer Bewegung, Naturwissenschaften und Philosophie. Ausgespart, weitgehend auch in der Folge, blieben Themen der Wirtschaft (Landwirtschaft, Gewerbe, Handel und Verkehr).

Aus dem vom 12. April bis 19. Mai 1856 in vierzehn Sitzungen behandelten Zyklus »Die politische, soziale und nationale Bewegung« sei abschließend eine Frage des Königs zur politischen Entwicklung herausgegriffen, die er am 17. April stellte: »Worin besteht das liberale Handeln des Regenten?«[44] Die durch die verschiedenen Gesprächsbeiträge gewonnenen Erkenntnisse fasste Maximilian am 19. April zusammen: »Der rechte Staatsmann soll sich an die Spitze der Ideen seiner Zeit stellen, er soll sie aber auch beherrschen, er soll sich nicht von ihnen willenlos fortreißen

---

[40] H. Rall (wie Anm. 14), S. 266.
[41] W. H. Riehl (wie Anm. 18), S. 193.
[42] Ebd., S. 202f.
[43] Ebd., S. 200.
[44] H. Rall (wie Anm. 14), S. 369.

lassen. [...] Aber die Macht, welche ein Staatsmann in Händen hat, soll er nicht weggeben, und bloß mit dem Strome schwimmen wollen. Wenn man die guten Richtungen der Zeit ins Auge fasst und gehörig berücksichtigt, so wird man der schlechten ohnehin Herr werden.«[45]
Maximilian formulierte damit die Maxime, dass er auf die Tendenzen der Zeit eingehen müsse, um eine aktive Einflussnahme auf diese zu ermöglichen.

Literaturhinweise

Allgemeine / Neue Deutsche Biographie, URL: http://www.deutsche-biographie.de.
Fallbacher, Karl-Heinz: Literarische Kultur in München zur Zeit Ludwigs I. und Maximilians II., München 1992 (= Schriftenreihe zur bayerischen Landesgeschichte 98).
Heyse, Paul: Jugenderinnerungen und Bekenntnisse, Berlin ^{4}1901.
Körner, Hans: Der bayerische Maximilians-Orden für Wissenschaft und Kunst und seine Mitglieder, in: Zeitschrift für bayerische Landesgeschichte 47 (1984), S. 299–398.
Orden 1975: Orden Pour le Mérite für Wissenschaften und Künste. Die Mitglieder des Ordens, Bd. 1: 1842–1881, Berlin 1975.
Orden 1977: Orden Pour le mérite für Wissenschaften und Künste. Geschichte und Gegenwart. Eine Ausstellung der Deutschen Bibliothek. Frankfurt am Main, Juni/Juli 1977, Frankfurt a. M. o. J. [1977] (= Sonderveröffentlichungen der Deutschen Bibliothek 4).
Rall, Hans: Die Symposien König Max II. von Bayern, mit Ausführungen über die Symposien seit Platon. Für die Veröffentlichung posthum ergänzend bearbeitet von Marga Rall, hg. v. Manfred Pix, München 2001 (= Zeitschrift für bayerische Sparkassengeschichte. Beihefte 4).
Riehl, Wilhelm Heinrich: König Maximilian II. von Bayern, in: Ders.: Kulturgeschichtliche Charakterköpfe, aus der Erinnerung gezeichnet, Stuttgart ^{3}1899, S. 175–244.
Ders.: Eine Fußreise mit König Max, in: Ders.: Kulturgeschichtliche Charakterköpfe, aus der Erinnerung gezeichnet, Stuttgart ^{3}1899, S. 245–306.
Sing, Achim: Die Wissenschaftspolitik Maximilians II. von Bayern (1848–1864). Nordlichterstreit und gelehrtes Leben in München (Ludovico Maximilianea Forschungen 17), Berlin 1996.
Stemplinger, Eduard (Hg.): Der Münchner Kreis. Platen. Curtius. Geibel. Strachwitz, Leipzig 1933 (= Deutsche Literatur, Reihe Formkunst 1).

---

[45] Ebd., S. 372.

Sylvia Krauss

»Wissenschaftlicher Charakter, praktische Tendenz«

Die Gründung der naturwissenschaftlich-technischen Kommission

Die Idee stammte von dem berühmten Begründer der modernen Hygieneforschung Max von Pettenkofer. Er unterbreitete im Juli 1851 König Maximilian II. den Vorschlag, in der Königlich Bayerischen Akademie der Wissenschaften eine naturwissenschaftlich-technische Kommission mit dem Ziel einzurichten, »nicht nur neue Wahrheiten und Tatsachen aufzufinden, sondern auch dieselben mit allgemeinen Bedürfnissen und Zwecken des Volkes in Zusammenhang zu bringen.« Dadurch würde »die Wissenschaft wieder zur Popularität gelangen, die sie in der Blüte der Vorzeit besaß.«[1]

Mit dieser Anregung traf Pettenkofer beim wissenschaftsbegeisterten Monarchen direkt ins Schwarze. Maximilian II., der lieber Professor als König geworden wäre, war offen für Innovation und Fortschritt in allen akademischen Bereichen. Unmittelbar nach seiner Thronbesteigung hatte er eine breit angelegte Wissenschaftsoffensive begonnen. Ihre wichtigsten Elemente waren die Berufung von renommierten Gelehrten aus ganz Deutschland, den sogenannten Nordlichtern, die Förderung der Grundlagenforschung und ihrer praktischen Anwendung sowie die populäre Verbreitung wissenschaftlicher Erkenntnisse. Dem jungen König war bewusst, welcher Stellenwert Naturwissenschaft und Technik im Zusammenhang mit der um sich greifenden Industrialisierung zukam. Vom wissenschaftlichen Fortschritt erhoffte er sich auch politische Synergieeffekte. Indem Bayern eine Spitzenrolle in der Wissenschaft errang, konnte es auch seinen Führungsanspruch unter den zweitrangigen deutschen Staaten rechtfertigen und seine Stellung im Deutschen Bund gegenüber den Großmächten Preußen und Österreich stärken. Neben diesen außenpolitischen Aspekten gab es auch innerbayerische Perspektiven. So hoffte man, die wiederkehrenden Missernten und Hungersnöte dadurch zu beherrschen,

---

[1] Max von Pettenkofer an Franz Seraph Freiherr von Pfistermeister, 4.7.1851, Bayerische Staatsbibliothek (künftig: BSB), Pfistermeisteriana III.

»dass auf dem weiten Gebiet der Technik immer intensiver methodische Forschung und Kritik Platz greife.«[2]
Maximilian II. reagierte auf diese Herausforderungen, indem er zu Beginn seines Königtums Naturwissenschaft und Technik die Priorität vor den anderen Wissenschaften einräumte und beide Disziplinen bei der Akademie der Wissenschaften ansiedelte. Als erste Maßnahme richtete er 1849 eine »Commission für die naturwissenschaftliche Erforschung des Königreiches« ein, die ihre Arbeit mit anspruchsvollen meteorologischen, geognostischen, botanischen und zoologischen Projekten begann. Doch litt sie schon bald unter der unzureichenden finanziellen Ausstattung. Zunehmende Geldnöte brachte die Forschungstätigkeit immer wieder zum Erliegen.

Max von Pettenkofer, um 1860

Diese misslichen Erfahrungen standen im Raum, als der König im November 1851 die Idee Pettenkofers aufgriff, eine weitere »technische wissenschaftliche Commission mit der Akademie zu verbinden«, »welche zum Zwecke hat, die neuesten Erfindungen und Entdeckungen auf die verschiedenen Zweige der Technik zu beziehen und für sie möglichst nutzbar zu machen.«[3]

Als der Plan in der mathematisch-physikalischen Klasse vorgetragen wurde, kam es zu heftigen, fast tumultartigen Reaktionen. Die anwesenden Mitglieder, die zum Teil auch in der Kommission zur naturwissenschaftlichen Erforschung des Königreichs tätig waren, wehrten sich vehement gegen die Neugründung und schleuderten der königlichen Initiative ein ganzes Bündel an Argumenten entgegen.[4] Grundsätzlich befürchtete man den fälschlichen Eindruck, die bisherigen naturwissenschaftlichen Einrichtungen der Akademie seien den Anforderungen nicht

[2] Karl Theodor von Heigel: Rede zum 150. Stiftungsfest der Bayerischen Akademie der Wissenschaften, Almanach von 1909.
[3] Friedrich von Thiersch: Rede von 1857, Gelehrte Anzeigen 46, 1858, S. 57–79.
[4] Protokoll der 10. Sitzung der math.-phys. Klasse der Bayerischen Akademie der Wissenschaften (künftig: BAdW) vom 13.12.1851, Protokolle Bd. 69, S. 58–64.

gerecht geworden. Als noch ehrenrühriger empfand man die Anordnung des Königs, auch nichtakademische Techniker in die Kommission zu berufen. Eine solche Maßnahme »würde dem Wesen dieser Stiftung zuwider seyn« und das internationale Ansehen der Münchner Wissenschaftseinrichtung gefährden. Diese Absichten berührten das Selbstverständnis der Akademie. Aus dem Wahlspruch »rerum cognoscere causas« leitete die Klasse vielmehr den Auftrag zur reinen Grundlagenforschung ab und zog die Schlussfolgerung, dass »die Ausführung des Planes, akademische wissenschaftliche Capacitäten zu einer Commission mit der Weisung zu vereinigen, Erfindungen und Entdeckungen auf dem Gebiete der Naturwissenschaften für Technik und Landwirtschaft möglichst nützlich zu machen, nicht von der Akademie« zu leisten sei. Diese Vorstellung war von so grundlegender Gültigkeit, dass Justus von Liebig 1860 seine Amtszeit als Akademiepräsident mit dem Bekenntnis einleitete: »Der Grundsatz der Nützlichkeit, der nach Zwecken fragt, ist der offene Feind der Wissenschaft, die nach Gründen sucht.«[5] Außerdem wollte man sich nicht Ansprüchen und Kämpfen aussetzen, »die so oft im Gefolge technischer Interessen aufzutreten pflegen.« Als letzten und triftigsten Punkt führte man die Finanzen an, stellte doch die Kommission zur Erforschung des Königreichs alles andere als ein nachahmenswertes Vorbild dar. Aus all diesen Gründen empfahl man, die neue Kommission an das Handelsministerium anzubinden.

Der König nahm die Einwände der Akademie zwar ernst, aber rückte von seinem Plan nicht ab und richtete am 15. März 1852 offiziell eine »naturwissenschaftlich-technische Commission« bei der Königlich Bayerischen Akademie der Wissenschaften ein. Die kritischen Stimmen innerhalb der mathematisch-physikalischen Klasse verstummten abrupt, als er erklärte, alle Aufwendungen der Kommission aus seiner Privatschatulle bestreiten zu wollen. Er wies »zur Bestreitung ihrer Real- und Personal-Bedürfnisse« jährlich 5000 Gulden an, zahlbar in monatlichen Raten.[6] Die Kommission erhielt einen Vorstand, Sekretär, gewählte Mitglieder und das Recht, auswärtige Experten sowie »bewährte Techniker und technische Vereine« hinzuzuziehen oder mit Spezialaufgaben zu beauftragen.[7]

Als Mitglieder berief Maximilian II. die prominentesten Naturwissen-

[5] Justus von Liebig: Rede zur Feier des 101. Stiftungstages, 28.3.1860, S. 14.
[6] BayHSt, GH Kabinettsakten König Maximilians II. 88c.
[7] Schreiben des bayerischen Innenministers Dr. von Ringelmann an die naturwissenschaftlich-technische Commission vom 15.3.1852 (Abschr.), BSB, Thierschiana I. 52.

schaftler Bayerns, den betagten Mineralogen und Oberbergrat Johann Nepomuk von Fuchs, den Astronom und Konservator der Bogenhauser Sternwarte Johann von Lamont, den Mineralogen und besonders als Mundartdichter populären Franz Ritter von Kobell, den Physiker, Geologen, Berg- und Hüttenkundler Emil von Schafhäutl, der auch als Musiktheoretiker bekannt war, den Mathematiker und Physiker Georg Simon Ohm, der kurz vor seinem Tod noch den neu gestifteten Maximiliansorden für Wissenschaft und Kunst erhielt, den Mediziner und Pharmazeuten Ludwig Andreas Buchner jun., den Mathematiker, Optiker und Astronom Philipp Ludwig Ritter von Seidel. Der schon erwähnte Max von Pettenkofer übernahm das Amt des Sekretärs. Vorstand der Kommission wurde der erste Nationalökonom an der Münchner Universität, Staatsrat und Vorstand der Bergwerks- und Salinen-Administration Friedrich Benedikt Wilhelm von Hermann. Der 1852 auf Drängen Maximilian II. von Gießen nach München übersiedelte Chemiker Justus von Liebig trat noch im Gründungsjahr der Kommission bei, ebenso der Physiker, Astronom und Optiker Karl August Ritter von Steinheil. Der früh verstorbene Ohm wurde 1854 durch den Chemiker und Schwager Liebigs Friedrich Ludwig Knapp ersetzt.

Die Kommission machte sich mit Feuereifer an die Arbeit und führte schon im ersten Jahr sechs Sitzungen durch. Die Ergebnisse konnten sich sehen lassen. Vorstand von Hermann zog nach vier Jahren die Zwischenbilanz: »Es bedarf kaum der Bemerkung, dass wenn auch die eine oder die andere der Arbeiten der Commission nicht direkt zu einer praktischen Anwendung führen sollte, doch schon die streng wissenschaftliche Erforschung der Bedingungen und Gränzen gewisser technischer Vorgänge und Aufgaben für die Gewerbsthätigkeit und die Landwirthschaft von großem Nutzen seyn muß, da sie jedenfalls von vergeblichen Bemühungen abhält und der Erfindungsgabe Ziel und Richtung andeutet.«[8] 1857 und 1858 wurden die Forschungsergebnisse in zwei Bänden publiziert. Der erste Band enthält eine Vorrede, in der von Hermann die fundamentalen Verdienste des Königs würdigte: »Der Glaube an die Wissenschaft und ihre Macht im Leben ist ein Vorzug der Edleren. Wenn dieser Glaube in einem Könige waltet, wenn der zum höchsten Handeln Berufene so klaren Geistes ist, dass er zu würdigen vermag, wie das Wissen sich fortbildet, die Thaten der Menschen erhellt und auf das Leben Einfluss gewinnt, so äußert er sich thatkräftig in dem Streben, wissenschaftliche Leistungen anzuregen, zu unterstützen und ihren Resultaten im Leben Geltung

[8] BSB, Thierschiana I 40lf.

zu verschaffen. Diesem ächt fürstlichen Willen unseres hochgesinnten Königes verdankt Bayern mannigfache und lebendige Ermunterung der Wissenschaft.«[9]

Von den zahlreichen Projekten, die in den Abhandlungen präsentiert wurden, werden im Folgenden vier vorgestellt, die sich des besonderen Interesses und der Förderung des Königs erfreuten:

Max von Pettenkofer beschäftigte sich im Zusammenhang mit seinen Forschungen über Gesundheitsvorsorge damit, »den Luftwechsel in unseren Wohnräumen einem genaueren Studium zu unterwerfen.«[10] Dabei ging er von vorherrschenden, teilweise unbeschreiblich primitiven Lebensverhältnissen aus: »Ein Raum, welcher einen verwesenden Misthaufen einschließt, wird trotz aller Ventilation eine ekelhafte Wohnstätte, ein Herd für schlechte Luft bleiben.«[11] Als Voraussetzung objektiver Untersuchungen fordert er die absolute Reinlichkeit der Wohnungen. Nur die unvermeidlichen Ausscheidungen der Lunge und der Haut, die durch Sauberkeit nicht verhindert werden konnten, wurden Gegenstand seiner Experimente. Pettenkofer verglich den Kohlensäuregehalt in seinem kleinen Arbeitszimmer, in dem er allein oder mit Assistenten über mehrere Stunden arbeitete, mit der »übelriechenden Luft des Arbeitssaales der Schwangeren im neuen Gebärhaus zu München« und mit der Luft im Hörsaal von Liebigs chemischem Laboratorium bei den Abendvorlesungen »für ein aus Herren und Damen gemischtes Publikum«. Da bei diesen Vorlesungen meistens über dreihundert Personen anwesend und der Raum gedrängt voll war, wurde die Luft zunehmend drückend und unangenehm. Schließlich untersuchte er noch die Luft in einem stickigen Kneipzimmer, in dem von einundzwanzig Personen sechzehn Zigarren rauchten, und in einem Schulzimmer, das von siebzig Schülerinnen besucht war. Dieser Raum hatte die besten Werte. Um nachzuweisen, »dass die Eigenschaft der Porosität bei unserem Baumaterial eine wichtige sanitätische Rolle« spielt, führte er Tests mit gewöhnlichen Ziegelsteinen durch. Er dichtete sie vollkommen ab, blies gezielt Luft durch die Stirnseiten hindurch und analysierte sie. Ein präparierter originaler Ziegelstein Pettenkofers ist im Deutschen Museum in München erhalten. Die Schädlichkeit schlechter Raumluft für die Ge-

---

[9] Abhandlungen der naturwissenschaftlich-technischen Commission bei der Königlich Bayerischen Akademie der Wissenschaften in München, 1. Bd., München 1857, S. III.

[10] Max von Pettenkofer: Über eine Methode, die Kohlensäure in der atmosphärischen Luft zu bestimmen, in: Abhandlungen der naturwissenschaftlich-technischen Commission, 2. Bd., München 1858, S. 3.

[11] Max von Pettenkofer: Fragen über die Ventilation, Abhandlungen 2. Bd. S. 71–126.

sundheit wies Pettenkofer anhand von Kasernen und Gefängnissen nach. »Man weiß, dass eine und dieselbe Kaserne für eine geringe Anzahl von Soldaten ein gesunder Aufenthaltsort ist, während bei anhaltender Überfüllung ein Heer von Krankheiten droht.« Bei Gefängnissen trat das paradoxe Phänomen auf, dass »leichte Verbrecher« bei gemeinsamer Haft eine viel größere Sterblichkeit aufwiesen als Zuchthaushäftlinge mit Einzelhaft. »Die Zellensträflinge haben keinen Vorzug in Kleidung, Nahrung oder in Bewegung im Freien, vor denen in gemeinschaftlicher Haft, aber sie haben das ganze Jahr hindurch mehr Luft.«

Max von Pettenkofer forschte auch »über einen antiken rothen Glasfluss (Hämatinon) und über das Aventurin-Glas«. Es handelte sich um ein Herstellungsverfahren für das schon in der Antike von Plinius dem Älteren in seiner Naturgeschichte beschriebene purpurfarbene, goldrot schimmernde Aventuringlas, das seit dem frühen 18. Jahrhundert in Murano bei Venedig wieder entdeckt und auf geheim gehaltene Weise produziert wurde. König Ludwig I. hatte 1844 Künstler und Gelehrte nach Pompeji entsandt mit dem Auftrag, »über die künstlerische Technik der Alten, so weit sie an den dortigen Ausgrabungen bemerkbar wäre, Erfahrungen zu sammeln und Untersuchungen anzustellen.« Der Architekt Friedrich Gärtner brachte eine Probe wunderschönen undurchsichtigen roten Glases mit, das sogleich Pettenkofer zur Analyse übergeben wurde »mit dem weitern Auftrage, nach einer Methode zu forschen, dieses Kunstprodukt wieder herstellen zu können.« Wie meistens, wenn Pettenkofer sich mit einem aussichtslos scheinenden Problem befasste, gelang ihm auch diesmal die Lösung. Er präsentierte seine Erfindung 1854 auf der Industrieausstellung in München und berichtete über den Erfolg mit der ihm eigenen Bescheidenheit: »Die Beurtheilungscommission hatte die Gewogenheit, die mangelhaften Versuche des Laboratoriums mit einer Preis-Medaille auszuzeichnen.« In Wirklichkeit hatte Pettenkofer die Grundlagen für die industrielle Herstellung von Schmuck- und Ziergegenständen sowie von Mosaikarbeiten aus Aventuringlas geschaffen.

Die naturwissenschaftlich-technische Kommission war auf der ersten allgemeinen deutschen Industrieausstellung von 1854 gut repräsentiert. Die Initiative zu der Gewerbeschau war von König Maximilian II. ausgegangen, der sich Impulse für die industrielle und gewerbliche Entwicklung Bayerns und die Förderung des Wirtschaftsstandorts München erhoffte. Nach dem Vorbild des Londoner Crystal Palace ließ er am Rande des Botanischen Gartens den sogenannten Glaspalast errichten. Mit der Leitung der Beurteilungskommission für die Ausstellung beauftragte er den Vorstand der naturwissenschaftlich-technischen Kommission von Hermann.

Der Glaspalast, Ansicht von Nordwesten

Dieser erarbeitete für den König ein Gutachten über das Thema »Versuch eines Überblicks der Industrie-Ausstellung mit besonderer Beziehung auf den Stand der bayerischen Industrie«[12] und wirkte als Herausgeber des Ausstellungskatalogs.

Unter den zahlreichen Projekten der Ausstellung ragte die Arbeit des einundachtzigjährigen Chemikers und Mineralogen Johann Nepomuk von Fuchs hervor über Nutzanwendungen des von ihm entdeckten Wasserglases für die Malerei, »Stereochromie« genannt. Fuchs stellte die These auf, diese sei wegen ihrer Widerstandsfähigkeit gegenüber Säuren, Laugen, Feuchtigkeit und klimatischen Einflüssen besser geeignet für dauerhafte Monumentalgemälde auf Fassaden als die Freskomalerei. In den Abhandlungen der Kommission wies er darauf hin, dass er seine Entdeckung schon 1825 bekannt gemacht, jedoch damals überhaupt keine Resonanz gefunden habe, sodass er resigniert feststellen musste: »Die Vorliebe für das Altherkömmliche und die Macht der Gewohnheit übten

[12] Friedrich Benedikt Wilhelm von Hermann an König Maximilian II. vom 30. Juli 1854, Bayerisches Hauptstaatsarchiv (künftig: BayHstA), Geheimes Hausarchiv (künftig: GHA), Kabinettsakten König Maximilians II. 33f.

auch hier wie fast bei allem Neuen ihren feindlichen Einfluss aus. Es ist überhaupt das Schicksal von fast Allem, dass es eine Zeit lang angefeindet werden muss, bis es zur Geltung kommen kann.«[13] Doch in der Zwischenzeit hatte Wilhelm von Kaulbach das Treppenhaus des Neuen Museums in Berlin mittels der neuen Technik ausgemalt. »In München, der Metropole der aufblühenden deutschen Kunst«, so Fuchs, »hat sie noch keinen Eingang finden können, so dass man beinahe sagen möchte, weil sie hier erfunden und von mir, vielleicht nicht dem rechten Manne, ausgegangen ist.«

Fuchs' Verstimmung ob dieser Kränkung klang erst ab, als die Kommission auch in München Untersuchungen darüber in Aussicht stellte, ob Wasserglasmalerei dauerhafter sei als Freskomalerei.[14] Als Versuchsobjekt diente das Landhaus des Baurats Ulrich Himbsel am Starnberger See, wo man feststellen konnte, dass sie imstande war, »unter jedem Himmelsstrich auszuhalten und vielen sonst schädlichen Einflüssen – Rauch, sauren Dämpfen, dem grellsten Wechsel der Temperatur, Hagel etc. – zu widerstehen, welche den Fresken verderblich seyn würden.« Nach sechs Jahren waren die Malereien noch so unversehrt und schön wie bei ihrer Entstehung, »trotzend allem Ungestüm der Witterung, indem von Westen her über den nahen See der Regen durch den Wind mit Gewalt oft darauf hingeworfen wird, so dass er an der Mauer in Strömen herabläuft und im Winter mitunter Eiskrusten darauf sich bilden.«[15] Noch während sich Fuchs' Arbeit über »Wasser-Glas und Stereochromie« im Druck befand, starb der hoch betagte Gelehrte im März 1856. Einige Jahre später wurden seine Forschungen zum Gegenstand eines Allerhöchsten Auftrags, da Maximilian II. beabsichtigte, eine Reihe von Monumentalbildern malen zu lassen.[16]

Neben der Fuchs'schen Stereochromie interessierte sich Maximilian II. in seinen letzten Jahren für die Forschungen Pettenkofers über Ernährung und den menschlichen Stoffwechsel. Medizinische und vor allem epidemiologische Fragestellungen waren nach dem Ausbruch der Cholera-Epide-

---

[13] Johann Nepomuk von Fuchs: Bereitung, Eigenschaften und Nutzanwendung des Wasserglases mit Einschluss der Stereochromie, in: Abhandlungen 1. Bd., S. 3–63.
[14] Bericht Pettenkofers über die Arbeit der naturwissenschaftlich-technischen Kommission, als Beilage der Rede Thierschs in der öffentlichen Sitzung am 28. März 1855, Sp. 27f.
[15] J. N. v. Fuchs, Abhandlungen, 1. Bd., S. 62.
[16] Carl Friedrich Philipp von Martius in der öffentlichen Sitzung am 28. November 1860, in: Sitzungsberichte der Königlich Bayerischen Akademie der Wissenschaften zu München, Jahrgang 1860, S. 556–559.

Johann Nepomuk von Fuchs, um 1855

mie auf der Industrieausstellung 1854 die Hauptarbeitsgebiete Pettenkofers geworden.

Im Rahmen der Kommission beschäftigte er sich mit biochemischen Vorgängen im menschlichen Körper. 1862 machte Akademievorstand Justus von Liebig die Akademie voller Stolz »mit einer der merkwürdigsten Thatsachen bekannt […] welche in neuester Zeit von den Herren Professoren DDr. Pettenkofer und Voit im Verfolg ihrer Versuche entdeckt worden ist […] die Herstellung eines Apparates zur Untersuchung der bis jetzt noch so dunklen Vorgänge der Ernährung in ihrem Zusammenhange mit dem Athmungsprozess.«[17]

Um den Stoffwechsel von Menschen und Tieren möglichst exakt bestimmen zu können, hatte Pettenkofer mit seinem Assistenten Carl Voit eine aus Blech bestehende, luftdichte Atemkammer von hundert Quadratmetern Grundfläche konstruiert. Der Raum war groß genug, dass eine Person sich darin frei bewegen und längere Zeit leben konnte. Mit dem Apparat konnte man unter kontrollierten Bedingungen die Zusammensetzung der ausgeatmeten Luft feststellen sowie alle physiologischen Vorgänge messen, Sauerstoffaufnahme und Kohlendioxidabgabe, Nahrungszufuhr und Ausscheidung sowie die Stoffwechselvorgänge in Ruhe und Arbeit, Schlaf und Wachzustand, bei jungen und älteren Menschen. Der Respirationsapparat war das erste Gerät, »in welchem ein Befinden unter normalen Umständen möglich ist. Menschen können ebenso darin leben, wie in einem gut gelüfteten Wohnzimmer, worin sie sich frei bewegen, arbeiten, essen und schlafen können, wie sie es sonst gewohnt sind.«[18] Pettenkofer und sein

---

[17] Justus von Liebig: Rede in der öffentlichen Sitzung am 28. November 1862, gedruckte Sitzungsberichte der Königlich Bayerischen Akademie der Wissenschaften zu München, Jahrgang 1862, Bd. II, S. 165.

[18] Pettenkofers eigenhändiger Bericht »Über den Respirations- und Perspirations-Apparat im physiologischen Institute zu München«, Beilage 4A zur Klassensitzung vom 21. Juli 1860, Protokolle Beilagen Bd. 83, Bl. 363ff.

»Wissenschaftlicher Charakter, praktische Tendenz« 41

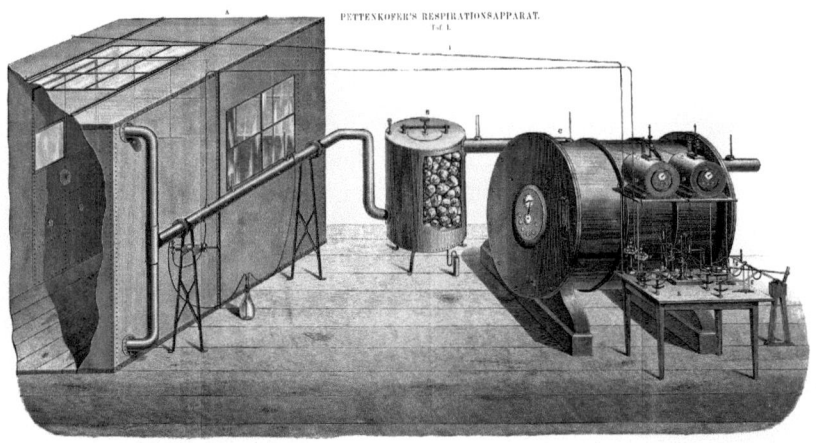

Pettenkofers Respirations- und Perspirations-Apparat

Schüler legten durch jahrelange Experimente mit dem Respirationsapparat die Grundlagen der modernen Ernährungslehre. Die Kommission verfasste einen Bericht über das Projekt und leitete ihn samt einem beigefügten Kostenvoranschlag an den König weiter. Maximilian II., den die Versuche persönlich interessierten, erwies sich großzügig wie stets bei wissenschaftlichen Anliegen.[19] Er bewilligt aus seiner Privatkasse eine Anschubfinanzierung von 4000 Gulden zur Herstellung des Apparates, stiftete 1862 zusätzlich 1600 Gulden zur Fortsetzung der begonnenen Versuche und stellte weitere Zahlungen in Aussicht. Insgesamt beliefen sich seine Zuschüsse auf 7000 Gulden, eine Summe, die den normalen jährlichen Etat der naturwissenschaftlich-technischen Kommission weit überschritt. Pettenkofer war dem König zutiefst dankbar. Er schloss in seinen Vortrag in der Sitzung der mathematisch-physikalischen Klasse am 21. Juli 1860 »Ueber den Respirations- und Perspirations-Apparat im physiologischen Institute zu München« eine persönliche Danksagung ein: »Ich folge nur dem Zuge des Herzens und dem Gefühl der Pflicht Aller, welchen die Physiologie des Stoffwechsels wichtig erscheint, wenn ich bei der Gelegenheit, wo ich der Akademie die erste Mitteilung von dem nun vollendeten und erprobten Apparate mache, den tief gefühltesten Dank gegen seine Majestät den König Maximilian II. von Bayern, den groß-

---

[19] Carl Friedrich Philipp von Martius in der öffentlichen Sitzung am 28. November 1860, in: Sitzungsberichte, Jg. 1860, S. 556–559.

müthigen Beschützer und einsichtsvollen Beförderer der Wissenschaften, ausspreche.«[20]

Das Projekt Pettenkofers diente 1861 bei den Landtagsverhandlungen über den Staatsetat sogar als Hauptargument gegen die beabsichtigte Kürzung der staatlichen Zuschüsse für die Akademie: Der Respirationsapparat, mit dessen Hilfe man die Ernährungsgesetze besser untersuchen könne, sei ein herausragendes Beispiel für die praktische und gemeinnützige Arbeit der Akademie.»Hierdurch sind Fragen von größter Bedeutung lösbar geworden, z. B. die Fragen, wie eine Armee am Besten ernährt und eine Festung am zweckmäßigsten verproviantiert werden kann.«[21] Dass sich die Kammer von diesen Begründungen letztlich nicht überzeugen ließ, schmälerte nicht den Erfolg Pettenkofers und seiner Erfindung.

Die zukunftsweisenden Arbeiten der Kommission, die von der Förderung des Königs stark profitierten, erfuhren durch den frühen Tod Maximilian II. im März 1864 ein jähes Ende. Der neue König, Ludwig II., hatte kein Interesse an ihrer Fortsetzung und stellte den Unterhalt der Kommission ein. Rasch geriet sie in Vergessenheit. Im Gegensatz dazu wurde nach dem Vorbild und »nach ähnlichen Grundsätzen wie die naturwissenschaftlichtechnische Commission« 1858 die »Commission für deutsche Geschichts- und Quellenforschung« eingerichtet. Sie überdauerte das Wechselspiel der Geschichte und blüht als Historische Kommission noch immer.

Dass man heute kaum noch etwas über die naturwissenschaftlichtechnische Kommission weiß, mindert nicht ihre historische Bedeutung. Diese liegt nicht nur in der dort versammelten Riege hochkarätiger Wissenschaftler, nicht nur in den Entdeckungen, Erfindungen und bahnbrechenden Grundlagenforschungen ihrer Mitglieder, sondern auch in der engen Beziehung zu Maximilian II., dem Wissenschaftsfreund auf dem Thron, dessen Schöpfung sie war. Im wissenschaftspolitischen Kosmos des Königs bildete sie einen der ersten und wichtigsten Bausteine.

Wenige Tage nach dem Tod Maximilian II. würdigte der Theologe und spätere Akademiepräsident Ignaz von Döllinger in einer Festrede über »König Maximilian II. und die Wissenschaft« das umfassende Spektrum der königlichen Wissenschaftsförderung und die naturwissenschaftlichtechnische Kommission als Antwort des Königs auf die Herausforderungen seiner Epoche: »Er erweiterte ihren [der Akademie] Wirkungskreis durch

---

[20] Sitzungsberichte, Jg. 1860, S. 299.
[21] Zit. nach Reinhard Heydenreuter: Politik und Wissenschaft. Der Bayerische Landtag und die Bayerische Akademie der Wissenschaften im 19. Jahrhundert, in: Archivalische Zeitschrift, 88. Bd., Festschrift Hermann Rumschöttel zum 65. Geburtstag, hrsg. von Gerhard Hetzer und Bodo Uhl, Köln / Weimar / Wien 2006, S. 401f.

die Stiftung und Ausstattung zweier ihr einverleibten Commissionen, der historischen und der naturwissenschaftlich-technischen. Die Aufgabe der letzteren, zuerst errichteten, war: dafür zu wirken, dass das weite Gebiet der Technik allmälig wissenschaftlich durchdrungen, und damit die bisher großentheils sich selbst überlassene, von keinem wissenschaftlichen Sinne getragene Praxis gereinigt, vergeistigt und mit unvergänglicher Lebenskraft ausgestattet werde. Arbeiten von streng wissenschaftlichem Charakter, aber zugleich mit vorherrschend praktischer Tendenz sind mit den Mitteln dieser Commission ausgeführt worden.«[22]

Literaturhinweise

Daum, Andreas: Bürgerliche Kultur, naturwissenschaftliche Bildung und die deutsche Öffentlichkeit 1848–1914, München 2002.

Folkerts, Menso: Von den »Attributen« zu den Kommissionen – Die Naturwissenschaften, in: Dietmar Willoweit (Hg.): Wissenswelten. Die Bayerische Akademie der Wissenschaften und die wissenschaftlichen Sammlungen Bayerns, München 2009, S. 76–120.

»Geist und Gestalt«, Biographische Beiträge zur Geschichte der Bayerischen Akademie der Wissenschaften vornehmlich im zweiten Jahrhundert ihres Bestehens, 2. Bd., Naturwissenschaften, München 1959.

Heydenreuter, Reinhard: Politik und Wissenschaft. Der Bayerische Landtag und die Bayerische Akademie der Wissenschaften im 19. Jahrhundert, in: Archivalische Zeitschrift, 88. Bd., Festschrift Hermann Rumschöttel zum 65. Geburtstag, hg. von Gerhard Hetzer und Bodo Uhl, Köln/Weimar/Wien 2006.

Krätz, Otto: Justus von Liebig (1803–1873). Chemiker, Erfinder, Unternehmer, in: Leutheusser, Ulrike/Nöth, Heinrich (Hg.): München leuchtet für die Wissenschaft. Berühmte Forscher und Gelehrte, München 2007, S. 123–137.

Kraus, Andreas: Die naturwissenschaftliche Forschung an der Bayerischen Akademie der Wissenschaften im Zeitalter der Aufklärung (Bayerische Akademie der Wissenschaften, philosophisch-historische Klasse, Abhandlungen NF 82), München 1978.

Liebig, Justus von: Chemische Briefe. Volksausgabe, Leipzig 1865.

Radkau, Joachim: Technik in Deutschland vom 18. Jahrhundert bis heute, Frankfurt/New York 2008.

Sing, Achim: Die Wissenschaftspolitik Maximilians II. von Bayern (1848–1864). Nordlichterstreit und gelehrtes Leben in München (Ludovico Maximilianea Forschungen 17), Berlin 1996.

Wittern-Sterzel, Renate: Max von Pettenkofer (1819–1901). Pionier der experimentellen Hygiene, Kämpfer gegen die Cholera, in: Leutheusser, Ulrike/Nöth, Heinrich (Hg.): München leuchtet für die Wissenschaft. Berühmte Forscher und Gelehrte, München 2007, S. 99–122.

---

[22] Rede von Ignaz von Döllinger vom 30. März 1864, S. 28.

Katharina Weigand
Ein intelligentes, aber intrigantes »Nordlicht«
Der königliche Berater Wilhelm von Doenniges (1814–1872)

»Es ist gewiß, daß der geistvolle feurige Mann, der neben sehr ausgebreiteten Kenntnissen hervorragende gesellschaftliche Talente besaß, erheblichen Einfluß auf den König ausüben mußte, und zwar umsomehr, als die von D[oenniges] vertretene maßvolle Politik, welche die Einheitsbestrebungen Deutschlands mit möglichster Selbständigkeit und Wirkensfähigkeit der kräftigeren Glieder des Bundes, Baierns voran, zu vereinigen suchte, den eigenen Anschauungen des Königs entsprach. [...] War es D[oenniges] [...] nicht vergönnt gewesen seinen Anschauungen unter dem Correctiv einer verantwortlichen öffentlichen Stellung praktische Geltung zu verschaffen, so übte er gleichwol durch seine Persönlichkeit großen Einfluß nicht nur auf den König sondern auch auf sein ganzes Adoptivvaterland aus, indem auf seine Anregungen manches zurückgeführt werden mag, was König Maximilian zur Hebung seiner Hauptstadt unternahm.«[1]

»Wegen seines unbeherrschten Auftretens, das ihn im ganzen Land verhaßt machte, erklärten sich 1855 nicht nur v. d. Pfordten, sondern auch die bayer. Regierungspräsidenten gegen D[oenniges]. [...] Die Karriere dieses intelligenten, skrupellosen, unerhört begabten, aber auch intriganten Mannes war in seiner Freundschaft zum König begründet, der jahrelang völlig abhängig von ihm war«[2].

Wenn man diese beiden Zitate nebeneinander stellt, dann fällt es schwer zu glauben, dass es um ein und dieselbe Person gehen könne. Und doch wird jeweils Wilhelm Doenniges, der langjährige Berater des bayerischen König Maximilians II., beschrieben. Die unterschiedlichen Einschätzungen mögen den Zeiten geschuldet sein, aus der die beiden Artikel stammen: aus dem Jahr 1877 zum einen, als die kurz zuvor vollzogene Vereinigung der deut-

---

[1] Karl Rumpler: Dönniges, Franz Alexander Friedrich Wilhelm, in: Allgemeine Deutsche Biographie, Bd. 5, Leipzig 1877, S. 339ff., hier S. 340.
[2] Karl Otmar von Aretin: Dönniges, Franz Alexander Friedrich Wilhelm, in: Neue Deutsche Biographie, Bd. 4, Berlin 1959, S. 28ff., hier S. 29.

schen Staaten im Kaiserreich von 1871 es nahelegte, Doenniges' nationalpolitische Gesinnung lobend hervorzuheben, und aus dem Jahre 1959 andererseits, als nach den Erfahrungen von Imperialismus und Nationalsozialismus einer bayerischen Sonderstellung wieder ein eigener Wert zugemessen wurde. Aber bereits zu Lebzeiten zog Wilhelm Doenniges gleichermaßen Lob und Tadel, Wertschätzung und Verdammung auf sich, an ihm schieden sich die sprichwörtlichen Geister. Daran war nicht allein Doenniges' Charakter schuld, sondern ebenso bestimmte Verhaltensweisen des bayerischen Königs sowie die Stellung Bayerns als größter deutscher Mittelstaat im Deutschen Bund, eine Stellung gleichsam zwischen Österreich und Preußen und deren Plänen für die Zukunft Deutschlands.

Wilhelm von Doenniges, um 1865

Wo auch immer sich Kronprinz Maximilian und Doenniges zum ersten Mal begegnet sein mögen – sowohl Göttingen als auch Berlin werden in der Literatur genannt –, entscheidend sollte eine Empfehlung des in Berlin lehrenden Historikers Leopold von Ranke werden, der seinen Schüler Doenniges dem an Geschichte außerordentlich interessierten bayerischen Thronfolger als Mentor empfahl. Und da Kronprinz Maximilian offensichtlich nach einem solchen Mentor Ausschau gehalten hatte, konnte Doenniges 1842, gemeinsam mit seiner Frau, nach München übersiedeln. Wen aber hatte Ranke auf diese Weise gleichsam zusammengespannt?

Kronprinz Maximilian, der Sohn König Ludwigs I. von Bayern, 1811 in München geboren, hatte in den Jahren 1829 und 1830 an den Universitäten von Göttingen und Berlin studiert und dort vor allem Geschichte und Staatsrecht gehört. Sein lebenslang ausgeprägtes Interesse an den Wissenschaften, das auch die zu dieser Zeit aufblühenden Naturwissenschaften mit einschloss, war damals geweckt worden. Außerdem hatte Maximilian während seines Studiums einen der führenden Historiker, den bereits erwähnten Leopold von Ranke, kennengelernt. Der Aufenthalt weitab vom königlichen Hof in München dürfte dem Kronprinzen noch in anderer Hinsicht behagt haben: Das Verhältnis zu seinem Vater war alles andere als harmonisch. Dem autokratisch zupackenden Wesen Ludwigs I. hatte der Sohn kaum etwas entgegenzusetzen, die Interessen waren andere – etwa die Kunst auf der einen und die Wissenschaften auf der anderen Seite –, darüber hinaus achtete Ludwig I. peinlich darauf, Maximilian möglichst lange von jeglicher Mitverantwortung an den Regierungsgeschäften fernzuhalten.

Wilhelm Doenniges, geboren 1814, stammte aus Kolbatz in Pommern und war das siebte Kind von Heinrich Ferdinand Doenniges, einem königlich preußischen Regierungsrat, und dessen Gemahlin Charlotte. In Bonn und Berlin studierte Wilhelm Doenniges Philologie, Geschichte und Staatswissenschaften, als Schüler von Leopold von Ranke habilitierte er sich 1841. Da er als außerordentlicher Professor kein Einkommen bezog, war Doenniges offensichtlich bestrebt, möglichst rasch in ein sicheres und materiell lukratives Dienstverhältnis zu treten. Auch in diesem Zusammenhang muss der Umstand, dass Ranke den bayerischen Kronprinzen auf Doenniges aufmerksam machte, gesehen werden. Dazu kommt noch, dass Doenniges sich ein Leben im Dienste der Wissenschaft nicht recht vorstellen konnte, er strebte vielmehr danach, selbst politisch wirksam werden zu können. Die Stellung als Mentor des bayerischen Kronprinzen aber versprach, zumindest ein erster Schritt hin zu politischer Einflussnahme und vielleicht sogar Machtausübung zu sein.

Hinsichtlich ihres Charakters verhielten sich Doenniges und der Kronprinz wie Feuer und Wasser. Während Maximilian – als Kronprinz wie als König – bei allen seinen Entscheidungen lange zögerte, unzählige Gutachten einholte, bemüht war, selbst die gegensätzlichsten Argumente gegeneinander abzuwägen, erneut zögerte, um sich schließlich, immer noch unter Zweifeln und von Misstrauen geplagt, zu einer Vorgehensweise durchzuringen, die dann allerdings häufig (nach 1848) mit dem Widerstand seines Ministeriums konfrontiert war, so muss man Doenniges geradezu als Feuerkopf bezeichnen. Zwar gehörte es zu seinen Aufgaben als Mentor und Berater unabdingbar dazu, Ratschläge zu erteilen und Gutachten zu verfassen, aber der Ton, in dem diese von ihm verfasst wurden, war bereits nach kurzer Zeit an der Seite des Kronprinzen erstaunlich selbstbewusst und selbstsicher. Vielleicht gründete gerade darin die besondere Anziehungskraft, die Doenniges auf Maximilian ausübte.

Bis 1848, also bis zur Thronbesteigung König Maximilians II., beschränkten sich Doenniges' Tätigkeiten auf eine beratende Funktion, die allerdings auch persönliche Belange des Kronprinzen mit umfassten. Besonders gefragt war Doenniges' Rat bezüglich Maximilians Plänen, Bayern auf dem Gebiet der Wissenschaften voranzubringen. Als habilitierter Historiker und Schüler Rankes verfügte Doenniges über glänzende Kontakte, die sich Maximilian später zunutze machen sollte. Das enge Verhältnis zwischen dem bayerischen Kronprinzen und seinem Mentor basierte daneben aber auch auf grundsätzlichen Übereinstimmungen hinsichtlich der Stellung Bayerns im Deutschen Bund, hinsichtlich der sogenannten Triaspolitik. Wie sein Vater war auch Maximilian nicht gewillt, die Souveränität des Königreichs einem deutschen Einheitsstaat zu opfern, er träumte vielmehr davon, dass Bayern sich als mächtigster und größter der deutschen Mittelstaaten zwischen den beiden deutschen Großmächten Preußen und Österreich nicht nur behaupten werde, sondern gleichsam eine Führungsrolle innerhalb der Gruppe der deutschen Mittelstaaten übernehmen könne. Doenniges hat Maximilian in dieser Einschätzung massiv unterstützt, er legte dem Kronprinzen dar, dass Bayern ohne Zweifel der – nach Preußen und Österreich – dritte Staat in Deutschland sei, dass Bayern im Süden gar die Stellung zukomme, die Preußen im Norden einnehme. Um diese Position zu halten und auszubauen, müsse Bayern zwar einerseits seine militärische Schlagkraft verbessern, andererseits aber vor allem danach streben, zum eigentlichen Zentrum von Wissenschaft und Bildung im Süden Deutschlands zu werden. Diese Ziele wusste Doenniges »in immer neuen Abwandlungen Maximilian vorzutragen, immer durchtränkt von der gesamtdeutschen Idee; der Gedanke, Bayerns Machtbasis reiche eigentlich von der österreichischen Grenze ›bis zu den Vogesen‹ – das Elsaß also miteingeschlossen! –, ferner die Perspektive einer Zusammenarbeit Preußens und eines Großbayern am Rhein, begeisterte den bayerischen Thronerben.«[3]

So gut und vertrauensvoll das Verhältnis zwischen dem Kronprinzen und Wilhelm Doenniges seit 1842 auch gewesen sein mag, in München hatte sich der norddeutsche Mentor rasch nicht nur Freunde gemacht. Immer wieder stößt man auf Berichte, die Doenniges als hochfahrend, unbeherrscht und grob schildern, die betonen, wie abschätzig er auf alteingesessene Bayern herabgeschaut, wie er sich gegenüber dem altbayerischen Wesen als protes-

---

[3] Eugen Franz: Wilhelm von Doenniges (1814–1872), in: Martin Wehrmann / Adolf Hofmeister / Wilhelm Braun (Hrsg.): Pommern des 19. und 20. Jahrhunderts, Stettin 1936, S. 103–121, hier S. 106.

tantischer Norddeutscher und somit als intellektuell Überlegener stilisiert habe. Katholische Kreise in München fürchteten zudem, der Kronprinz sei mit Doenniges an seiner Seite dezidiert antikatholischen Einflüsterungen ausgesetzt. 1844 hatten die Klagen über Doenniges schließlich einen Punkt erreicht, der Ludwig I. bewog, den Ratgeber seines Sohnes aus München zu entfernen. Dem damaligen Innenminister Karl von Abel wiederum übertrug Ludwig I. die Aufgabe, Maximilian diese Entscheidung zu erläutern. Und so schrieb Abel an den Kronprinzen, er, Maximilian, sei von der Vorsehung berufen, »dereinst über ein Volk zu herrschen, welches unter allen teutschen Stämmen seine Eigentümlichkeit und Selbständigkeit am reinsten bewahrt hat; über ein Kernvolk, welches durch die trefflichsten Eigenschaften sich auszeichnet und dem kein anderes an Treue und Anhänglichkeit an das angestammte, uralte und mit seiner Geschichte seit mehr als einem Jahrtausend verwachsene Herrscherhaus zu vergleichen ist – das aber eben deshalb auch für die Bevorzugung des Fremden empfindlicher ist als irgendein anderes.«[4] Obwohl der Kronprinz noch versuchte, den Hinauswurf seines Vertrauten zu verhindern, konnte er sich erneut nicht gegen seinen Vater durchsetzen. Sogar Doenniges' Ansinnen, an der Universität Erlangen, also an der protestantischen der drei bayerischen Universitäten, unterzukommen, wussten Ludwig I. und sein Ministerium zu verhindern.

Wilhelm Doenniges ging daraufhin zurück an die Universität nach Berlin, wo er aber in recht beschränkten wirtschaftlichen Verhältnissen leben musste. Erst 1847 boten sich ihm neue Chancen, Karriere zu machen: Nacheinander erhielt er den Ruf auf eine Professur an der Universität Göttingen und das Angebot, zum Geheimrat im preußischen Finanzministerium ernannt zu werden. Als ihn Maximilian im selben Jahr – in München steuerten die Unruhen im Zuge der Affäre um die Hochstaplerin Lola Montez ihrem Höhepunkt entgegen – nach München zurückrief, hatte Doenniges seine Entscheidung rasch getroffen: Erneut zog es ihn in die Nähe der Macht. Jahre später sollte er Maximilian II. erklären, nicht Anhänglichkeit habe ihn, Doenniges, zu diesem Schritt bewogen, sondern der Umstand, dass er von Maximilian »Großes« erhoffte und für sich selbst »auch eine ehrenvolle, angemessene Tätigkeit mit Recht erwartete.«[5]

Doenniges' Hoffnung, selbst mehr politische Wirksamkeit entfalten zu können, erfüllte sich schneller als erwartet. Ende März 1848 verzichtete

---

[4] Zit. nach Heinz Gollwitzer: Ein Staatsmann des Vormärz: Karl von Abel (1788–1859), Göttingen 1993, S. 506.
[5] Zit. nach Franz (wie Anm. 3), S. 108.

König Ludwig I. auf den Thron, Nachfolger wurde sein Sohn Maximilian. Einen Monat später hatte Doenniges ein erstes seiner Ziele erreicht: Er war nun königlicher Hofrat und Bibliothekar mit einem Anfangsgehalt von 2500 Gulden. Noch im selben Jahr kam es zu Veränderungen beim Kabinettssekretariat, einer Behörde, die nur dem König unterstellt war. Das Kabinettssekretariat hatte die gesamte Korrespondenz zwischen dem Monarchen auf der einen Seite und der Regierung sowie der Verwaltung auf der anderen Seite abzuwickeln, es war vor allem unter Ludwig I. die eigentliche politische Macht- und Schaltstelle gewesen, die zudem keiner parlamentarischen Kontrolle unterlag. Einige der genannten Aufgaben wurden nun stillschweigend auf Doenniges übertragen, der auf diese Weise einen nicht zu unterschätzenden Einfluss auf die Regierungsgeschäfte gewann.

Da sein Ehrgeiz und sein Machthunger aber offensichtlich noch lange nicht gestillt waren, kam es in den folgenden Jahre immer wieder zu Querelen, Intrigen und Streitigkeiten, bevorzugt, wenn Doenniges versuchte, seinen Einfluss beim König in Fragen der Außenpolitik geltend zu machen. Als außerordentlich erfolgreich muss man dagegen alle seine Aktivitäten im Hinblick auf den Wissenschaftsstandort München bezeichnen. Seitdem Maximilian II. den Thron bestiegen hatte, setzte er alles daran, dem von ihm im Vergleich mit Norddeutschland diagnostizierten Rückstand der bayerischen Universitäten entgegenzuwirken. Führende Wissenschaftler aller Fachrichtungen sollten aus Norddeutschland nach Bayern geholt werden – so die Taktik, die Doenniges dem König nahelegte. Auf diese Weise, so hoffte man, würde es in kürzester Zeit gelingen, nicht nur diesen Rückstand aufzuholen, sondern das Königreich Bayern zum eigentlichen Zentrum modernster Wissenschaft in Deutschland zu machen.

An der daraufhin einsetzenden personellen Erneuerung, vor allem der Münchner Universität, war Wilhelm Doenniges tatsächlich stark beteiligt.[6] Denn an ihn war der Auftrag des Königs ergangen, für diverse Fächer Listen geeigneter Kandidaten für neu zu besetzende beziehungsweise neu zu schaffende Professuren auszuarbeiten. Und mitunter übernahm Maximilian II. nicht nur die Vorschläge seines Bibliothekars, sondern er hielt sich auch wortwörtlich an die Begründungen, die Doenniges in seinen Gutachten verwendet hatte, während das Kultusministerium nur wenig zu den Berufungen beizutragen hatte. Außerdem durfte Doenniges mit den ins Auge gefassten Gelehrten und Wissenschaftlern erste Vorver-

---

[6] Vgl. hierzu vor allem Achim Sing: Die Wissenschaftspolitik Maximilians II. von Bayern (1848–1864). Nordlichterstreit und gelehrtes Leben in München (Ludovico Maximilianea Forschungen 17), Berlin 1996.

handlungen führen. Zu den auf seine Anregung nach München geholten »Nordlichtern«, die vom König zudem bevorzugt zu den Symposien in die Residenz geladen wurden, gehören unter anderem der umstrittene Intendant des Münchner Hoftheaters Franz Dingelstedt, der Schriftsteller Friedrich Bodenstedt, die Dichter Emanuel Geibel und Paul Heyse sowie der Kulturhistoriker Wilhelm Heinrich Riehl.

Doenniges gelang es darüber hinaus, die von außerhalb nach München Berufenen – zu nennen sind in diesem Zusammenhang auch der Chemiker Justus von Liebig, der Physiker Philipp von Jolly sowie der Jurist Johann Caspar Bluntschli – eng an sich zu binden. Gemeinsam mit ihnen bildete er gleichsam eine Diasporagemeinde protestantischer Intellektueller tief im Süden Deutschlands. Als der König 1853 den Maximiliansorden für Wissenschaft und Kunst ins Leben rief, wollte er auf diese Weise – gemäß einer Anregung Leopold von Rankes – die gesellschaftliche Stellung von Gelehrten und Wissenschaftlern innerhalb der bayerischen Hofgesellschaft aufwerten. Bis zu seinem Tod 1864 hatte Maximilian II. die meisten dieser »Nordlichter« in den Orden aufgenommen.

Als es schließlich darum ging, auch die Geschichtswissenschaft, die dem König ganz besonders am Herzen lag, in München auf den methodischen Stand zu bringen, den Maximilian II. während seines eigenen Studiums kennengelernt hatte, machte Doenniges dem Monarchen – letztlich trügerische – Hoffnungen, Leopold von Ranke nach Bayern holen zu können. Ungeschickt brachte sich Doenniges dann aber selbst um den Erfolg seiner Bemühungen. Vor dem preußischen Gesandten in München hatte er geprahlt, es werde ihm gelingen, Ranke für Bayern zu gewinnen. Die preußische Regierung zeigte sich daraufhin bereit, Rankes Wünschen nach einer Aufbesserung seiner Berliner Bezüge entgegenzukommen; München hatte das Nachsehen. In welchem Geist Doenniges freilich zuvor versucht hatte, Ranke an die Isar zu locken, verdeutlichen folgenden Zeilen Doenniges' vom Februar 1853: »Die Universität München ist in einem großen Aufschwunge begriffen; der König will und wird alles für die Bildung der Jugend im freieren, wissenschaftlichen Sinne, im protestantischen Geiste tun. Beherzigen Sie, daß die ganze historische Richtung unserer Zeit, unseres Jahrhunderts in Deutschland protestantisch ist, daß hier ein ganz neues Feld der Tätigkeit, eine gesunde, kräftige Jugend sich Ihnen und Ihrem Einflusse darbietet, und daß Sie für Jahrhunderte säen können.«[7] Es ist leicht nachzuvollziehen, dass Doenniges' Kritiker ihm einen ähnlich un-

---

[7] Zit. nach Hans-Michael Körner: Staat und Geschichte im Königreich Bayern 1806–1918, München 1992, S. 523.

heilvollen Einfluss auf Maximilian II. nachsagten, wie ihn Lola Montez auf Ludwig I. ausgeübt hatte; nicht von ungefähr wurde Wilhelm Doenniges mit dem alles andere als freundlich gemeinten Spitznamen »Lolus« bedacht.

Unter tatkräftiger Mithilfe von Doenniges war es gelungen, führende Wissenschaftler nach München zu locken. Und es ist wohl nicht zu hoch gegriffen, wenn man konstatiert, dass Mitte des 19. Jahrhunderts Weichen in dieser Hinsicht gestellt wurden, von denen zumindest der Wissenschaftsstandort München bis heute profitiert. Freilich entzündete sich an der geschilderten Berufungspraxis, die erneut viele »Nordlichter« und Protestanten nach Altbayern brachte, auch jede Menge Kritik. Verschärft wurde solche Kritik erneut durch die undiplomatische Art, mit der Doenniges auf seine Widersacher reagierte. Das grundsätzliche Problem jedoch lag beim König selbst. Maximilian II. – von seiner ausgeprägten Entscheidungsschwäche war bereits die Rede – beriet sich während seiner gesamten Regierungszeit eben nicht nur mit seinen verantwortlichen Ministern, also mit denjenigen, die die schließlich getroffenen Entscheidungen des Königs vor dem Landtag vertreten mussten, sondern er umgab sich mit einer Vielzahl von Ratgebern, die dem Landtag gegenüber nicht verantwortlich waren, die auf Bitten des Königs hin Ratschläge erteilten, Gutachten verfassten, zu vertraulichen Gesprächen zusammengerufen wurden. So konnte es dazu kommen, dass der jeweilige Ressortminister vor dem Landtag eine ihm widerstrebende Maßnahme verteidigen musste, die ein solch »unverantwortlicher« Ratgeber dem König eingegeben hatte, während umgekehrt einige dieser Ratgeber – zu denen auch Wilhelm Doenniges gehörte – liebend gerne in verantwortliche Positionen mit scheinbar noch größerer Macht eingerückt wären. Missstimmungen auf allen Seiten waren angesichts eines solchen Verfahrens vorprogrammiert. Die Öffentlichkeit fürchtete darüber hinaus sinistre Einflüsterungen beim König, fürchtete, Bayern solle zu einem preußisch-protestantischen Vasallen degradiert werden.

Während Doenniges der ihm entgegengebrachten Kritik – soweit sie den Bereich der Wissenschaftspolitik betraf – als ausgewiesener Fachmann standhalten konnte, führte sein Wunsch, auch die bayerische Außenpolitik maßgeblich mitzubestimmen schließlich das Ende seines Einflusses, das Ende seiner Karriere in München herbei. Während der Revolution 1848/1849 hatte es noch danach ausgesehen, als würde Wilhelm Doenniges tatsächlich zum maßgeblichen außenpolitischen Berater des neuen bayerischen Königs aufsteigen. Gemeinsam mit Maximilian II.

Ludwig von der Pfordten, um 1855

hatte er 1848 einen Gegenentwurf zur unitaristischen Reichsverfassung der Frankfurter Nationalversammlung ausgearbeitet, der zwar den Dualismus von Österreich und Preußen beenden, aber die Verfassung des Deutschen Bundes nicht grundsätzlich verändern sollte. In einem von nun an dreiköpfigen Gremium sollte außerdem Bayerns Einfluss, an der Seite von Österreich und Preußen, massiv gestärkt werden. Und als Bayern 1849 militärisch nicht in der Lage war, die Aufstände in der Pfalz aus eigener Kraft niederzuringen, überzeugte Doenniges den König davon, preußische Hilfe in Anspruch zu nehmen. An der Berufung des neuen bayerischen Außenministers Ludwig von der Pfordten Mitte April 1849 war Doenniges dann aber offensichtlich nicht beteiligt, was man als Hinweis werten darf, dass Doenniges' Einfluss auf Maximilian II. doch auch an Grenzen stieß. Seit 1849 kam es dann rasch zu Unstimmigkeiten zwischen dem unverantwortlichen, gleichwohl äußerst machtbewussten Berater und dem verantwortlichen Minister: Während von der Pfordten für Bayern einen klar pro-österreichischen Kurs bevorzugte, plädierte Doenniges immer mehr dafür, dass sich Bayern stärker an Preußen anlehne.

Zu einem ersten offenen Konflikt kam es 1851 im Zusammenhang mit den Dresdner Konferenzen, an denen Doenniges neben dem Minister als Vertrauensmann des Königs teilnahm. Dass Doenniges 1851 zum Legationsrat, 1852 zum Ministerialrat im Zuständigkeitsbereich des Außenministeriums ernannt wurde, womit von der Pfordten automatisch Doenniges' Dienstvorgesetzter wurde, dürfte den Unfrieden zwischen den beiden weiter verschärft haben. Daraufhin versuchte Doenniges, den König regelrecht zu erpressen, drohte damit, Bayern zu verlassen und in andere Dienste zu treten, wenn seine Stellung nicht dramatisch aufgewertet, wenn Maximilian II. ihn nicht schleunigst zum Staatsrat ernennen würde. Doch nun hatte Doenniges den Bogen beim König ein erstes Mal überspannt. Nachdem hochstehende Persönlichkeiten zugunsten von der Pfordtens bei Maximilian II. interveniert hatten, sah sich der Monarch gezwungen, seinen ungestümen Berater für acht Wochen auf Reisen zu schicken und damit kurzfristig aus der Schusslinie zu nehmen. Wilhelm Doenniges aber zog keine Lehren aus dieser Affäre, er glaubte sich der bedingungslosen Unterstützung des Königs nach wie vor sicher, wenn er etwa aus Paris nach München an Franz Seraph Pfistermeister, den Sekretär der Kabinettskasse, schrieb: »Der König muß [!] den ersten Wechsel des Ministeriums benützen, um mich zum Staatsrat im außerordentlichen Dienst zu ernennen [...]. Nur Entschlossenheit hilft heutzutage [...] alles andere ist Geplapper und nicht der Rede wert.«[8] Die für alle Beteiligten unbefriedigende Situation sollte sich bis 1855 hinziehen: Doenniges bekam nicht die Beförderung, die er sich erhoffte, gleichzeitig war er nicht gewillt, sich als Beamter des Außenministeriums einzufügen. Noch schwerwiegender war, dass er nicht darauf verzichtete, gegen von der Pfordten und dessen politischen Kurs zu polemisieren. Zuletzt pflegte Doenniges einen immer engeren Kontakt mit dem preußischen Gesandten in München. Als schließlich noch Beschwerden aufgrund von sittlichen Verfehlungen hinzukamen, konnte und wollte sich Maximilian II., der über Jahre mit engelsgleicher Geduld Doenniges' Launen und Grobheiten ertragen hatte, nicht mehr schützend vor seinen Berater stellen.

1855 wurde Wilhelm Doenniges vom bayerischen König in den Ruhestand versetzt, er bezog ein Ruhegehalt von 2500 Gulden und ging zuerst einmal auf Reisen. Doch erneut trug die Nachsichtigkeit des Königs den Sieg davon: Doenniges wurde zwar nicht mehr nach München zurückgerufen, doch seit 1856 bekleidete er wechselnde, weniger bedeutende Posten innerhalb des diplomatischen Dienstes des Königreichs Bayern. So führte ihn 1856 ein Sonderauftrag nach Turin, wo er von 1857 bis 1859 zuerst als Attaché, dann als Geschäftsträger amtierte. Die Entlassung von der Pfordtens als Außenminister im Jahr 1859 machte – und diese Vermutung liegt nahe – dann sogar Doenniges' Erhebung in den bayerischen Ritterstand möglich. Seit 1860 durfte er sich Wilhelm von Doenniges nennen.

Weitere diplomatische Missionen führten ihn nach Nizza und in die Schweiz, bis ein veritabler gesellschaftlicher Skandal seiner Karriere ein weiteres Mal ein Ende zu bereiten schien. Eine seiner Töchter, Helene,

---

[8] Zit. nach Eugen Franz: König Max II. von Bayern und seine geheimen politischen Berater, in: Zeitschrift für bayerische Landesgeschichte 5 (1932), S. 219–242, hier S. 228.

hatte sich in Ferdinand Lassalle verliebt. Ein schwer durchschaubares Intrigenspiel, in dem Wilhelm von Doenniges eine recht unrühmliche Rolle gespielt zu haben scheint, führte dazu, dass Lassalle den Vater seiner Angebeteten zum Duell forderte. Doenniges ließ sich dabei jedoch vom früheren Verlobten seiner Tochter, Fürst Yanko Gehan Racowitza, vertreten, der Lassalle eine tödliche Schussverletzung zufügte. Nach weiteren politischen Ungeschicklichkeiten im Zusammenhang mit diesem Duell konnte Doenniges erst 1867, also drei Jahre nach dem Tod seines Gönners, Maximilians II., auf seinen Posten in Bern zurückkehren.

Der Sohn und Nachfolger des Königs, Ludwig II., verwandte Wilhelm von Doenniges anschließend erneut im diplomatischen Dienst. 1870 wurde er zum offiziellen bayerischen Gesandten beim Königreich Italien ernannt, wofür er im Dezember 1871 nach Rom übersiedelte. Lange konnte Doenniges das befriedigende Gefühl, endlich einen Posten erklommen zu haben, den er seiner für angemessen hielt, nicht mehr genießen: Am 4. Januar 1872 verstarb Wilhelm von Doenniges in Rom an den Blattern.

Literaturhinweise

Franz, Eugen: König Max II. von Bayern und seine geheimen politischen Berater, in: Zeitschrift für bayerische Landesgeschichte 5 (1932), S. 219–242.

Ders.: Wilhelm von Doenniges (1814–1872), in: Wehrmann, Martin/Hofmeister, Adolf/Braun, Wilhelm (Hrsg.): Pommern des 19. und 20. Jahrhunderts, Stettin 1936, S. 103–121.

Körner, Hans: Der bayerische Maximilians-Orden für Wissenschaft und Kunst, München 2001.

Laible, Helene: Wilhelm Dönniges und König Max II. von Bayern. Ein Versuch zur Lösung der deutschen Frage, Diss., München 1947.

Müller, Rainer A. (Red.): König Maximilian II. von Bayern 1848–1864, Rosenheim 1988.

Sing, Achim: Die Wissenschaftspolitik Maximilians II. von Bayern (1848–1864). Nordlichterstreit und gelehrtes Leben in München (Ludovico Maximilianea Forschungen 17), Berlin 1996.

Weigand, Katharina: König Maximilian II. Kultur- und Wissenschaftspolitik im Dienst der bayerischen Eigenstaatlichkeit, in: Bonk, Sigmund/Schmid, Peter (Hrsg.): Königreich Bayern. Facetten bayerischer Geschichte 1806–1919, Regensburg 2005, S. 75–94.

Manfred Pix

»Wegbereiter moderner Theorie«

Der Nationalökonom Friedrich Benedikt Wilhelm von Hermann (1795–1868)

Als Kronprinz Maximilian von Bayern am 20. März 1848 nach dem Verzicht seines Vaters, König Ludwig I. von Bayern, die Krone übernimmt, bricht auch für den Universitätsprofessor, Akademiker, bayerischen Staatsbeamten, königlichen und kronprinzlichen Berater Friedrich Benedikt Wilhelm von Hermann ein neuer Lebensabschnitt an. Maximilian II. will, wie er in seinen öffentlichen Worten an die Bayern ausführt, »Wahrheit [...] in Allem – Recht und gesetzmäßige Freiheit im Gebiet der Kirche wie des Staates«[1]. Bei Verwirklichung seiner hohen Ziele kann er auf den unter seinem Vater bewährten und vielfach ausgezeichneten, in Lehre und Forschung über Bayerns Grenzen hinaus anerkannten, ihm selbst durch vielfältig geleistete private Dienste eng vertrauten vielseitigen und scharfsinnigen Hermann bauen.

Hermann steht zu dieser Zeit im dreiundfünfzigsten Lebensjahr. Acht Jahre zuvor, als er ab 15. August 1839 mit der Leitung des beim Innenministerium bestehenden Statistischen Büros betraut worden war, war dem von Innenminister Karl von Abel als »tüchtig, und unermüdet thätig in seinem Berufe«[2] gepriesenen Professor auferlegt worden, »sich auch für andere verwandte Arbeiten« bei diesem Ministerium »verwenden zu lassen, insoweit solches, unbeschadet seiner Berufs-Obliegenheiten als ordentlicher Professor geschehen kann.«[3] Als »einzelne, mit seinem Fache in näherer Verwandtschaft stehende Arbeiten« bezeichnete Abel zum Beispiel »dasjenige, was auf den technischen Unterricht und auf staatswirthschaftliche Anstalten des öffentlichen Credites, des Aktienwesens, der Eigenthums- und Lebens-AsseCuranzen pp. Bezug hat«. Seine erste wichtige Aufgabe wurde die zentrale Vorbereitung der dritten bayerischen Industrieausstellung in Nürnberg im Jahr 1840. Ab 1. Dezember 1840 zum

---

[1] RBl 1848: Königliche Worte an die Bayern, Sp. 159f.
[2] BayHStA, Ministerium des Inneren (künftig: MInn) 44947: Antrag Innenministerium an den König, München, 28.7.1839.
[3] Ebd.: Königliches Reskript, 6.8.1839.

Vorstand des Statistischen Büros und zugleich förmlich zum Ministerialreferenten mit pragmatischen Rechten ernannt, übertrug man ihm dann offiziell den ausgedehnten Aufgabenbereich »Nationalökonomie«. Dieser umfasste neben den schon von Abel erwähnten Gegenständen: Zollverein, Pensions- und Unterstützungsvereine; gemeinsam mit einem Korreferenten: landwirtschaftliche Gegenstände, Landwirtschaftliche Zentralschule in Schleißheim, Seidenzucht, Handel und Industrie, insbesondere Gewerbeunterstützungen, Industrieausstellungen, neue Erfindungen im Gebiet der gewerblichen Industrie; als Korreferent: Schifffahrt, Ludwigskanal, Eisenbahnangelegenheiten, Forstgesetzgebung. Im folgenden Monat genehmigte der König schließlich, dass Hermann als Ministerialreferent aus der Reihe der Münchner Universitätsprofessoren der Titel eines königlichen Hofrats zukam, ein Prädikat, das bis dahin Ordinarien privaten und öffentlichen Rechts vorbehalten war. Innenministerium und Statistisches Büro waren im Gebäudekomplex des ehemaligen Theatinerklosters neben der Münchner Theatinerkirche untergebracht.

Auf der Karriereleiter stieg Hermann bei unverändertem Beamtengehalt von 1600 Gulden im Januar 1845 zum Ministerialrat außerhalb eines Status auf und wurde am 1. April 1847 schließlich in den Status eines Ministerialrats erhoben. Die Ernennung zum Ministerialrat hatte sein Ausscheiden aus dem Beirat des Obersten Kirchen- und Schulrats, dem er bereits seit dem 2. Januar 1837 als Mitglied angehörte, zur Folge. »Abel wollte mich«, schrieb er später, »als er eben abtreten mußte, mit voller Entschädigung für Gehalt und Honorar, ganz ins Ministerium ziehen und mir eine Section untergeben. Als dieß unterblieb, mir aber die ungeheure Geschäftslast, bey Entgang jeder Hoffnung auf GehaltsErhöhung bis zu 3000 fl, unerträglich erscheinen mußte, bat ich um ArbeitsErleichterung und so wurden mir nach und nach abgenommen: die technischen Lehranstalten (an das Cultusministerium), die Agricultur, die allgemeinen Fragen über Handel und Industrie, Münz- Maß- und Gewichtswesen, Vereine, Lebensversicherungen, Correferat über Eisenbahnen und Canäle, dann Wasser- und Landwege und ich behielt nur den Zollverein und die Statistik.«[4] Den Einstieg in den Kernbereich der Staatsverwaltung, dem Innenministerium als Zentrum von Politik und Macht, verdankte Hermann seiner erfolgreichen Lehr- und Forschungstätigkeit an der Ludwig-Maximilians-Universität in München. Hermann genieße, urteilte Abel 1839, »als ausgezeichneter Gelehrter in dem Gesammtgebiete der Staatswissenschaften sowohl im

---

[4] GHA München, Nachlass (künftig: NL) Max II., 81/6/349: Hermann an König Maximilian II., 3.1.1849.

In- als im Auslande eines allgemein verbreiteten und recht begründeten Rufes«. Er würde der ihm zusätzlich zur Leitung des Statistischen Büros auferlegten »Obliegenheit umso bereitwilliger nachkommen, als er bis jetzt schon bey einzelnen Vorkommnißen durch die Abgabe gründlicher Gutachten ohne Anspruch auf irgend eine Vergeltung sehr nützliche Dienste geleistet hat.« Abel meinte damit die hinreichende Erprobung von Hermanns fachlichen Kenntnissen, organisatorischen und administrativen Fähigkeiten in Ministerialkommissionen und bei Ausführung übertragener besonderer Aufgaben. Hermann wirkte in mehreren Reformausschüssen mit, zu deren Gegenständen er vorher gründliche Analysen und Verbesserungsvorschläge veröffentlicht hatte: 1832 Armenwesen; 1832/33 Reorganisation der polytechnischen und Einführung der Gewerbeschulen; 1834/35 Leitung der ersten und zweiten bayerischen Industrieausstellung in München; 1837 Sparkassenwesen; 1838 amtliche Statistik. Als Mitglied des Obersten Kirchen- und Schulrats mit dem technischen und gewerblichen Bildungswesen betraut, oblag ihm insbesondere die Inspektion der technischen und gewerblichen Schulen in einigen Regierungsbezirken. Im Auftrag der Regierung besuchte er in dieser Funktion 1839 die Industrieausstellung in Paris und unterbreitete in dem schon im folgenden Jahr dem König vorgelegten und auch veröffentlichten umfassenden Bericht Vorschläge für die Umsetzung dort beobachteter und für geeignet empfundener Neuerungen. Daneben mögen auch seine öffentlichen Stellungnahmen zu aktuellen Problemen, zum Beispiel über das erste Eisenbahnprojekt, den Zustand des Münzwesens, Beachtung gefunden haben. Nach dem Eintritt ins Innenministerium setzte Hermann seine Vorlesungen über Nationalökonomie, Finanzwissenschaft,

Friedrich Benedikt Wilhelm von Hermann, 1848

Handelswissenschaft und Politische Arithmetik an der Staatswirtschaftlichen Fakultät vor einem großen Studentenkreis angehender Volkswirte und Juristen ohne Unterbrechung fort und erweiterte sie sogar noch um das Fach Bayerische Finanzgesetze. Am 31. Oktober 1827 als außerordentlichen Professor der Technologie, politischen Rechenkunst und Staatswirtschaft dorthin berufen, war er bald nach Veröffentlichung seines nationalökonomischen Erstlings, am 29. Juni 1832 zum ordentlichen Professor für Nationalökonomie, ab 1833 auch für Technologie ernannt worden. Die »Staatswirthschaftliche[n] Untersuchungen«, Hermanns Hauptwerk, mit dem er zu einem »Wegbereiter moderner Theorie«[5] wurde, begründeten seinen internationalen Ruf als Nationalökonom. (Das Meisterwerk, 1924 unverändert nachgedruckt, erschien zuletzt 1987 innerhalb der Faksimile-Edition »Klassiker der Nationalökonomie«.) Bis 1833 erteilte Hermann als Lehrer für Technologie, Waren- und Handlungskunde neben seinen Vorlesungen an der Universität noch Unterricht an der am 1. November 1827 in München eröffneten Polytechnischen Zentralschule. Seit 1842 war Hermann ordentliches Mitglied der mathematisch-physikalischen Klasse der Königlich Bayerischen Akademie der Wissenschaften. Ludwig I. hatte die vielfachen Verdienste Hermanns anerkannt und gewürdigt, indem er ihm am 1844 eigenhändig das Ritterkreuz des Verdienstordens der Bayerischen Krone verlieh, was mit der Erhebung in den persönlichen Adelsstand verbunden war.

Kronprinz Maximilian schätzte den klugen und kritischen liberalen Kopf, der ihn privat unterrichtete und ihm als einer der wichtigsten wissenschaftlichen Gutachter und mitunter politischen Berater, de facto als der wichtigste wirtschafts- und sozialpolitische Berater zur Seite stand. Für das staatswirtschaftliche Studium des Kronprinzen fertigte Hermann sogenannte Tafeln (Schemata) an, zum Beispiel zu Volksleben und Staat, Staatswirtschaft. Die Staatswirtschaft oder politische Ökonomie, wie er sie auch nannte, gliederte er in Nationalökonomie (Volkswirtschaftslehre, Wirtschaftspolizei) und Finanzwissenschaft. Gleichzeitig lieferte er dem Kronprinzen Abhandlungen und Zusammenstellungen, zum Beispiel Leistungen der verschiedenen europäischen Völker in der politischen Ökonomie, Entstehung des Zollvereins, Desiderata in der bayerischen

---

[5] Horst Claus Recktenwald: Friedrich von Hermann – ein Wegbereiter moderner Theorie. Vademecum zu einem unterbewerteten Klassiker der ökonomischen Wissenschaft, Düsseldorf 1987 (= Klassiker der Nationalökonomie).

Statistik.[6] Später erteilte er seinem Schüler den Rat, »sich mit dem wirklichen Gange der Staatsgeschäfte, nicht durch bloße übersichtliche Darlegung, sondern durch Theilnahme an den Vorgängen selbst aufs genauste vertraut zu machen«[7]. Eines der ersten Gutachten im Jahr 1837 betraf die Förderung der Wissenschaften. Als typisches Beispiel für das breite Interessenspektrum des Kronprinzen sei ein vierundfünfzig Seiten langes Gutachten zu achtzehn Fragepunkten aus Erziehung und Bildung, Staatswirtschaft, Technik und Wissenschaft erwähnt, das Hermann Ende September 1839 erstattete. Die erste Frage, die der Kronprinz stellte, »wie es mit dem Volkskalender steht, ob nicht fortzuschreiten wäre?«, betraf ein Projekt, mit dem Maximilian Hermann beauftragt hatte. Der ohnehin schon mit Aufgaben überhäufte Professor und Ministerialreferent konnte antworten, dass alle »Theile des Kalenders, den geschichtlichen ausgenommen«, besorgt wären. Er sah es als unmöglich an, »einen für die gegenwärtige Zeit passenden Stoff zu geschichtlichen Aufsätzen zu finden. Seitdem es in Bayern Geschichtslehrer für Protestanten an katholischen Lehranstalten giebt, giebt es keine Geschichte mehr für das Volk.« Trotz dieses konfessionellen Hemmnisses konnte der Protestant Hermann beim Kronprinzen letzten Endes seine Bedingung durchsetzen, den Kalender »ohne irgend eine Beziehung auf Confession von namhaften Männern«[8] herauszugeben. Aufgrund der Komplikationen, die bei den Verhandlungen mit potentiellen Verlegern auftraten und der unterschätzten Dauer und Kosten, künstlerisch anspruchsvoller Holzschnitte nach den eigens gefertigten Originalzeichnungen herzustellen, konnte der Kalender nicht wie geplant schon im Jahr 1840, sondern erst im folgenden Jahr unter dem Titel »Kalender auf das Jahr 1842« erscheinen. Drei Jahre lang gab ihn Hermann »auf Veranlassung und mit besonderer Unterstützung Seiner Königlichen Hoheit des Kronprinzen von Bayern« heraus. Er stand in der Tradition der seit dem letzten Drittel des aufgeklärten 18. Jahrhunderts beliebten Volkskalender und bezweckte die Förderung des vernünftigen Handelns, das Ziel aller Volksaufklärung. Gleichwohl war er nicht primär an den sogenannten gemeinen Mann, vielmehr an die Multiplikatoren in Stadt und Land gerichtet, die eine Umsetzung der Ideen und Anregungen initiieren konnten. Dafür stand nicht nur der letztlich gewählte

[6] GHA, NL Max II., 75/6/22.
[7] Ebd., 76/5/33: Studien des Kronprinzen, o. D. In diesem Aktenbestand, wenn nichts anders bemerkt, auch die weiter erwähnten Gutachten Hermanns an den Kronprinzen und späteren König Maximilian II.
[8] GHA, NL Max II., 73/2/3b Nr. 12: Hermann an den Geheimen Sekretär des Kronprinzen, 25.2.1840.

einfache Name »Kalender« anstatt wie ursprünglich gedacht »Bayerischer Volkskalender« oder später vom Verleger vorgeschlagen »Volkskalender für Bayern und Deutschland« oder »Deutscher Volkskalender«. Vielmehr waren es die belehrenden und unterhaltenden, mit wenig Ausnahmen namentlich gekennzeichneten Beiträge auf durchweg sehr anspruchsvollem sprachlichem und geistigem Niveau, in denen Hermann einen Teil der Gelehrten und Experten vorwiegend aus Bayern vereinte, und die gediegene Ausstattung mit Reproduktionsgrafiken nach Originalzeichnungen bedeutender Münchner Künstler. Unter den Sachartikeln fielen einige aus dem üblichen Textkanon, wie zum Beispiel »Wert der Schulbildung für die Gewerbe«, »Tierquälerei«, »Spargelzucht«, »neue Glasmalerei«. Das Neue jedoch waren die nicht kommentierten Tabellen zur Statistik des Königreichs Bayern, unter anderem zu Stand und Bewegung der Armen, der Bevölkerung, der Verwendung, Verteilung und Stückelung des Bodens, der Gebäude, der Sparkassen und des Viehs. Hermann nutzte die ihm gebotene Chance, erstmals eines der von ihm schon 1832 formulierten Ziele des einer Sternwarte vergleichbaren Statistischen Büros umzusetzen: die Resultate der konsequent und gleichförmig fortgesetzten Beobachtungen in gedrängter Form zu veröffentlichen, und damit Herrschaftswissen erstmals unter das Volk zu bringen, zu demokratisieren. In einem herausragenden Bild- und Textbeitrag wurde auch Hermanns und durch ihn Maximilians politische Intention und patriotisch-nationale großdeutsche Haltung deutlich, dem von Wilhelm Kaulbach gezeichneten und von Heinrich Merz gestochenen Historienbild »Kaiser Friedrich Barbarossa« mit der Deutung durch Ludwig Aurbacher. Der Autor warf, wie von Hermann gebeten, am Schluss seines Kommentars einen Blick »auf die heutige Lage Deutschlands unter Beziehung auf Kaulbachs Bild«[9]: »Seyd einig, einig, einig!‹ So gerüstet, in Einigkeit, zu gemeinsamer Schilderhebung können die deutschen Fürsten und Völker ruhig der verhängnißvollen Stunde entgegensehen, die da entscheiden soll. Und sie ist schon da! [...] die Würde, die Macht, die alte Herrlichkeit des deutschen Reiches mag nun fortan gesichert stehen für alle Zeiten!«[10]

Kronprinz Maximilian bewies Weitsicht, als er durch Fürsprache bei seinem Vater 1840 erreichte, dass Hermann durch Einstieg in die Ministe-

---

[9] BSB, Abteilung Handschriften und Alte Drucke, München, Autogr. Hermann, Friedrich Benedikt Wilhelm von: Hermann an Ludwig Aurbacher, 8.4.1842.

[10] Ludwig Aurbacher: Kaiser Friedrich der Rothbart auf dem Kyffhäuser, in: Kalender auf das Jahr 1843, S. 51f.

»Wegbereiter moderner Theorie« 61

Wilhelm Kaulbach (Zeichner), Heinrich Merz (Stecher), »Kaiser Friedrich Barbarossa«, aus Hermanns »Kalender auf das Jahr 1842«

rialverwaltung, kräftige Besoldungserhöhung und Titel davon abgehalten werden konnte, den Mitte November 1840 an ihn ergangenen und bereits akzeptierten Ruf an die reorganisierte Friedrich-Wilhelms-Universität in Berlin anzunehmen. Am 27. November zog Hermann in einem persönlichen Gespräch mit dem preußischen Gesandten am bayerischen Hof, Graf August von Dönhoff, seine Zusage endgültig zurück. Der für Berlin zu den Koryphäen des deutschen Geistes zählende Gelehrte war für München erhalten geblieben. Die Bedeutung dieses Vorgangs ist nicht hoch genug anzuschlagen, wenn man bedenkt, dass Ludwig I. keinen Versuch unternahm, drei bedeutende Künstler und Gelehrte davon abzuhalten, den Ruf nach Berlin anzunehmen: Peter von Cornelius, Friedrich Rückert und Friedrich Wilhelm Joseph von Schelling. Hermann hatte sich der Protektion des Kronprinzen versichert und seinem hohen Beschützer ausführlich die Vorteile der Anstellung in Berlin im Vergleich zu seiner bisherigen Stellung in München mit Besoldungsbeispielen anderer Münchener Gelehrter dargelegt.[11] Von weiteren, teils sehr umfangreichen Gutachten seien noch einige erwähnt: 1840: Aufgabe des Athenäums[12] (eine 1852 unter dem Namen Maximilianeum provisorisch eröffnete »Staatsdienerschule«, ein Gegenentwurf zu Friedrich Thierschs Plan), deutsche Kolonien mit Erhaltung deutscher Nationalität; 1843: Wirksamkeit des Landwirtschaftlichen Vereins, Ursachen der Armut und Aufgaben der Armenpflege; 1845: Vorschläge zur Verbesserung der wirtschaftlichen und geistigen Verhältnisse; 1847: Handelsfreiheit und Schutzsystem, eine äußerst kritische Auseinandersetzung mit der neuesten Schrift von Wilhelm Dönniges, die, wie der Geheime Sekretär des Kronprinzen Franz Xaver Schönwerth in einer Notiz zu Hermanns Überreichungsschreiben anmerkt, »Aufsehen macht«[13]. Delikat ist, dass Maximilian seinen von Hermann so geringschätzig beurteilten wissenschaftlichen Mentor im folgenden Monat als Privatbibliothekar wieder nach München holte, wo Dönniges[14] bereits am 18. den Hofratstitel erhielt. Doch Hermann gutachtete unaufhörlich weiter in einer sachlich-klaren und freimütigen Sprache. Allein unter dem 26./27. Februar 1848 legte er 13 Stellungnahmen im Gesamtumfang von 85 Seiten vor: gemeinsame Gesetzgebung in Deutschland über Ansässigmachung, Handel und Gewerbe, Eisenbahnen; Öffnung der deutschen Ströme; Schifffahrt auf der Donau; Beitritt Österreichs zum Zollverein; Vertretung des Zollvereins als eines Ganzen; Gründung von Kolonien in Bulgarien oder Brasilien, dann Regelung der Auswanderung; Beiziehung der Hansestädte als Weltmärkte zum Zollverein; Gründung von Kommanditen deutscher Häuser über dem Meer; Handelsverhältnisse der Schweiz und Anschluss von Belgien und Holland an den Zollverein; deutsche Marine und Flagge, Hauptinteressen Europas als einer Gesamtheit in materieller Beziehung. Die vielfältigen und

---

[11] GHA, NL Max II., 82/6/357: Hermann an den Kronprinzen, 15.11.1840.
[12] 24.11.1840. Druck in: Heinz Gollwitzer (Hg.): 100 Jahr Maximilianeum. 1852–1952. Festschrift. München o. J. [1953], Anl. II S. 54–62.
[13] GHA, NL Max II., 81/6/349: 13.10.[18]47.
[14] Vgl. den Beitrag von Katharina Weigand in diesem Band (S. 44–54).

teilweise komplexen Fragestellungen und die Eile, in der die Gutachten abgefasst werden mussten, nähren die Vermutung, dass der Kronprinz vom unmittelbar bevorstehenden Thronverzicht seines Vaters wusste und sich noch rasch auf die Regierungsübernahme vorbereiten wollte. In Hermanns Stellung und Aufgaben änderte der Regierungswechsel zunächst nichts. Freilich eröffnete die Königliche Proklamation vom 14. April 1848, aus der Mitte »des ganzen Volkes die Abgeordneten [...] zur deutschen Nationalversammlung« zu wählen[15], Hermann ein weiteres Betätigungsfeld, das der Politik. Der Staatsbeamte, Universitätsprofessor und Akademiker kandidierte in drei Regierungsbezirken. Gewählt wurde er am 28. April 1848 im 1. Wahlbezirk Oberbayern München I. Pflichten in München verzögerten die Arbeitsaufnahme in der am 18. Mai in der Frankfurter Paulskirche eröffneten Deutschen Nationalversammlung um zwei Tage. In der noch von König Ludwig I. am 6. auf den 16. März einberufenen bayerischen Ständeversammlung, dem sogenannten Reformlandtag, hatte er mit dem Gesetzentwurf über die Aufhebung, Fixierung und Ablösung der Grundlasten eines der beiden Ablösungsgesetze, mit denen Bayern den Feudalismus überwand, zu erarbeiten und in beiden Kammern sowie den zuständigen Ausschüssen zu präsentieren und zu verteidigen. Außerdem musste er das vom König noch als Kronprinz verlangte, Ende Januar bereits monierte Gutachten über Proletariat und Arbeiter vorlegen, was er schließlich am 12. Mai tat. »Die Sorge für das Wohl der arbeitenden Klassen und für die hiervon unzertrennliche Hebung des überallhin gestörten Verkehres« war erklärter Wille des neuen Monarchen. »Soll dieses Ziel aber erreicht werden, so thut es vor Allem Noth, daß Gesetz und Ordnung überall wieder die Herrschaft erlange.«[16] In der Frankfurter Nationalversammlung schloss Hermann sich der Fraktion Württemberger Hof an. Er war Mitglied in einer Reihe von Ausschüssen, darunter des Volkswirtschaftlichen Ausschusses (stellvertretender Vorsitzender), des Ausschusses für die Entwerfung des Gesetzes über die Ministerverantwortlichkeit. Außerdem gehörte er seit 11. Februar 1849 der Kommission für eine Großdeutsche Verfassung und seit 24. Februar, gemeinsam mit dem Hamburger Johann Gustav Heckscher und dem Wiener Freiherrn Franz von Sommaruga, einer Deputation an, welche die von diesen drei Abgeordneten gegründete Großdeutsche Partei nach Wien entsandte, um mit der österreichischen Regierung den großdeutschen Verfassungsent-

---

[15] RBl. 1848, Sp. 305–310, hier Sp. 305f.
[16] RBl. 1848, Sp. 561-568: Königlich Allerhöchste Entschließung (künftig: AhE), die Aufrechthaltung der Ruhe im Lande betreffend, 6.5.1848, hier Sp. 563f.

wurf zu erörtern. Zwei Mal, im Juli und September 1848, wurde er zum zweiten Vizepräsidenten der Nationalversammlung gewählt und, nach dem Rücktritt des Kabinetts Leiningen, vom Reichsverweser mit der Regierungsbildung beauftragt, die allerdings, wie der vorangegangene Versuch Friedrich Dahlmanns, scheiterte. Als bayerischer Föderalist forderte er für Bayern als größte Macht nach Österreich und Preußen eine Sonderstellung. Er stimmte für die Abschaffung des Adels, die Anerkennung der Volkssouveränität in der Reichsverfassung und ein suspensives Veto des Reichsoberhauptes bei Gesetzesverabschiedungen, jedoch gegen die Wahl König Friedrich Wilhelms IV. von Preußen zum Kaiser der Deutschen. Vom König zur ständigen Berichterstattung aufgefordert, schickte er Bericht um Bericht; der erste datierte vom 18. Juli 1848 und der letzte vom 13. Mai 1849. 80 vorhandene Briefe im Umfang von gut 400 Seiten vermitteln einen lebendigen Eindruck nicht nur von den Debatten und Abstimmungsergebnissen in der Nationalversammlung, sondern auch von Diskussionen, Absprachen und Gesprächen innerhalb und zwischen den Fraktionen, vielfältigen Unterredungen am Rande, Meinungen und Vorschlägen der Vertreter anderer Regierungen, Gerüchten und Intrigen sowie der Haltung und dem Verhalten vornehmlich bayerischer Abgeordneter. Und aus ihnen wird deutlich, dass Hermann dem König nicht nur als wissenschaftlicher, sondern auch als politischer Berater dienen wollte. In mindestens 20 Handschreiben versuchte der König dahingehend zu wirken, dass die Souveränität Bayerns durch Beschlüsse der Nationalversammlung nicht angetastet werde. Hermann versicherte er darin wiederholt, die Dienste, die er ihm leiste, nie zu verkennen, zuletzt am 17. Januar 1849.[17] Als das Scheitern einer großdeutschen Lösung, die Hermann schon im Parlamentsalbum durch sein Bekenntnis »Kein Deutschland ohne Österreich« manifestiert hatte, feststand, verließ er als einer der letzten bayerischen Abgeordneten am 16. Mai Frankfurt und kehrte nach München zurück.

Während Hermann in Frankfurt für die Trias und gegen ein preußisches Kaisertum kämpfte, veränderte König Maximilian die Formation der Staatsministerien. Das Kultus- und Unterrichtsministerium wurde aufgehoben und dessen Aufgaben wieder, wie schon vor 1847, dem Innenministerium übertragen. Zugleich wurde für die Behandlung der bisher dem Innen- und dem Finanzministerium zugewiesenen staatswirtschaftlichen Gegenstände ab 1. Dezember 1848 unter dem Namen Staatsministerium des Handels und der öffentlichen Arbeiten ein eigenes Ministerium ge-

---

[17] GHA, NL Max II., 81/6/346.

»Wegbereiter moderner Theorie« 65

Drei Paar politische Achseln.

»Drei Paar politische Achseln«; Karikatur auf die Abgeordneten der Frankfurter Nationalversammlung Karl Josef Anton Mittermaier (links), Friedrich Wilhelm Benedikt von Hermann (Mitte) und Gottfried Eisenmann

bildet. Unter den ernannten fünf Ministerialräten befand sich Hermann nicht. Sein bisheriger Aufgabenbereich im Innenministerium war weggefallen und damit auch die Leitung des Statistischen Büros fraglich, das jetzt ja zum Handels- und Arbeitsministerium gehörte. »Einige Bemerkungen, meine Anstellungsverhältnisse betreffend«, die ihm der König durch den interimistischen bayerischen Bevollmächtigten bei der Provisorischen Zentralgewalt in Frankfurt Oberst Joseph von Xylander gegen Ende des Jahres 1848 erlaubt hatte, waren bislang ohne Reaktion geblieben. Im Innenministerium, äußerte Hermann darin, habe er »wirklich nichts mehr zu thun«, ins neue Handelsministerium, wo alle Ratsstellen besetzt sind, wollte er aus bestimmten Gründen nicht eintreten, so dass »nur ein dreyfacher Weg übrig« bliebe: »Wollen Euere Königliche Majestät mich im Staatsdienste weiter beschäftigen, ohne mich zu befördern, so würde ich entweder in's Finanzministerium zu setzen seyn (allein dort ist alles besetzt [...]), oder ich könnte die Direction der Rechnungskammer erhalten (die übrigens besetzt ist). Neben beyden Stellen könnte ich Professor bleiben und in beyden in den vollen Bezug von 3000 fl einrücken. Die letztere wäre eine Art Sinecur. Wollen Allerhöchstdieselben meine Dienste weiter benutzen und mich befördern, so würde sich im Staatsrathe die angemessenste Stellung darbieten. [...] Würde dieß den allerhöchsten Ansichten Eurer Königlichen Majestät nicht entsprechen, so glaube ich doch durch meine so lange Jahre hindurch Allerhöchstderselben dargelegte Treue [...] nicht verdient zu haben, daß mich Zurücksetzung trifft. [...] Indem ich nicht glaube, den dritten Weg weiter ausführen zu dürfen, der meine Quiescirung am Ministerium wäre, da ich eine Kränkung nicht verdient zu haben meyne, bitte ich Euere Königliche Majestät wegen der Offenheit meiner Äußerungen um allergnädigste Verzeihung«.[18] Doch Hermanns Hoffnung trog: Der König ging den dritten Weg. Hermann wurde am 19. Juni 1849 in seiner Dienstfunktion als Ministerialrat im Innenministerium »auf sein allerunterthänigstes Ansuchen in den zeitlichen Ruhestand« versetzt, mit dem Vorbehalt, ihn »seiner Zeit wieder in entsprechender Stelle in Dienstesaktivität zu berufen«[19]. Die ihm geschenkte Zeit benutzte der Unerschütterliche, erstmals seit vier Jahren wieder Artikel in der Augsburger »Allgemeinen Zeitung« zu veröffentlichen und sich auf seinen erneuten Eintritt in die Politik, diesmal die Landespolitik, vorzubereiten. Es war gerade ein Monat vergangen, als er eine Eingabe um »Übernahme eines ausgedehnten Referats neben dem statist[ischen] Bureau« machte, diese aber zurückzog, als er erfuhr, am 24. Juli im Regierungsbezirk Schwaben und Neuburg Wahlbezirk I. Lindau für die achte Wahlperiode 1849 bis 1855 zum Abgeordneten in die zweite Kammer gewählt worden zu sein: »Ich will nicht mich zu einem Geschäft anbieten, das ich jetzt nicht versehen könnte.«[20] Die Wahl zum Landtagsabgeordneten wie die etwa gleichzeitig erfolgte Wahl zum Senator der Universität sind Frucht seiner politischen Tätigkeit in der Paulskirche. »Zur Orientierung bei der Eröffnung des bayerischen Landtags im September 1849« verfasste Hermann eine kleine Schrift »Die Reichsverfassung und die Grundrechte«, die er »zur Gewinnung eines festeren Urtheils [...] glaubte veröffentlichen zu sollen«. Er überreichte sie dem König kurz vor Eröffnung der Ständeversammlung.[21] Auch während der Sitzungsdauer des 14. Landtags, in dem Hermann zum Mitglied der Ausschüsse für die Steuern und die deutsche Frage gewählt worden war, zog Maximilian ihn weiter zu Gutachten heran.

[18] GHA, NL Max II., 81/6/349: 3.1.1849.
[19] BayHStA, MInn 65571: AhE an Innenministerium, 19.6.1849.
[20] GHA, NL Max II., 82/5/355/356: Hermann an den Sekretär des Königs, 27.7.1849.
[21] GHA, NL Max II., 81/6/349: Hermann an den König, 27.8.1849..

Wenige Tage vor Schließung des Landtags, am 21. Juli 1850, unterschrieb Hermann die »Vorrede« zu Heft I »Bevölkerung« der »Beiträge zur Statistik des Königreichs Bayern«, die von da an mit wenigen Ausnahmen Jahr für Jahr erschienen und bei seinem Tod auf 17 Hefte angewachsen waren.[22] In enger Beziehung zu den »Beiträgen« standen drei später gehaltene und gedruckte akademische Festreden über die Bewegung (1853) und die Gliederung (1855) der Bevölkerung sowie über den Anbau und den Ertrag des Bodens (1857) in Bayern. Im Juni/Juli 1852 legte Hermann die gewünschte Handstatistik vor, die den König künftig bei seinen Reisen durch Bayern begleitete. Sie bestand aus 27 das ganze Königreich und 100 die acht Regierungsbezirke betreffenden Tafeln sowie 28 Tabellen über die Lokalarmenpflege in den acht Regierungsbezirken. Noch bei der Zollkonferenz in Wien reichte er im November die nach seiner Anweisung im Statistischen Büro ausgearbeitete Höhenkarte Bayerns nach. Die historisch-topografische Beschreibung von Bayern, wiederholt vom König gefordert, aus Mangel an Mitteln aber immer wieder zurückgestellt, schließlich von Maximilian finanziell unterstützt, wurde 1860 bis 1868 unter der Redaktion von Wilhelm Heinrich Riehl[23] und Mitarbeit von Felix Dahn, einem Schüler von Hermann, mit dem Titel »Bavaria. Landes- und Volkskunde des Königreichs Bayern« in fünf Bänden herausgegeben. Bis zu seinem Lebensende vertrat Hermann Bayern auf allen sechs Internationalen Statistischen Kongressen.[24] War Hermanns vom Kronprinzen 1847 angeregtes Vorhaben, ein »Handbuch der Statistik von Bayern« herauszugeben, aus Mangel an Mitteln gescheitert, das mit Cotta bereits Anfang 1848 vereinbarte Ersatzprojekt einer privaten Veröffentlichung[25] letztlich nicht zustande gekommen, genehmigte der Minister des neuen Handels- und Arbeitsministeriums Ludwig von der Pfordten jetzt den Druck der »über die Bevölkerung Bayerns und ihre Bewegung« vorliegenden Tafeln, und machte »für die Anschaffung von Exemplaren zur Vertheilung an die Ämter 2000 fl disponibel«[26]. Endlich sah damit der König seinen schon als Kronprinz ge-

---

[22] Bei den Heften I (1850) bis IX (1861) fungierte Hermann persönlich als Herausgeber, bei den Heften X (1862) bis XVII (1867) das von ihm geleitete Königlich Bayerische statistische Bureau.
[23] Vgl. den Beitrag von Wolfram Siemann in diesem Band (S. 117–129)
[24] 1853 in Brüssel, 1855 in Paris, 1857 in Wien, 1860 in London, 1863 in Berlin und 1867 in Florenz.
[25] Deutsches Literaturarchiv Marbach, Cotta-Archiv (Stiftung der Stuttgarter Zeitung): Hermann an Rudolf Oldenbourg, 7.1.1848; Georg Cotta von Cottendorf an Hermann, 11.1.1848.
[26] GHA, NL Max II., 80/4/290 ½ (Nr. 14): Hermann an den König, 5.10.1849.

hegten Wunsch erfüllt. Ludwig von der Pfordten ging auch auf Hermanns Vorschläge zur Neugestaltung der Statistik ein und wandelte das Statistische Büro ab 31. Oktober 1850 in eine selbständige Behörde um. Zu dem bisher einzigen Mitarbeiter erhielt Hermann zwei weitere hinzu.

Zugleich sah Hermann die Zeit für gekommen, seine Reaktivierung aktiv zu betreiben. Seine Wahl zum Rektor der Münchner Universität Anfang August 1850 nahm er zum Anlass, bei Gelegenheit der Überreichung einer Tafel über die Finanzwissenschaft vorzutragen: »Werde ich nun wieder in Activität gerufen, so kann ich das Rectorat nicht annehmen; wie ich, so lange ich Ministerialrath war, kein Universitätsamt bekleidete. Wird aber jene Zusage [der Minister von der Pfordten und Aschenbrenner ›erst nach dem Schlusse des Landtags reactivirt zu werden‹] nicht gehalten, so habe ich keinen Grund das Rectorat abzulehnen.«[27] Die Antwort des Königs kam prompt. Am 9. September erfolgte Hermanns Reaktivierung als Ministerialrat im Finanzministerium. Ihm wurden die Zollvereinsangelegenheiten sowie das Berg- und Salinenwesen zugeteilt. Hermann war nun auch persönlich voll rehabilitiert. Er arbeitete unermüdlich weiter: als bevorzugter Gutachter, dessen Begabung als systematischer Analytiker König Maximilian schon seit seiner Kronprinzenzeit schätzte und nutzte, als Ministerialrat nun im Finanzministerium, als Vorstand des Statistischen Büros, als Universitätsprofessor, als Akademiker und als Landtagsabgeordneter.

Abwesend von München erfuhr er in Wien, dass er zum Vorstand und Mitglied der von König Maximilian am 15. März 1852 bei der Königlich Bayerischen Akademie der Wissenschaften errichteten naturwissenschaftlich-technischen Kommission[28] ernannt worden war. 1857 und 1858 gab er die ersten beiden Bände der »Abhandlungen« heraus. Es blieben die einzigen. Der erste Band stand zwar schon kurz vor Ablauf der zweijährigen Amtsperiode Hermanns zur Veröffentlichung bereit. Hermann empfahl dem König aber am 19. Januar 1854, die erste Publikation der Kommissionsarbeiten seinem Nachfolger, zu dem er Justus von Liebig[29] vorschlug, zu überlassen. Dieser lehnte jedoch ab. Hermann sprach von »einer Art Vorstand-Crisis«[30], wurde erneut für zwei Jahre zum Vorstand ernannt und blieb im Amt, bis Liebig ihn im Jahr 1859 ablöste. Im März 1856 wurde Hermann vom König auch in die Gelehrtenkommission zur

---

[27] GHA, NL Max II., 82/5/355/356: Hermann an den Sekretär des Königs, 18.8.1850.
[28] Vgl. den Beitrag von Sylvia Krauss in diesem Band (S. 32–43)
[29] Vgl. den Beitrag von Heinrich Nöth in diesem Band (S. 75–92).
[30] BSB, Thierschiana I, 87 (Hermann, von: Hermann an Thiersch, 22.3.1854.

»Wegbereiter moderner Theorie« 69

Industrieausstellung im Glaspalast, 1854

Förderung der Wissenschaften, die so genannte Wissenschaftliche Kommission, berufen. Die zweite Allgemeine deutsche Industrieausstellung 1854 in München, für die nach dem Vorbild des für die erste Weltausstellung in London errichteten Kristallpalastes eigens der Glaspalast am Rande des Botanischen Gartens errichtet wurde, bildete für Hermann einen Markstein. Er übernahm die Vorstandschaft der Beurteilungskommission, die Bearbeitung und Herausgabe des Katalogs und gab 1855 den Jurybericht heraus. Nach seiner Begleitung des Königs durch die Ausstellung gab er diesem einen sorgfältigen Überblick, worin er einen besonderen Blick auf den Stand der bayerischen Industrie warf (29. Juli 1854).

Schließlich erstattete er ein Gutachten über den Stand der bayerischen Industrie in der Ausstellung (1. Dezember 1854).[31] Die Belohnung folgte auf dem Fuß. Ludwig von der Pfordten forderte den Finanzminister Joseph von Aschenbrenner auf, »sich über eine etwaige die Verdienste des. K. Ministerialraths von Herrmanns mehr anerkennende Stellung [...] zu äussern, und hiebei besonders im Auge zu halten, daß eine Aenderung in der Verwaltung der General Berg und Salinen Administration wohl anzustreben sey.«[32] Der König erfüllte die von Hermann schon 1849/50 geäußerten Wünsche und beförderte ihn am 20. Februar 1855 zum Staatsrat im ordentlichen Dienst mit einem Dienst- und Standesgehalt von 6000 Gulden. Zugleich übertrug er ihm die Vorstandschaft der Generalbergwerks- und Salinenadministration und erlaubte ihm, seine Vorlesungen »in jedem Wintersemester fortzusetzen, nicht aber im Sommer, wo seine neuen Berufsgeschäfte ihn ohnehin von hier fernhalten werden. Desgleichen soll ihm das statistische Bureau auch fernerhin übertragen seyn, bis er sich hierin einen tüchtigen Ersatzmann wird herangebildet haben.«[33] Das neue Dienstgehalt entsprach dem eines Staatsministers und schloss alle Ämter ein. Für die Leitung der Generalbergwerks- und Salinenverwaltung, einer Oberbehörde (Zentralstelle) im Finanzministerium, stand Hermann das repräsentative Gebäude Friedrich von Gärtners an der Ludwigstraße als Dienstsitz zur Verfügung. In dieser Aufgabe setzte Hermann seine Reformideen zügig um, bis er auf eigenen Wunsch schließlich am 18. Januar 1862 von diesem Amt entbunden wurde. Der König anerkannte bei dieser Gelegenheit »des, auch in dieser ihm seit sechs Jahren anvertrauten wichtigen Funktion, unter schwierigen Verhältnissen und neben vielfachen anderweitigen Berufsarbeiten im Dienste des Staates und der Wissenschaft, bewährten treuen und hingebenden Diensteifers«.[34] Hermanns Verdienste waren von König Maximilian schon vorher gewürdigt worden: durch Verleihung des Komturkreuzes des Verdienstordens vom heiligen Michael (1853) und der Bayerischen Krone (1858). Seine »hervorragenden Leistungen im Gebiete der Wissenschaft«[35] durch den Maximi-

---

[31] BayHStA, NL von der Pfordten 37, Abschrift.
[32] GHA, NL Max II., 80/3/275: Finanzminister an den Haus und Außenminister, Handels- und Arbeitsminister, 26.12.1854.
[33] BHStA, Staatsrat 6349: AhE an den Staatsrat, 20.2.1855.
[34] BHStA, Staatsrat 6349: AhE an die Generalbergwerks- und Salinenadministration, 18.1.1862.
[35] RBl. 1853, Sp. 1649-1653: Satzungen des königlichen Maximilians-Ordens für Wissenschaft und Kunst, hier Sp. 1649.

lians-Orden für Wissenschaft und Kunst[36] in der Abteilung Wissenschaft bei dessen Stiftung am 28. November 1853. Unter den vielen ausländischen Dekorationen, die Hermann seit 1850 erhielt, stach die zweite der beiden höchsten wissenschaftlichen Auszeichnungen in Deutschland hervor, das preußische Vorbild und nördliche Pendant des Maximiliansordens: die Friedensklasse des Ordens Pour le Mérite für Wissenschaften und Künste, die er am 24. Januar 1861 empfing. Er war der erste Nationalökonom, der in den kleinen Kreis der Männer aufgenommen wurde, die sich nach der Stiftungsurkunde König Friedrich Wilhelms IV. von Preußen vom 31. Mai 1842 »durch weit verbreitete Anerkennung ihrer Verdienste in diesen Gebieten, einen ausgezeichneten Namen erworben haben«[37]. Es sollte noch 38 Jahre und zuletzt fast ein Jahrhundert dauern, bis drei weiteren Gelehrten der Wirtschaftswissenschaften diese Ehre widerfuhr: 1899 dem Nationalökonomen und Wirtschaftshistoriker Gustav von Schmoller, 1918 dem Nationalökonomen und Staatswissenschaftler Georg Friedrich Knapp, übrigens ein Schüler Hermanns, und 1956 dem italienischen Finanzwissenschaftler Luigi Einaudi.

Die meisten der rund 100 Gutachten außerhalb seiner jeweiligen Aufgabenbereiche vorwiegend zu staatswirtschaftlichen Gegenständen im Gesamtumfang von über 1000 Seiten, die Hermann zwischen seiner Reaktivierung 1850 als Ministerialrat im Finanzministerium dem König bis zu dessen Tod (10. März 1864) vorlegte, zeigten im Gegensatz zu den Gutachten während der Kronprinzenjahre (1837 bis 1848) unmittelbare Wirkung. Über Antworten zu seinen Fragen entschied Maximilian entweder sofort oder leitete sie zur Stellungnahme an die zuständigen Minister weiter, fertigte das Sekretariat Extrakte und Gegenüberstellungen mit anderen Meinungen und ordnete der König spezielle Erhebungen und Kommissionen an. Gutachten zu Anträgen der Staatsministerien des Königlichen Hauses und des Äußeren, des Handels- und der öffentlichen Arbeiten, der Finanzen, des Innern und des Innern für Kirchen- und Schulangelegenheiten dienten dem König als Entscheidungshilfe. Ein Drittel der Gutachten bezogen sich auf das Armenwesen. Am Anfang stand die auf der früheren Skizze von 1843 beruhende erschöpfende Studie über Ursachen der Armut, Vorsorge gegen Verarmung und Armenpflege (Ja-

---

[36] Vgl. den Beitrag des Verfassers in diesem Band (S. 15–31).
[37] Orden Pour le Mérite für Wissenschaften und Künste. Geschichte und Gegenwart. Eine Ausstellung der Deutschen Bibliothek, Frankfurt am Main, Juni/Juli 1977, Faksimile S. 21–23, hier §1.

nuar 1851). Hermanns, in Expertisen zu den darin angeregten einzelnen Präventionsmaßnahmen und Einrichtungen zur Beschäftigung, Bewahrung, Unterstützung und Versorgung vertieften Vorschläge setzten die Staatsmaschine in Gang und beschäftigte sie bis ins Jahr 1856. Furcht vor inneren Unruhen, dadurch Gefährdung der inneren Sicherheit und letztlich Verlust der Souveränität Bayerns bewogen Max, die Frage der Armenfürsorge und Daseinsvorsorge seit seinem Regierungsantritt zu seiner eigenen Sache zu machen und energisch anzupacken, neben Regulierungen auf dem Gesetzes- und Verordnungswege auch aus eigenen Mitteln Wohlfahrtseinrichtungen zu errichten und zu finanzieren. Die Gutachten zum Armenwesen gipfelten in den detaillierten Berichten über Wohlfahrtsanstalten in Frankreich und England, die Hermann, schon in den beiden Vorjahren angeordnet, aus Arbeitsbelastung aber verschoben, schließlich im Sommer 1858 nach Rückkehr von der Reise nach Frankreich und während der Reise nach London und einigen Städten in England anfertigte. Die vom König gewünschte Bearbeitung des von Hermann mitgebrachten umfangreichen literarischen Materials über das Armenwesen in Frankreich und England unterblieb. Hermann fand niemand dafür. Es folgten die Bemerkungen über den bevorstehenden Wohltätigkeitskongress in London, einer Abteilung der National Association for the Promotion of Social Science, den er dann im Frühsommer 1862 besuchte. Dort traf er auch seinen Münchner Schüler Sir John Dalberg Acton als Mitglied des Parlamentskomitees über das Armenwesen wieder. Und, als vorletzte gutachtliche Äußerung überhaupt, am 20. September 1863 auf Wunsch von Henry Dunant, den Hermann auf dem kürzlich beendeten Internationalen Statistischen Kongress in Berlin kennen gelernt, die Weitergabe von dessen Schrift »Un souvenir de Solferino« an den König. Fünfzehn Gutachten betrafen den Ausbau des Eisenbahnnetzes innerhalb von und zwischen Bayern und anderen angrenzenden Staaten sowie die Wasserverbindung von München an die Donau bei Deggendorf durch einen Kanal oder die Korrektion der Isar. Von den übrigen Abhandlungen, Anregungen und Antworten auf Fragen des Königs seien nur noch einige wenige erwähnt: 1856: Erscheinungen, an denen zu erkennen ist, ob eine Nation im Aufblühen oder im Verfall sich befindet, deutsche Münzeinigung, Münzkonferenz in Wien; 1857: Einfluss der Lola Montez auf die Revolution von 1848; 1858: technischer Unterricht in Frankreich, quasi als Fortschreibung seiner veröffentlichten Berichte von 1828 und 1840; 1859/60: Verheißt das Nationalkapital Preußens diesem Staat in naher oder ferner Zukunft eine günstigere ökonomische Entwicklung als im Verhältnis zu Bayern? Das letzte große Gutachten im Umfang von 118

Seiten erstreckte sich auf den preußisch-französischen Handelsvertrag vom 29. März 1862[38].

Woher kam dieses für Ludwig I. und Maximilian II. gleichermaßen unentbehrliche Multitalent? Als Universitätslehrer »ein Genie und einer der unwiderstehlichsten Redner«, »ein »debater« im Sinne der großen englischen Parlamentsredner«[39], dessen »Vorlesungen über politische Ökonomie bewundernswert, sehr klar, aber philosophischer« als die Bücher englischer Autoren waren.[40] Als Gelehrter eine der »großen Forscherpersönlichkeiten des 19. Jahrhunderts«[41], als Staatsbeamter einer der »herausragenden Vertreter der amtlichen Statistik in Bayern«[42], gleichzeitig »der wichtigste wirtschaftspolitische Berater der bayerischen Könige Ludwig I. und Maximilian II.«[43] Welchen Bildungsweg nahm der Mann, wie verschaffte er sich »die für manche Stelle des Staatsdienstes erforderlichen Kenntniße und Fertigkeiten«[44], wie befähigte er sich, 1827 in das Münchner Wissenschaftsleben einzutreten? Lassen wir ihn durch seinen Lebenslauf, den er für die »Biographischen Umrisse der Mitglieder der deutschen konstituirenden Nationalversammlung zu Frankfurt a. M.« konzis wie seine Gutachten formulierte, selbst sprechen: »V. Hermann, Friedrich Benedict Wilhelm, ist am 5 Dec[em]b[e]r 1795 in Dinkelsbühl geboren, wo sein Vater damals Advocat war. Er ist protestantischer Confession. Von seinen 13 bis in das 18te Jahr war er Schreiber in einem Rechnungsamte, holte dann die versäumte Gymnasialbildung durch Privatfleiß nach und studirte in Erlangen und Würzburg Mathematik und Kameralwissenschaften. Im Jahr 1817 wurde er Doctor der Philosophie und übernahm mit einem Freunde die Leitung einer KnabenErziehungs-

---

[38] GHA, NL Max II., 76/2/26: 19.5.1862.
[39] Felix Dahn: Erinnerungen. 2. Buch: Die Universitätszeit, Leipzig 1891, S. 67, 69.
[40] Selections from the Correspondence of the First Lord Acton, hg. v. John Neville Figgis/Reginald Vere Laurence, Bd. 1, London 1917, S. 17: 17.11.1853. Übersetzung des Zitats aus dem Französischen vom Verf.
[41] Helle Köpfe. Die Geschichte der Bayerischen Akademie der Wissenschaften. 1759–2009. Ausstellung des Bayerischen Hauptstaatsarchivs, München, 28. März bis 5. Juli 2009, Regensburg 2009 (= Ausstellungskataloge der Staatlichen Archive Bayerns 51), S. 122.
[42] Joachim Herrmann: Grußwort, in: 200 Jahre amtliche Statistik in Bayern. 1808 bis 2008, München 2008, S. 2.
[43] Sylvia Krauss: Die Naturwissenschaftlich-technische Kommission bei der Königlich bayerischen Akademie der Wissenschaften, in: Zeitschrift für bayerische Landesgeschichte 72 (2009), S. 537–570, hier S. 559.
[44] Stadtarchiv Nürnberg, Rep. C 2, Polizei-Direktion, 2718: Lebenslauf, 17.6.1817.

anstalt zu Nürnberg, wo er bis 1821 verblieb. Im Herbste 1821 wurde er Lehrer der Mathematik am Gymnasium in Erlangen und habilitirte sich 1823 an der Universität daselbst als Docent im Fache der Staatswirthschaft [...]. Später wurde er Professor der Mathematik an dem Gymnasium und der polytechnischen Schule zu Nürnberg. Ausser einigen Schulreden gab er hier im Jahr 1826 heraus: Lehrbuch der Arithmetik und Algebra, 2te Aufl[age] 1845, sodann zwey Hefte: Über technische Lehranstalten, 1826 und 1828. Im Jahr 1827 reiste er nach Chalons-sur-Marne und Paris, um die Einrichtung der dortigen technischen Schulen näher kennen zu lernen.«[45]

Hermann verstarb, noch voll im Universitäts- und Staatsdienst tätig, wenige Tage vor seinem dreiundsiebzigsten Geburtstag an einer Lungenentzündung. Zu Vermögen hatte er, der mit seiner großen Familie in der Türkenstraße wohnte, nicht gebracht. Die Ausbildung seiner fünf Söhne und fünf Töchter ließen größere Ersparnisse nicht zu.

Literaturhinweise

Friedrich Benedikt Wilhelm von Hermann (1795–1868). Ein Genie im Dienste der bayerischen Könige. Politik, Wirtschaft und Gesellschaft im Aufbruch. Eine Ausstellung des Sparkassenverbandes Bayern und des Bayerischen Hauptstaatsarchivs in Zusammenarbeit mit Manfred Pix, München 1999 (= Ausstellungskataloge der Staatlichen Archive Bayerns 39).

Pix, Manfred (Hg.): Friedrich Benedikt Wilhelm von Hermann (1795–1868). Ein Genie im Dienste der bayerischen Könige. Politik, Wirtschaft und Gesellschaft im Aufbruch. Wissenschaftlicher Begleitband zur gleichnamigen Ausstellung des Sparkassenverbandes Bayern und des Bayerischen Hauptstaatsarchivs in Zusammenarbeit mit Manfred Pix, Stuttgart u. a. 1999 (= Sparkassen in der Geschichte, Abt. 1: Dokumentation 18 = Zeitschrift für bayerische Sparkassengeschichte. Beihefte 2).

---

[45] BSB, Autograf Hermann, Friedrich Benedikt Wilhelm von, ohne Ort und Jahr.

Heinrich Nöth

»Habe mich fest und unwiderruflich gebunden«

Justus von Liebig (1803–1873) und seine Zeit in München

König Ludwig I. hatte vor allem die Schönen Künste gefördert. Sein Nachfolger, König Maximilian II. verfolgte hingegen das Ziel, Bayern, ein von Landwirtschaft geprägtes Land, durch die Förderung der Wissenschaften ein neues Profil zu geben, um so mit Preußen und Österreich auf gleiche Augenhöhe zu kommen. Daher ist sein Bemühen zu verstehen, Justus von Liebig, der über Pflanzenernährung und Agrikulturchemie forschte, nach München zu berufen. Der König versprach sich davon eine Förderung der Landwirtschaft und eine Verbesserung der Ernteerträge. Er beauftragte deshalb im Frühjahr 1851 den königlichen Staatsrat Franz Seraph von Pfistermeier, über Max von Pettenkofer Kontakt mit Liebig aufzunehmen. Das Billet, das er Pettenkofer überreichte lautete: »Seine Majestät, der König, haben mich soeben beauftragt, Sie darauf aufmerksam zu machen, dass die Gewinnung Liebigs ganz besonders in Allerhöchst seinen Wünschen gelegen sei, weshalb Sie alles Mögliche aufbieten sollen, um die Aquirierung durchzusetzen.«[1]

Pettenkofer verehrte Liebig sehr. Er hatte in Liebigs Labor in Gießen gearbeitet und widmete ihm nach seiner Rückkehr nach München sechzehn chemische Sonette. Liebig hatte erst kurz zuvor einen Ruf nach Heidelberg abgelehnt, aber Pettenkofer bewog ihn zu einer Unterredung mit Maximilian II. Das Treffen mit dem König fand im Juni 1851 im Schloss Starnberg statt. Nach einem Essen, an dem auch Königin Marie teilnahm, konnte Liebig seine persönlichen und beruflichen Vorstellungen für einen Wechsel nach München vortragen. Um sich verstärkt seiner Forschungsarbeit widmen zu können, war es vor allem sein Wunsch, von den Belastungen im praktischen Laborunterricht freigestellt zu werden. Nicht nur dies wurde ihm zugesagt, sondern auch ein Neubau eines Chemischen

---

[1] Otto Krätz: Justus von Liebig (1803–1873). Chemiker, Erfinder, Unternehmer, in: Ulrike Leutheusser / Heinrich Nöth (Hrsg.): München leuchtet für die Wissenschaft. Berühmte Forscher und Gelehrte, München 2007, S. 123–137, hier S. 124 / 125.

Laboratoriums in der Sophienstraße und anderes mehr. Dem König sollte er einmal in der Woche als wissenschaftlicher Berater zur Seite stehen Auch die finanzielle Seite für den Ortswechsel war attraktiv. So schrieb Liebig im Juli 1851 an seinen Schüler und Freund August Hofmann nach London:
»Ich bin gestern aus München zurückgekehrt und habe mich fest und unwiderruflich gebunden. Im November 1852 fange ich meine Vorlesungen an und verlasse Gießen im September. Ich hoffe, diesen Entschluss niemals zu bereuen. Was mich hier drückt und meine Kräfte aufzehrt, dies ist der praktische Kursus; ich bin nächstes Jahr 50 Jahre alt und muss, wenn ich in der Wissenschaft noch etwas tun will, meine Tätigkeit beschränken. München bietet mir einen neuen Wirkungskreis. Ich habe mich verpflichtet, im Wintersemester Experimentalchemie in 6 Stunden zu lesen, sonst nichts, keine Praktikanten. Ich werde meine jungen Leute arbeiten lassen, aber nach meiner Auswahl. Ich bekomme Thaler 30000 zu einem ganz neuen Laboratorium und Zubehör, Thaler 5000 Besoldung jährlich, Thaler 2500 für Instandhaltung des Inventars und keine Praktikanten! Kann man so etwas von sich weisen? Unmöglich.«[2]

Der Neubau wurde an der Sophienstraße errichtet, wobei besonderer Wert auf gute Ventilation in den Laboratorien und im Hörsaal gelegt wurde. Der Bau schritt zügig voran, sodass Liebig bereits am 23. November 1852 diesen mit einer Vorlesung »Über das Studium der Naturwissenschaften« einweihte. Der quadratische Hörsaal beanspruchte fast die Hälfte der Fläche des Neubaus. Neuerfindung war eine achteckige, beweglich Glasglocke. Unter ihr ließen sich Experimente durchführen, bei denen man mit Geruchsbelästigungen rechnen musste. Im Hörsaalgebäude befanden sich außerdem ein Vorbereitungsraum, ein Wägeraum sowie ein Raum für gasanalytische Arbeiten. Der darin befindliche Arbeitstisch steht heute im Deutschen Museum.

Der Hörsaal verfügte über eine hervorragende Akustik. Wilhelm Prandtl schrieb in seiner »Geschichte des Chemischen Laboratoriums der Bayerischen Akademie der Wissenschaften«[3]: »Wie auf ein gegebenes Zeichen trat lautlose Stille ein. Die Tür, die zum Hörsaal führte, ging auf. Liebig erschien und wurde von seinen Assistenten ehrfurchts-

---

[2] Wilhelm H. Brock (Hg.): Justus von Liebig und August Wilhelm Hofmann in ihren Briefen, Weinheim 1984, S. 136.

[3] Wilhelm Prandtl: Die Geschichte des Chemischen Laboratoriums der Bayerischen Akademie der Wissenschaften in München, Weinheim 1952.

voll begrüßt. Liebig kam nie ohne Hut, Stock und Handschuhe, die er sich von seinen Gehilfen abnehmen ließ, obwohl er nur wenige Schritte von seinem Haus zum Hörsaal zu gehen hatte. Mit leichtem Nicken des Kopfes gegen die Zuhörer schritt er zum Experimentiertisch, wo der Assistent diensteifrig den Sessel bereit rückte, und begann seinen Vortrag mit einem leise gesprochenen ›Meine Herren‹.«

Die Studenten gelangten in den Hörsaal über eine Treppe von der Sophienstraße aus. Vier Gemälde verzierten den Eingang ab 1857. Zwei zeigten Landschaften Palästinas. Zwei weitere, große allegorische Frauengestalten, von Friedrich von Thiersch gemalt. Sie stellten die Chemie und Ponoma dar, Versinnbildlichung der Anwendung der Chemie in der Landwirtschaft. Diese Gemälde wurden in einer neuen Technik erstellt, der stereochromen Malerei, die Johann Nepomuk von Fuchs

Justus von Liebig, um 1850

auf der Basis von Silikatfarben entwickelt hatte. An dieser Technik war auch Liebig sehr interessiert, nachdem er herausgefunden hatte, dass man wasserlösliche Silikate nicht nur durch Schmelzprozesse, sondern auch durch Auflösen von Kieselgur in Natronlauge gewinnen kann. Pettenkofer verbesserte diese Maltechnik: Zunächst wird die in Wasser aufgelöste Farbe aufgetragen, dann das Gemälde durch Aufsprühen von Wasserglas mit einem Zerstäuber fixiert.

Das Haus, in dem sich das Chemische Institut von Liebigs Vorgänger, August Vogel, befand, wurde zum Wohnhaus für Liebigs Dienstwohnung umgebaut. Dessen Hörsaal war von einer Glaskuppel überdacht. Er wurde von einer Zwischendecke in zwei Säle unterteilt. Als Esszimmer diente der untere Raum. Er musste mit Gaslampen beleuchtet werden. Der obere Saal war als Gesellschaftszimmer eingerichtet, um das sich weitere Wohnräume scharten. Dieser Saal war so groß, dass das Ehepaar Liebig weit mehr als hundert Gäste empfangen konnte. Laboratorium und Wohnhaus standen in einem Garten mit Gartenhaus, in dem sich Liebig gerne aufhielt.

August von Voit: Ansicht des chemischen Laboratoriums von Südwesten, 1859

Schon zu seiner Zeit in Gießen war es Liebigs Anliegen gewesen, die Naturwissenschaften, vor allem die Chemie, einer breiten Öffentlichkeit nahezubringen. Dabei war ihm besonders daran gelegen, die Grundbegriffe und Grundregeln der Naturwissenschaften zu vermitteln. Die Anwendung der erzielten Ergebnisse war für ihn zweitrangig. Liebigs »Chemische Briefe«, die ab 1840 in der Augsburger »Allgemeinen Zeitung« erschienen, zeigen ihn als Meister der Popularisierung von Wissenschaft. Man kann sie heute als eine Art Bildungsoffensive verstehen.

Dieselbe Zielrichtung hatten auch seine in München eingeführten Abendvorlesungen. In diesen berichteten neben Liebig Physiker, Geologen, Zoologen, Botaniker, aber auch Geisteswissenschaftler über ihre Forschungsarbeiten. Allerdings nahm Liebig den größeren Teil für sich in Anspruch, worüber sich unter anderem der Schriftsteller Paul Heyse bitter beklagte. In der satirischen Zeitschrift »Punsch« wurde der Zulauf der Damen zu den Vorlesungen kolportiert, denn selbst die Bavaria wollte an den Vorlesungen teilnehmen.

Liebig hatte die königliche Familie und den Hofstaat zum Besuch dieser Vorlesungen eingeladen. Dies war ein kluger, man könnte sagen, raffinierter Schachzug, da mit der Teilnahme von zahlreichen Damen und Herren des Hofes, des Adels und der Münchner Bürger die Abendvorlesungen zu einem Mittelpunkt des Münchner gesellschaftlichen Lebens wurden. Auch die Mitglieder der Familie Liebig mussten bei seinen Vorlesungen anwesend sein. Mit ihnen diskutierte er dann beim Abendessen über die Inhalte, denn

Liebig wollte wissen, ob seine Kinder diese verstanden hätten. In einer der chemischen Abendvorlesungen erfolgte einmal eine sehr heftige Explosion. Liebig wurde durch einige Glassplitter verletzt, hatte aber großes Glück, dass ein größerer in seiner goldenen Schnupftabakdose stecken blieb. An Friedrich Wöhler schrieb er:
»Als ich mich nach der fürchterlichen Explosion in dem Raum, wo die Zuhörer saßen, umschaute und das Blut im Angesicht der Königin Therese und des Prinzen Luitpold rinnen sah, da war mein Entsetzen unbeschreiblich, ich war fast tot. Die Herrschaften benahmen sich aber edel und hochsinnig. Alle Sorgen schienen sich nur auf mich zu konzentrieren.«[4]

Anfrage durch das Fräulein Bavaria, Karikatur im »Münchener Punsch«, 1853

Auch an den wöchentlichen Symposien von Maximilian II. beteiligte sich Liebig regelmäßig. Als einflussreicher Berater des Königs saß er stets neben ihm. Wann immer er konnte, zeigte er neue chemische Präparate vor und erläuterte deren Herstellung und Bedeutung für den Fortschritt der Chemie. Bei einer dieser Runden schlug er dem König vor, ein Ausstellungsgebäude für deutsche Industrie- und Gewerbeerzeugnisse zu bauen, einen Glaspalast, der auf dem Gelände des Botanischen Gartens gegenüber dem Chemischen Laboratorium errichtet werden sollte. Diese Idee griff der König auf, auch wenn dies zu einem Zerwürfnis mit dem Leiter des Botanischen Gartens, des bekannten Tropenforschers und Botanikers Carl Friedrich Philipp von Martius, führte, der von diesem Vorhaben nicht unterrichtet wurde. Das zweihundertdreißig Meter lange, siebzehn Meter breite und fünfzehn Meter hohe Gebäude wurde in einer Stahl-Glas-Konstruktion ausgeführt Am 15. Juli 1854 wurde die Erste Allgemeine Deutsche Industrieausstellung im Glaspalast eingeweiht, zu der außer zahlreichen Besuchern auch viele Wissenschaftler kamen. Der Glaspalast brannte am 6. Juni 1931 ab.

---

[4] Robert Schwarz: Aus Justus Liebigs und Friedrich Wöhlers Briefwechsel in den Jahren 1829–1873, Weinheim 1958, S. 159.

Während der Ausstellung lud Liebig zu Abendempfängen mit Musik und Tanz ein, denn die Familie Liebig hatte in München ein reges gesellschaftliches Leben entfaltet. Der Kreis erstreckte sich aber vor allem auf die »Nordlichter«, die von Maximilian II. nach München berufenen Wissenschaftler und Literaten und Liebigs Freunde. Mit ihnen spielte er gerne auch Karten. Diese Treffen hatten unter anderem deswegen einen sehr guten Ruf, weil der gereichte Wein von hervorragender Qualität war.

Worauf gründete sich der Ruhm Liebigs? Und warum wollte Maximilian II. Liebig unbedingt für Bayern gewinnen? Sehen wir uns dazu einige wichtige Stationen aus Liebigs Leben an. Liebig wurde am 12. Mai 1803 in Darmstadt geboren. Er war der zweite Sohn des Materialwarenhändlers Johann Georg Liebig. Mit ihm wuchsen noch zwei jüngere Brüder sowie vier Schwestern auf. Liebigs Vater stellte Farben, Lacke und chemische Scherzartikel für Jahrmarktshändler in einem kleinen Labor her. Liebig war von Jugend an von diesen Arbeiten fasziniert und las deshalb schon sehr früh Chemiebücher, die er sich von der Hofbibliothek des Herzogs Ludwig von Hessen-Darmstadt auslieh. Dieses Land war damals mit Napoleon verbündet. Dem jungen Liebig schien es daher sinnvoll, Französisch zu lernen, obwohl er in der Schule kein Freund von Sprachen war. Bei der Frau des Darmstädter Hofkochs, einer Französin und Mutter eines Mitschülers, nahm er Sprachunterricht. Damit kam er auch eng mit der Hofküche in Kontakt, wobei den Sechsjährigen das Kochen, Backen und Braten besonders interessierte.

Justus Liebig trat 1811 in das Ludwig-Georg-Gymnasium in Darmstadt ein. Mit nur acht Jahren war er der Klassenjüngste. Mit dem Lehrstoff kam er nicht zurecht, weshalb ihn der Rektor der Schule einen »Schafskopf« nannte. Mit vierzehn Jahren verließ er das Gymnasium und begann eine Apothekerlehre in Heppenheim, die er aber nach zehn Monaten ebenfalls abbrechen musste, da der Vater das Lehrgeld nicht zahlen konnte. Wieder zu Hause, half Liebig seinem Vater zwei Jahre lang im Laboratorium. Er schrieb über seine Erfahrungen:

»Die Anlage, in Erscheinungen zu denken, kann sich natürlich nur ausbilden, wenn die Sinne fortwährend geübt werden, und bei mir geschah dies, indem ich alle Versuche, deren Beschreibung ich in den Büchern las, soweit eben meine Mittel reichten, zu produzieren suchte. Um meine Neigung zu befriedigen, wiederholte ich die Versuche unzählige Male, bis ich dann in dem Vorgange nichts Neues mehr sah. Die natürliche Folge davon war die Entwicklung eines Gedächtnisses der Sinne, namentlich des

»Habe mich fest und unwiderruflich gebunden« 81

Die »Nordlichter« schieben einen Festwagen, von Liebig überwacht, Karikatur im »Münchener Punsch«

Gesichts, eine scharfe Auffassung der Ähnlichkeit oder Verschiedenheit eines Dinges, welche mir später zu statten kamen.«[5]

Es ist sehr wahrscheinlich, dass der Chemiker Karl Wilhelm Kastner, Professor an der preußischen Universität in Bonn, auf seinem Weg nach Bonn durch Darmstadt kam und dabei im Geschäft von Liebigs Vater auch den jungen Justus kennenlernte. Von dessen chemischen Kenntnissen war er derart beeindruckt, dass er Liebig als persönlichen Assistenten nach Bonn einlud, wo Liebig als eine Art Privatdozent im Unterricht mitarbeitete. Kastner erhielt nur wenig später einen Ruf an die Universität

---

[5] William H. Brock: Justus von Liebig. Eine Biographie des großen Wissenschaftlers und Europäers, Braunschweig 1997, S. 13.

Erlangen und nahm Liebig als seinen Assistenten mit. Er traf in Erlangen am 9. Mai 1821 ein und gründete dort eine studentische Gruppe, die Rhenania, die über neue wissenschaftliche Literatur diskutierte. Außerdem wollte er zusammen mit Kastner eine private Schule für Pharmazeuten und Fabrikanten gründen. Der Ort ist nicht überliefert. In Erlangen schlug Liebig bei einem Treffen der Rhenania in einem Gasthaus einem bekannten Anwalt den Hut vom Kopf, wobei es zu einer Schlägerei kam. Liebigs Wohnung wurde durchsucht. Er entzog sich einer Verurteilung durch Flucht nach Darmstadt, wo er Hausarrest bekam.

Kastner hatte kurz zuvor ein Gesuch an den Großherzog Ludwig von Hessen-Darmstadt gerichtet, damit Liebig seine Chemiekenntnisse in Paris verbessern könnte. Das Stipendium wurde genehmigt. Er erhielt dreihundertdreißig Gulden, die für einen sechsmonatigen Aufenthalt reichen sollten. Sein Studium in Paris nahm er im November 1822 auf. Er hörte Vorlesungen bei Joseph Louis Gay-Lussac an der École Polytechnique, bei Louis Jacque Thénard und Louis Nicolas Vauquelin sowie Jean-Baptiste Biot. Die in Paris gepflegte stark mathematisch geprägte Arbeitsweise in den Naturwissenschaften unterschied sich erheblich von dem Unterricht in Deutschland, weshalb er seine Kenntnisse in Mathematik beträchtlich verbessern musste. Außerdem erhielt er eine gründliche Ausbildung im Experimentieren. Liebigs Fleiß wurde belohnt. Er erhielt einen Arbeitsplatz im privaten Labor von Gaultier de Claubry. Dort setzte er in Kooperation mit Gay-Lussac seine Arbeiten über die explosiblen Metallfulminate fort. Diese Arbeiten stellte Gay-Lussac in der Académie française vor. Liebig führte dazu die Experimente aus. Bei dieser Gelegenheit lernte er Alexander von Humboldt kennen, der von Liebig, seinem Können und seiner Persönlichkeit sehr beeindruckt war, weshalb er in einem Brief den hessischen Großherzog dazu drängte, den glänzenden jungen Mann – Liebig war gerade zwanzig Jahre alt – sobald wie möglich ein Amt als Chemiker an einer der hessischen Universitäten anzubieten.

Damit dies möglich war, musste Liebig promoviert sein. Kastner setzte es durch, dass Liebig »in absentia« in Erlangen promoviert wurde. Die Doktorarbeit mit dem anspruchsvollen Titel »Über das Verhältnis der Mineralchemie zur Pflanzenchemie« wurde allerdings nie aufgefunden. Am 26. Mai 1824 wurde Liebig zum außerordentlichen Professor der Chemie in Gießen ernannt. Da die Universität in die Berufung nicht eingebunden worden war, waren Spannungen nicht zu vermeiden, insbesondere mit dem Ordinarius für Chemie, Professor Wilhelm Zimmermann. Zimmermann lehnte praktisch jede Kooperation mit Liebig ab, außerdem dauerte es mehr als drei Monate, bis Liebig auf Geheiß des Kanzlers des Großherzogs, Ernst Schleiermacher, Räume in einem nicht mehr benötigten Wachhaus zugesprochen bekam. Erst nach weiteren Monaten war darin ein chemisches Laboratorium eingerichtet. Das Salär, das Liebig bekam, betrug nur dreihundert Gulden, und Liebigs Vater musste weitere sechs Jahre zum Unterhalt seines Sohnes beitragen. Die Studenten bevorzugten Liebigs Vorlesung, wodurch Zimmermanns Einnahmen von Hörgeldern erheblich abnahmen. Dies könnte ein Grund sein, weshalb er sich das Leben nahm.

Liebig und eine Reihe seiner Kollegen schlugen gemeinsam vor, dass der Staat für die Finanzierung der Laboratorien aufkommen solle, und versprachen dafür, viele Studenten der Chemie und Pharmazie nach Gießen zu holen. Liebig schrieb an den Kanzler Ernst Schleiermacher: »Mein chemisches Institut ist dieses Jahr (1826/27) besonders von dem Auslande mehr unterstützt worden als vom Inlande. Unter meinen Eleven befinden sich Franzosen und Holländer, Ich hoffe, dass es sich nächstes Jahr noch vermehren wird, wenn die Leute die Überzeugung gewinnen, dass man darinnen etwas lernen kann.«[6]

Liebig wurde am 7. Dezember 1825 zum ordentlichen Professor ernannt und erhielt nun ein Gehalt von achthundert Gulden und einen Laboratoriumszuschuss von hundertzwanzig Gulden. Dies ermöglichte ihm, Henriette Moldenhauer, die Tochter des Darmstädter Beamten Michael Moldenhauer, zu heiraten. Liebig hatte ihren Vater in seiner Tätigkeit als chemischer Berater für staatliche Unternehmen kennengelernt. Die Heirat führte zu einer glücklichen Ehe.

Liebig und seine Kollegen führten ein neues Unterrichtssystem ein. Im ersten Semester standen Mathematik, Physik und ein Grundkurs in Chemischer Analyse im Vordergrund. Im Sommersemester hielt Liebig eine Vorlesung über allgemeine Experimentalchemie, im Wintersemester eine über land- und forstwirtschaftliche Chemie. Sie wurden begleitet von »Samstagsprüfungen«. Für die praktischen Kurse in Chemischer Analyse und Präparativer Chemie standen die Laboratorien von früh bis spät zur Verfügung. Hundert Proben mussten analysiert werden, ein gewaltiges Pensum. Während die Analyse anorganischer Verbindungen bereits gut ausgearbeitet war, traf dies für die Analyse organischer Substanzen nicht zu. Liebig entwickelte eine neue, auf der Methode von Gay-Lussac fußende, einfach durchführbare Elementaranalyse organischer Verbindungen. Die organische Verbindung wird mit Kupferoxyd bei hoher Temperatur zu Kohlendioxid und Wasser (sowie Stickstoff) oxidiert, das

[6] W.H. Brock (wie Anm. 5), S. 40.

Wasser in wasserfreiem Calciumchlorid absorbiert und das CO_2 in einer neuartigen »Fünfkugelapparatur« in Kalilauge aufgefangen. Aus den Gewichtszunahmen konnte man dann das C:H-Verhältnis bestimmen und damit die Zusammensetzung der organischen Verbindung ermitteln. Die Einführung dieser Methode war der Beginn der nationalen wie internationalen Anerkennung Liebig'scher Arbeiten.

Führte die Ermittlung der Zusammensetzung von Silbercyanat AgOCN und Silberfulminat (Knallsilber) AgCNO zu einem Streit mit Friedrich Wöhler, so wurde dieser beigelegt, als sie erkannten, dass beide Verbindungen die gleiche chemische Zusammensetzung aufweisen. Man nennt sie heute Isomere, das heißt Verbindungen gleicher Zusammensetzung, aber unterschiedlicher Abfolge der Atome. Dies führte nicht nur zu einer lebenslangen Freundschaft der ehemaligen Kontrahenten, sondern auch zu einer engen Kooperation, als sie herausfanden, dass in zahlreichen organischen Verbindungen die gleichen Masseverhältnisse C:H enthalten sind, das heißt es musste ihnen eine gleichartige Grundstruktur zukommen, die sie Radikale nannten. Dies kann man problemlos aus der heutigen Schreibweise für die Benzoesäure $C_6H_5CO(OH)$, das Benzoesäureamid $C_6H_5CONH_2$ oder das Benzoylchlorid C_6H_5COCl erkennen, die alle das Radikal C_6H_5CO enthalten. Alles, die organische Analyse, die Radikaltheorie und natürlich auch der Isomeriebegriff brachten der Organischen Chemie einen gewaltigen Aufschwung. Alle sind mit dem Namen Liebigs, aber auch mit dem Wöhlers aufs Engste verbunden.

Liebigs chemische Forschung in Gießen war, so würde man heute sagen, wenig zielgerichtet. Am Anfang standen analytische Untersuchungen über die Zusammensetzung der löslichen Anteile in Mineralwässern. Es folgten Untersuchungen an Pflanzeninhaltsstoffen, insbesondere von Alkaloiden im Zusammenhang mit pharmazeutischen Präparaten. Er arbeitete über Alkohole, Aldehyde und organische Säuren (Maleinsäure, Hippursäure und viele andere mehr), entdeckte das Chloral, das etliche Jahre später als Schlafmittel diente. Großen Einfluss auf die weitere Entwicklung der Organischen Chemie hatte die meisterhafte Abhandlung »Über die Constitution der organischen Säuren«, in der über die Analyse Dutzender pflanzlicher Säuren berichtet wurde. Berühmt wurde Liebig in England durch seine mit Wöhler ausgeführten Untersuchungen über die Zusammensetzung des Urins, in der über die stofflichen Zusammenhänge zwischen Harnstoff, Harnsäure, Allantoin, Uramil und weitere stickstoffhaltige Verbindungen berichtet wurde. Diese Arbeit war auch von großer Bedeutung für die Medizin. Liebigs Abhandlung über den

Harnstoff war die folgenreichste für die Organische Chemie und der Beginn seiner Studien über die Chemie des lebenden Körpers. Sie markiert einen Wendepunkt der Liebig'schen Interessen weg von der Organischen Chemie hin zur Physiologie und zur Agrikulturchemie.

Großen Einfluss auf die Entwicklung der Chemie hatte das von ihm im Jahr 1840 vorgelegte Buch »Die organische Chemie in ihrer Anwendung auf Agrikultur und Physiologie«, das rasch in mehreren Auflagen erschien und in zahlreiche Sprachen übersetzt wurde. Ab 1941 folgten zahlreiche Publikationen über die Agrikulturchemie.

Die Zahl der Chemiestudenten in Gießen nahm von Jahr zu Jahr zu. Insbesondere kamen Studenten aus England in Liebigs Laboratorium, sodass er zahlreiche Kontakte zu englischen Kollegen aufbauen konnte. Seine erste Reise nach England fand 1837 auf Einladung des Chemikers Thomas Thomson statt. Er lud ihn zu einem Vortrag auf der Tagung der BAAS (British Association for the Advancement of Science) in Liverpool ein. Dort hielt Liebig auf der Tagung einen Vortrag »Über Zersetzungsprodukte der Harnsäure« der so gut ankam, dass er der »Löwe des Abends« wurde. Über London und Paris kehrte Liebig nach zwei Monaten nach Hause zurück.

Bereits 1844 reiste Liebig wieder nach Glasgow. Während des ihm zu Ehren gegebenen Abendessens mit dreihundert Gästen, wurde dreiundzwanzig Ansprachen gehalten. Der Höhepunk aber war die Verleihung der Ehrenbürgerwürde der Stadt Glasgow am 13. Oktober. Liebigs Kollege William Gregory, Chemieprofessor in Edinburgh, machte Liebig mit dem führenden Phrenologen Englands bekannt, der Liebig wie folgt einschätzte: Liebigs Temperament sei gallig-nervös, mit etwas Sanguinistik. Die Anlage zur Zerstörungswut insbesondere zur Streitsucht sei ausgeprägt. Er könne von einem Augenblick zum anderen genial und reizend, aber auch emotional, zänkisch und verdrießlich sein.

Liebigs Reise nach England im Jahr 1844 glich einem Triumphzug. Er berichtete sowohl seiner Frau als auch dem Kanzler der Universität Gießen, dass er mit großer Begeisterung in allen Städten und Universitäten aufgenommen worden sei, weshalb man ihn bei seiner Rückkehr nach Gießen auch mit einem großen Empfang ehrte. Dass Liebig ein eitler Mann war oder durch diese Ehren wurde, geht aus einem Brief hervor, den er dem Kanzler der Universität Gießen, Justin von Linde, schickte:

»Man hat Thénard in Paris zum Baron, Gay-Lussac ebenfalls sowie Humphry David in London zum Baron, Berzelius in Stockholm zum Baron gemacht, lauter Chemiker, und ich würde diese Auszeichnung als die größte und würdigste Anerkennung ansehen, aber mein Theuerster, der einfache Adel genügt mir nicht, wenn es nicht möglich ist, den <u>Freiherrn</u> durchzusetzen, dann lassen Sie die Angelegenheit fallen.«[7]

Zum Jahresende, am 29. Dezember 1845, wurde Liebig vom hessischen Großherzog in den erblichen Adelsstand erhoben. Er durfte sich nun Freiherr Justus von Liebig nennen. In München wurde sein Adelsstand am 18. Dezember 1852 für Bayern bestätigt.

In den 1840er-Jahren wandte sich Liebig vermehrt der Erforschung von Planzennährstoffen zu. Er war nicht der Erste, der dies tat und sich bemühte, die Grundregeln der Landwirtschaft aus wissenschaftlicher und theoretischer Sicht zu verstehen. Nach der damals gängigen Humustheorie wurden die Pflanzen durch Wasser und Humus versorgt. Humus galt als schwarzes Zerfallsprodukt der Vegetation, das durch die Pflanzenwurzeln aufgenommen werde. Man war der Meinung, dass Pflanzen Humus in Kalk und weitere anorganische Bestandteile umwandeln können. Auch nach der Entdeckung, dass Kohlenstoff aus dem Kohlendioxid der Luft photosynthetisch fixiert und assimiliert werde, nahm man noch lange an, dass der Humus die Hauptquelle der pflanzlichen Aufnahme von Kohlenstoff sei. Dies wurde erst 1837 von Karl Sprengel widerlegt. Er stellte auch fest, dass das Pflanzenwachstum gefährdet ist, wenn einer der mineralischen Wertstoffe fehle beziehungsweise in zu geringer Konzentration vorläge. Aber erst Liebig gelang es, dieses Gesetz vom Minimum allgemein bekannt zu machen. Er empfahl deshalb an Stelle von natürlichem Mist das Ausbringen eines mineralischen Düngers, der die von den Pflanzen aufgenommenen Mineralbestandteile ersetzen solle. Damals konnte man außerdem noch nicht verstehen, warum Klee und Erbsen, die in nicht gedüngten Böden prächtig gediehen, ihren Stickstoffgehalt erhöhten, während dies bei Weizen oder Hafer nicht geschah. Liebig meinte, dass der Stickstoffgehalt der Pflanzen von Ammoniak, das in Luft nachweisbar ist, stammen könnte. Liebigs Ausführungen in seinem Buch »Agrikulturchemie« fielen vor allem in England auf fruchtbaren Boden.

»Die Ausmittelung dieser Bedingungen ist die Aufgabe des Naturforschers, aus ihrer Kenntnis müssen die Grundsätze der Land- und Feldwirtschaft entspringen. Es gibt kein Gewerbe, das sich für Menschen und Thiere vergleichen läßt. In ihm liegt die Grundlage des Wohlseins, der

---

[7] Justus Liebig: Seine Zeit und unsere Zeit. Chemie – Landwirtschaft – Ernährung, Ausstellungskatalog, hg. von der Justus-Liebig-Universität Gießen, Gießen 2003, S. 4.

Entwickelung des Menschengeschlechts, die Grundlage des Reichtums der Staaten, er ist Grundlage aller Industrie«. Und er fährt fort: »Die Chemie weist nach, dass die Pflanzen sich nur von anorganischen Stoffen ernähren, während die Pflanzenwelt primär die Nahrung selbst der fleischfressenden Tiere bildet.«[8]

Liebig verteidigte seine Auffassung, dass der Eintrag von Stickstoff (aus dem Ammoniakgehalt der Luft) für das Pflanzenwachstum genüge. Wegen dieser Behauptung, wurde er heftig angegriffen, und es dauerte zwanzig Jahre, bis Liebig den Wert von Ammoniumsalzen im Mineraldünger akzeptierte. Nach den Feldversuchen von Lawes und Gilbert gilt für die Wirksamkeit von Düngemitteln folgende Reihenfolge:

1) Die Verwendung von Stickstoffdünger ist die wichtigste Form der Düngung zur Förderung der Erträge.
2) Nach dem Stickstoff sind die Phosphate die wichtigsten Nährstoffe.
3) Alkalien und Erdalkalien sind wesentlich weniger wirksam, als Liebig behauptet.
4) Lösliche Silikate haben praktisch keine merkbare Wirkung.

Trotz dieser Provokation bewiesen Lawes und Gilbert Liebig gegenüber Hochachtung bei einer Ansprache in Gegenwart von Prinz Albert: »Es ist einem Landsmann Ihrer Königlichen Hoheit, Baron Liebig, allein zu verdanken, dass die britischen Landwirte darauf aufmerksam geworden sind, wie wichtig die Wissenschaft Chemie für eine fortschrittliche Praxis ihres Gewerbes ist.«[9]

Nach Liebigs Vorschriften wurden in Deutschland sechs verschiedene Dünger für Getreide, Hackfrüchte, Gemüsearten, Gräser, Tabak und Flachs hergestellt und zwar aus Pflanzenaschen, Gips, Knochenmehl, Kalkiumsilikat, Magensiumsulfat und geringen Mengen Ammoniumphosphat, die in einem Ofen zusammengeschmolzen wurden, um ihre Löslichkeit herabzusetzen. Dabei geht jedoch der Stickstoffanteil des Ammoniumsalzes verloren, was offenbar nicht bemerkt wurde. Die Konsequenz davon war, dass der Boden den Dünger wegen seiner Schwerlöslichkeit nicht aufnahm und dass eine Wirkung, wenn überhaupt, erst nach einigen Jahren bemerkbar wurde.

1856 nahm Liebig in München seine Untersuchungen zur Agrikulturchemie wieder auf. Durch zahlreiche Analysen stellte er fest, dass die Zusammensetzung der Asche von Pflanzen von der Zusammensetzung

---

[8] W. H. Brock (wie Anm. 5), S. 129.
[9] Ebd., S. 149.

der Erde abhängig ist, auf der sie wachsen, und natürlich von der Pflanzenart. Dies muss die Zusammensetzung eines Düngers berücksichtigen. Der Dünger muss auch eine gewisse Löslichkeit aufweisen, damit er von der Erde aufgenommen werden kann. Liebig, und nicht nur er, stellten fest, dass Dünger hinreichend löslich sein müssen: Die löslichen Anteile werden an der Oberfläche von festen Bodenbestandteilen absorbiert und stehen, auf diese Weise gespeichert, den Pflanzenwurzeln zur Nahrungsaufnahme zur Verfügung. Diese Erkenntnis bedeutete ein Umdenken in der Produktion von mineralischen Düngemitteln. Liebig ermittelte unter anderem die Absorptionskraft verschiedenster Böden.

1862 berichtete Liebig über diese und andere Naturgesetze zum Feldbau, insbesondere weil er auch seine Meinung verworfen hatte, dass der aus der Luft eingetragene Stickstoff (in Form von Ammoniak) für das Wachstum der Pflanzen genüge, das heißt, in den Mineraldüngern müssen auch hinreichend Ammoniumsalze vorhanden sein. Damit bestätigte er die Befunde von Lawes und Gilbert.

Die neuen Ergebnisse waren die Krönung seiner Untersuchungen zur Agrikulturchemie, die allgemein anerkannt wurden, in Deutschland auch vom Verein der Deutschen Landwirtschaft, die eine Liebig-Stiftung ins Leben rief. Liebig schrieb:

»Was mir einen wahren, dauernden und nie sich mildernden Kummer machte, dies war der Umstand, dass ich nicht einzusehen versuchte, woran es lag, dass meine Dünger so langsam wirkten; überall in tausenden von Fällen sah ich, dass jeder ihrer Bestandteile wirkte, jeder allein, und wenn sie beisammen waren, wie in meinem Dünger, so wirkten sie nicht. Endlich, vor drei Jahren, nachdem ich alle Thatsachen einer neuen und aufmerksamen Prüfung Schritt für Schritt unterworfen hatte, entdeckte ich den Grund! Ich hatte mich an der Weisheit des Schöpfers versündigt und dafür meine gerechte Strafe empfangen.«[10]

Der Liebig'sche Mineraldünger wurde in der Chemischen Fabrik in Heufeld bei Rosenheim produziert, heute eine Produktionsstätte der Südchemie. Liebig war Aktionär dieser Firma und arbeitete lange mit ihr zusammen. Da er auch im Aufsichtsrat einer Bahngesellschaft war, veranlasste er, dass ein Bahngleis nah am Fabriktor verlegt wurde, was für den Materialtransport natürlich sehr günstig war.

---

[10] Max von Pettenkofer: Gedächtnisrede, München, öffentliche Sitzung am 28.3.1847, Sitzungsberichte der Königlich Bayerischen Akademie der Wissenschaften, S. 38.

Wie Pettenkofer so war Liebig bereits in seiner Zeit in Gießen mit der Zusammensetzung des Fleisches befasst. 1847 publizierte Liebig eine Arbeit »Über die Bestandteile der Flüssigkeiten des Fleisches«. Er ermittelte, dass die löslichen Anteile des Fleisches neben Kalium und Calciumhydrogenphosphat vor allem aus Kreatin, Kreatinin und Inosinsäure bestehen. Er stellte fest, dass der wesentliche Nährwert in den löslichen Anteilen des Fleisches bestehe und nicht in den festen Bestandteilen des Fleisches, das heißt der nahrhafte Teil des Fleisches sei in der Bratensoße zu finden.

Schon in Gießen hatte die Untersuchung von Fleischbestandteilen Liebig dazu angeregt, die Fleischbrühe als Lebensmittel zu nutzen. Für die Zubereitung einer guten Fleischbrühe war es seiner Erfahrung nach notwendig, das klein geschnittene Fleisch mit kaltem Wasser anzusetzen und die Mischung dann auf 70 bis 80 Grad Celsius zu erhitzen. Beim Abkühlen trennt sich geronnenes Eiweiß, das ebenso wie die ausgeschiedene Gallerte entfernt wurde, um den verbleibenden Extrakt eindampfen zu können. An diesen Untersuchungen war auch Pettenkofer beteiligt.

Die Rezepte zur Erzeugung von Fleischextrakt publizierte Liebig auch in den »Chemischen Briefen«. Diese las der aus Hamburg stammende, in Uruquay lebende Eisenbahningenieur Georg Christian Giebert. Er schlug Liebig vor, die Produktion des Fleischextrakts in Uruquay industriell aufzunehmen. In diesem Land würden von den geschlachteten Kühen nur das Fell und das Fett verarbeitet, nicht aber das Fleisch und die Knochen. Jedoch bot sich mit einer industriellen Produktion des Fleischextraktes eine Verwertung des Fleisches der Rinder an, da der Extrakt problemlos transportiert werden konnte. »Liebigs Fleischextrakt« mit seiner typischen Verpackung und Liebigs Schriftzug entwickelte sich zu einem weltweiten Verkaufsschlager. 1862 wurde die »Liebigs Extract of Meat Company« gegründet. Sie produzierte in den ersten beiden Jahren fünfzigtausend Pfund Fleischextrakt. Im Zeitraum von 1865 bis 1906 wurde die Produktion um achthundert Prozent gesteigert. Für Liebig war die Zusammenarbeit mit Giebert finanziell vorteilhaft. Liebig und Pettenkofer hatten sich bei der Zusammenarbeit mit der genannten Firma ausbedungen, die Qualität des Produktes analytisch zu kontrollieren. Es ist eigenartig, dass durch genaue Analysen des Fleischextrakts nur ein geringer Nährwert nachweisbar war. Deshalb wurde es nicht mehr als Nahrungsmittel, sondern als Genussmittel gekennzeichnet und verkauft. Auch heute noch ist »Liebigs Fleischextrakt« auf dem Markt. Erwähnt sei noch, dass Liebig seinen Gästen bei Einladungen gerne Suppen anbot, die entweder auf klassische Weise bereitet waren oder mit »Liebigs Fleischextrakt«. Die Gäste stellten keinen Unterschied fest.

1838 wurde Liebig im Alter von achtunddreißig Jahren als korrespondierendes Mitglied in die Königlich Bayerische Akademie der Wissenschaften aufgenommen. Ab 1845 zählte er zu den auswärtigen Mitgliedern. Durch seinen Umzug nach München wurde er 1852 automatisch ordentliches Mitglied der Akademie. Er war nun verpflichtet, an den Sitzungen teilzunehmen und über seine Forschungsergebnisse zu berichten, eine Aufgabe, der er regelmäßig nachkam.

1859 erkrankte der Vorstand der Akademie Friedrich Wilhelm Thiersch. Er bat den König, ihn von seinen Pflichten zu entbinden. Diesem Wunsch kam der König nach. Am 15. Dezember 1859 gab er folgende Anweisung: »Maximilian II., von Gottes Gnaden Koenig von Bayern, Pfalzgraf bey Rhein, Herzog von Bayern, Franken und Schwaben etc. Wir haben beschlossen, was folgt:

1. Die Funktionen eines Vorstandes Unserer Akademie der Wissenschaften und eines Generalkonservators übertragen Wir mit den diesen Funktionen anklebenden Jahresbezügen von 500 fl (Fünfhundert Gulden) und 400 fl (vierhundert Gulden) auf die Dauer von drei Jahren dem ordentlichen Professor Dr. Justus von Liebig,
2. Die Quiescierung des Dr. von Thiersch und die Funktionsenthebung desselben sowie die Uebernahme der soeben bezeichneten Funktionen von Seite des Dr. Freiherrn von Liebig haben mit dem 1. Januar 1860 zu beginnen, Hiernach habt ihr das weiter Geeignete zu verfügen. München, den 15. Dezember 1859.«[11]

Damit hatte Liebig einen noch stärkeren Einfluss auf den König. Er bekleidete dieses Amt bis zu seinem Tod 1873, also auch in der Zeit von König Ludwig II, der im Gegensatz zu seinem Vater kein großes Interesse an Wissenschaft hatte.

Als Vorstand der Akademie musste er jedes Jahr zwei öffentliche Vorträge halten. Der erste, am 28. März 1860, behandelte das Thema »Die Ökonomie der menschlichen Kraft«, im zweiten am 28. November sprach er über »Wissenschaft und Leben«. Im Folgejahr hielt er zwei Vorträge über »Wissenschaft und Landwirtschaft«. Mit zunehmendem Alter wandte sich Liebig immer mehr ganzheitlichen Betrachtungen über die

---

[11] Archiv der Bayerischen Akademie der Wissenschaften, Mitgliedsakte Wilhelm Thiersch; Ernennungsurkunde Justus von Liebig, 1859.

Naturwissenschaften zu, etwa in seinem Vortrag »Die Entwicklung der Ideen der Naturwissenschaften«.

Da Liebig von dem zeitraubenden praktischen Teils des Unterrichts durch seine Übersiedlung nach München entlastet war, konnte er sich seinen neuen Arbeiten zur Pflanzenernährung widmen, die auch zu einer Neuauflage seines Buches über die Agrikulturchemie führten.

Durch seine Freundschaft mit dem Physiker Carl von Steinheil wurde Liebig angeregt, die Produktion von Spiegeln, insbesondere von Teleskopspiegeln, zu verbessern. Das sogenannte Amalgamverfahren sollte durch ein weniger toxisches ersetzt werden. Hierzu entwickelte Liebig die Erzeugung eines Silberspiegels durch Reduktion einer wässrigen Lösung von Silbernitrat mit Aldehyden in Gegenwart bestimmter Beimengungen. Die Umsetzung in einen technischen Prozess bereitete anfangs erhebliche Probleme, die aber gelöst werden konnten.

Aus verschiedenen Anlässen begann Liebig, sich wieder zunehmend Untersuchungen zu widmen, die wir heute dem Begriff Lebensmittelchemie zuordnen. Dazu zählte die Entwicklung eines Backpulvers für die Brotzubereitung.

In den 1860er-Jahren beschäftigte er sich auch mit der Entwicklung eines Muttermilchersatzes. Die Zusammensetzung der Muttermilch war damals noch nicht mit Sicherheit bekannt. Man nahm aber an, dass sie Ähnlichkeit mit Kuhmilch habe. Liebig entwickelte ein Rezept für den Muttermilchersatz, indem er Kuhmilch mit Weizen- und Malzmehlpulver sowie Kaliumbicarbonat versetzte. Diese »Suppe für Säuglinge« war jedenfalls für Säuglinge verträglicher als reine Kuhmilch.

Liebig war ein genialer Wissenschaftler, der viele Gebiete der Chemie begründet oder deren Entwicklung angestoßen hat. Dies trifft insbesondere für die Organische Chemie, die Agrikulturchemie und die Lebensmittelchemie zu. Er war ein sendungsbewusster Promotor, der den Nutzen der Chemie und der Naturwissenschaften in die Öffentlichkeit trug. Ihm ging es stets um das Verstehen der Grundlagen einer Wissenschaft und deren Weiterentwicklung als Voraussetzung für die Anwendung der wissenschaftlichen Erkenntnisse. Dies formulierte er in einer seiner Reden wie folgt:

»Die Aufgabe der Wissenschaften ist die Erforschung des Grundes der Dinge – rerum cognoscere causas. Die Wissenschaften in ihren mannigfaltigen Verzweigungen sind die Wege, die zu ihrer Lösung leiten und alle zusammen führen zuletzt durch die Bekanntschaft mit dem Grund der Dinge zur Ökonomie der geistigen und manuellen Kräfte und mit ihr zur fortschreitenden Kultur und Zivilisation des Menschengeschlechts.«[12]

Liebig war einer der wichtigsten wissenschaftlichen Berater Maximilians II. Zudem war er auch ein anspruchsvoller akademischer Lehrer. Er war scharfsinnig, verbal oft verletzend, aber auch ideenreich. Allerdings musste er stets, vor allem in seinen älteren Jahren, im Mittelpunkt stehen. Er benötigte Anerkennung, die ihm reichlich zuteil wurde, wie zahlreiche Orden und Ehrentitel und Mitgliedschaften in wissenschaftlichen Akademien des In- und Auslands belegen. So war er unter anderem Ehrenbürger der Stadt München.

Liebig hinterließ Spuren, die heute noch sichtbar sind und die seiner Bedeutung als Wissenschaftler gerecht werden: die Liebigstraße in München, das Liebig-Denkmal am Maximiliansplatz in München, das Liebig-Museum in Gießen, die Liebig-Denkmünze der Gesellschaft Deutscher Chemiker und die Chemiezeitschrift »Liebigs-Annalen«. Seine Büste steht in der Walhalla. Er starb an einer Lungenentzündung am 18. April 1873 in München. Sein Grab und das seiner Familie findet man auf dem Alten Südlichen Friedhof in München.

Literaturhinweise

Brock, Wiliam H. (Hg.): Justus von Liebig und August Wilhelm Hofmann in ihren Briefen, Weinheim 1984, S. 136.

Ebd.: Justus von Liebig. Eine Biographie des großen Wissenschaftlers und Europäers, Braunschweig 1997.

Paolini, Carl: Justus von Liebig. Eine Bibliographie sämtlicher Veröffentlichungen mit biographischen Anmerkungen, Heidelberg 1968.

Schwarz, Robert: Aus Justus Liebigs und Friedrich Wöhlers Briefwechsel in den Jahren 1829–1873, Weinheim 1958.

Volhard Jakob: Justus von Liebig, Johann Ambrosius Barth, Bd I / II, Leipzig 1909.

---

[12] Rede Liebigs in der öffentlichen Sitzung am 25. Juli 1866, Sitzungsberichte der Königlich Bayerischen Akademie der Wissenschaften.

Heinrich Soffel
»Er legte die Erde auf die Waage«
Der Physiker Philipp Johann Gustav von Jolly (1809–1884)

Einer der Wissenschaftler, der zu Beginn der Regierungszeit von König Maximilian II. an die Universität München kam, war der fünfundvierzigjährige Physiker Philipp Johann Gustav Jolly aus Heidelberg. Er war 1854 als Nachfolger des berühmten Georg Simon Ohm (1787–1854) mit großen Hoffnungen berufen worden. Ihm ging der Ruf eines talentierten Experimentalphysikers und mitreißenden akademischen Lehrers voraus. Der König schätzte ihn von Anbeginn an als sachkundigen Ratgeber in Fragen der Physik und der Technik sowie bei der Reform der akademischen Anstalten und der Industrialisierung des Königreichs. Als Hochschullehrer war er sehr erfolgreich, sowohl in der Lehre als auch in der Forschung. Durch die Einführung eines neuen Messverfahrens zur Bestimmung der mittleren Dichte der Erde konnte Jolly in seinen späten Berufsjahren die Münchner Physik zu weltweiter Anerkennung führen.

Philipp Johann Gustav Jolly wurde am 26. September 1809 in Mannheim geboren. Seine Vorfahren waren Hugenotten, die nach der im Jahr 1685 erfolgten Aufhebung des Edikts von Nantes aus der Gegend von Lyon in die Pfalz ausgewandert waren. Die Familie war mindestens seit Anfang des 18. Jahrhunderts in Mannheim ansässig und hatte es bald mit einer Seidenstrumpfwirkerei zu Wohlstand gebracht. Sein Vater, Ludwig Jolly (1770–1853), der im Jahr 1795 in ein kurpfalz-bayerisches Regiment als Volontär eingetreten war, erlebte im Dezember 1800 auf der Seite der Österreicher die Niederlage gegen die französische Armee in der Schlacht von Hohenlinden bei München und geriet in Kriegsgefangenschaft. In den Jahren nach dem Frieden von Lunéville (1801) stieg er allmählich in den Rang eines Hauptmanns auf und wurde in die Garnison nach Bamberg versetzt. Die Stadt und das Bistum waren 1803 beim Regensburger Reichsdeputationshauptschluss ein Teil Bayerns geworden. Dort heiratete er Marie Eleonore von Alt (1786–1859), die Tochter eines Archivars. 1809 verließ Jolly aus gesundheitlichen Gründen den Militärdienst und ging zurück nach Mannheim, um sich als Kaufmann eine eigene Existenz aufzubauen.

In den folgenden Jahren nahmen Wohlstand und auch die Zahl seiner Kinder zu, insgesamt hatte er zwei Söhne und sechs Töchter. In der Stadt Mannheim war Ludwig Jolly bald hoch angesehen, denn er bekleidete dort das Amt des Präsidenten der Handelskammer und war von 1836 bis 1848 erster Bürgermeister. Philipp Johann Gustav war der älteste Sohn. Er zeigte schon früh seine besonderen Begabungen in Mathematik, Naturwissenschaften sowie Mechanik und seinem Vater schwebte eine Ausbildung als Ingenieur vor, weil ihm die Mittel für ein Studium seines Sohnes an einer Universität fehlten. Einem Lehrer waren aber die besonderen Begabungen Philipps nicht entgangen und er setzte beim Vater durch, dass Philipp den bereits unterbrochenen Besuch des Lyzeums in Mannheim fortsetzen und mit der Reifeprüfung 1829 abschließen konnte. Im Herbst des gleichen Jahres immatrikulierte er sich an der Universität Heidelberg, um Mathematik und Physik zu studieren. Ganz andere Talente hatte Philipps jüngerer Bruder Julius Jolly (1823–1891), denn er wurde später Professor für Jura in Heidelberg und war von 1868–1876 badischer Ministerpräsident.

Die Möglichkeiten für ein Studium der Mathematik und der Physik waren im Jahre 1829 an der Universität Heidelberg in nur sehr reduziertem Umfang vorhanden. Die für das Studium dieser Fächer unverzichtbare sogenannte Höhere Mathematik wurde nicht gelehrt und es gab auch kein physikalisches Laboratorium für Experimente. So beschäftigte sich Jolly, ohne Anleitung durch einen akademischen Lehrer, hauptsächlich mit Mathematik. Durch das Studium der Werke berühmter Mathematiker und Physiker machte er sich mit den Grundlagen der Analysis, Differential- und Integralrechnung und der Mechanik vertraut. Bereits im Herbst 1830 löste er eine Preisfrage der Philosophischen Fakultät mit einer Arbeit zum Thema »De Euleri meritis de functionibus circularibus« und beschloss, nach diesem Erfolg eine akademische Laufbahn einzuschlagen. Im Herbst 1831 wechselte er an die Universität Wien, wurde aber von dem dortigen Lehrbetrieb und den angebotenen Vorlesungen enttäuscht. Dennoch nutzte er seine beiden Jahre in Wien, unter anderem zum Besuch von Fabriken, Bergwerken und Industrieanlagen in verschiedenen Regionen des Kaiserreiches, wobei er seine Kenntnisse auf dem Gebiet der Technik vertiefen konnte. Neben seinem Physikstudium machte er sich auch mit der praktischen Arbeit eines Mechanikers vertraut und die dabei gewonnenen Fertigkeiten waren für ihn in seinen späteren Jahren als Experimentalphysiker stets eine große Hilfe. Eine wichtige Phase seiner weiteren Ausbildung war jedoch der Wechsel zur Berliner Universität

Ende 1833. An der noch jungen Universität hatte man sich durch die Berufung prominenter Wissenschaftler auf den Gebieten Physik, Mathematik, Chemie und Geografie hohe Ziele gesteckt. Angeregt durch diese Umgebung konzentrierte sich Jolly auf das ihm am nächsten liegende Fach, nämlich die Experimentalphysik. Im Frühjahr 1834 kehrte Jolly auf Drängen seines Vaters an die Universität Heidelberg zurück und promovierte dort am 21. Juni 1834. Nur zwei Monate später habilitierte er sich und erhielt die Venia für Mathematik, Physik und Technologie, eine ideale Kombination für einen Experimentalphysiker. Mit seiner schon im Wintersemester 1834/35 angebotenen Vorlesung über »Physik, Technologie, Astronomie und verwandte Fächer« hatte er großen Erfolg und fand die Anerkennung seiner Kollegen und seiner Zuhörer. So wurde ihm Ende 1839 die vakant gewordene Lehrkanzel der Mathematik übertragen. 1846 folgte die Ernennung zum Ordinarius für Physik. Damit erhielt er die Möglichkeit, seinen Physikunterricht zu modernisieren, denn ihm wurden die Mittel zur Einrichtung eines kleinen physikalischen Laboratoriums zugestanden, um die Qualität des Unterrichts durch Versuche im Hörsaal zu verbessern. Durch diesen anschaulichen Unterricht hatte er großen Zulauf und begeisterte seine Studenten durch die Lebhaftigkeit, Eleganz, Anschaulichkeit und Scharfsinnigkeit seiner Vorlesung. In diese Zeit fruchtbarer Tätigkeit in Heidelberg fallen auch seine Publikationen »Anleitung zur Differential- und Integralrechung« (Heidelberg 1846) und »Prinzipien der Mechanik« (Stuttgart 1852), die ihn bei Mathematikern und Physikern seiner Zeit bekannt machten und viel Anerkennung einbrachten. In der Forschung arbeitete Jolly eng mit dem Anatomen Theodor von Bischoff (1807–1882) über Fragen der Respiration (1837) und der Endosmose (1838) zusammen. Darüber hinaus beschäftigte er sich mit der Physik der Molekularkräfte und hielt Vorträge darüber. Auch in seinem Privatleben hatten sich in diesen Jahren wichtige Änderungen ergeben, denn er hatte er am 1. Oktober 1839 Luise Wüsten-

Philipp Johann Gustav von Jolly, um 1860

feld (1821–1874) geheiratet. Unter seinen Kollegen an der Universität und bei den Studenten hatte er einen ausgezeichneten Ruf erlangt, sowohl als Mensch als auch als akademischer Lehrer und Wissenschaftler. Er sah deshalb keinen Grund, warum er Heidelberg verlassen sollte.

Als im Jahr 1854 der durch den unerwarteten Tod des berühmten Physikers Georg Simon Ohm (1787–1854) vakant gewordene Lehrstuhl für Experimentalphysik an der Universität München rasch wieder besetzt werden sollte, erging der Ruf an Jolly. Vermutlich hat dabei eine Empfehlung von Obermedizinalrat Karl Pfeufer (1806–1869), Leiter der 2. Inneren Klinik, eine Rolle gespielt. Dieser war zuvor Kollege von Jolly in Heidelberg gewesen und schätzte dessen Qualitäten und Talente. Pfeufer verbürgte sich auch für Jollys monarchistische Gesinnung, denn in Heidelberg war die politische Situation nach 1848 recht angespannt und es gärte auch unter den Hochschullehrern. Sein Nachfolger in Heidelberg wurde Gustav Kirchhoff (1824–1887), der dort in den folgenden Jahren zusammen mit Robert Wilhelm Bunsen (1811–1899) die Grundlagen der Spektralanalyse entwickelte und ab 1875 in Berlin eine Professur für mathematische Physik bekleidete. Bei Jollys Ruf nach München waren wohl weniger seine Heidelberger Arbeiten über Respiration und Osmose ausschlaggebend gewesen als seine 1852 erschienene Arbeit über »Die Prinzipien der Mechanik«. Hinzu kam sein weit über Heidelberg hinaus bekanntes Talent als akademischer Lehrer. Physik war damals an der Universität München für alle Studierenden eine obligatorische Vorlesung, die mit zeitweilig bis zu dreihundert Hörern einen Spitzenplatz bei den Lehrveranstaltungen einnahm. Schon zwei Jahre nach seinem Dienstantritt in München führte Jolly im Lehrbetrieb ein physikalisches Seminar ein, in dem er mit Studierenden die neuesten Forschungsergebnisse der Physik erörterte. Dies war eine wichtige Neuerung, um die Qualität der Lehre zu verbessern und die Studenten höherer Semester auf ihre eigenen Forschungsarbeiten vorzubereiten.

Der Anschluss an das inner- und außeruniversitäre Leben fiel Jolly bei seinem Wechsel vom vorwiegend protestantischen Heidelberg in das vorwiegend katholische München nicht leicht. Er hatte unter den Vorbehalten zu leiden, die allen von König Maximilian II. aus anderen Teilen Deutschlands Berufenen entgegenschlugen, insbesondere den Protestanten unter ihnen. Er nahm Kontakt zu diesem Kreis auf, dem unter anderem der Historiker Heinrich von Sybel (1817–1895), der Zoologe Karl Theodor Ernst von Siebold (1804–1885), der Dichter Paul Heyse (1830–1914), der

Jurist Bernhard Windscheid (1817–1892) und der Chemiker Justus von Liebig (1803–1873) angehörten. Liebig nahm sich zusammen mit Pfeufer in besonderer Weise Jollys an. Maximilian schätzte Jollys Art und seinen Sachverstand als Physiker mit Erfahrungen auf dem Gebiet der Technik und lud ihn mehrfach zum Vortrag bei den Symposien ein. Auch in Fragen der industriellen Entwicklung Bayerns suchte der König immer wieder seinen Rat. Schon 1854 wurde er von Maximilian in den persönlichen Adelsstand erhoben. Bereits nach kurzer Zeit wurde Jolly auch von den aus Bayern stammenden Kollegen und Mitbürgern geschätzt und voll anerkannt. Er hielt sich von allen Intrigen fern und konzentrierte sich voll auf seine Hauptaufgaben. 1856 wurde er Mitglied der Königlich Bayerischen Akademie der Wissenschaften und 1864 Mitglied der Göttinger Akademie der Wissenschaften. Er beriet den König bei der Organisation der bayerischen Kriegsakademie und bei der Reform des höheren technischen Unterrichts und überzeugte ihn, dass Nürnberg der richtige Standort für eine solche Einrichtung sei. Nach dem plötzlichen Tod des Königs im Jahr 1864 wurde jedoch eine Entscheidung zugunsten von München getroffen.

Durch Jollys besonderes Talent als akademischer Lehrer hatte er sich als derjenige Kollege gezeigt, der in der Lage war, das aufstrebende Fach Physik an die vorderste Front der Forschung heranzuführen und weiter zu entwickeln. Die Zahl seiner Studenten wuchs ständig. Viele Studierende, wie zum Beispiel Eugen von Lommel (1837–1899, später Professor in Erlangen und sein Nachfolger in München), hat er zu wissenschaftlichen Arbeiten angeleitet und konnte sich an ihren Erfolgen erfreuen. Von einem weiteren berühmten Schüler Jollys wird im Folgenden noch die Rede sein.

In der Forschung konzentrierte sich Jolly in den ersten beiden Jahrzehnten seiner Münchner Zeit darauf, Messinstrumente und Messmethoden zu verbessern. Als einfaches Beispiel sei die 1864 von ihm neu konstruierte Federwaage zur präzisen Bestimmung der Dichte fester, nicht wasserlöslicher Substanzen genannt. Das Messprinzip des Geräts geht im Prinzip auf ein bekanntes Experiment von Archimedes (287–212 v. Chr.) zurück, denn es nutzt die Gewichtsdifferenz zwischen einer in Luft und im Wasser an einer Spiralfeder aufgehängten Probe. Die Jolly'sche Federwaage war ein weit verbreitetes Gerät und noch bis vor wenigen Jahren in zahlreichen Lehrbüchern der Physik und der Chemie zu finden. Die erhöhte Genauigkeit und Empfindlichkeit seiner Federwaagen und auch seiner Balkenwaagen erreichte Jolly unter anderem durch die Anwendung der

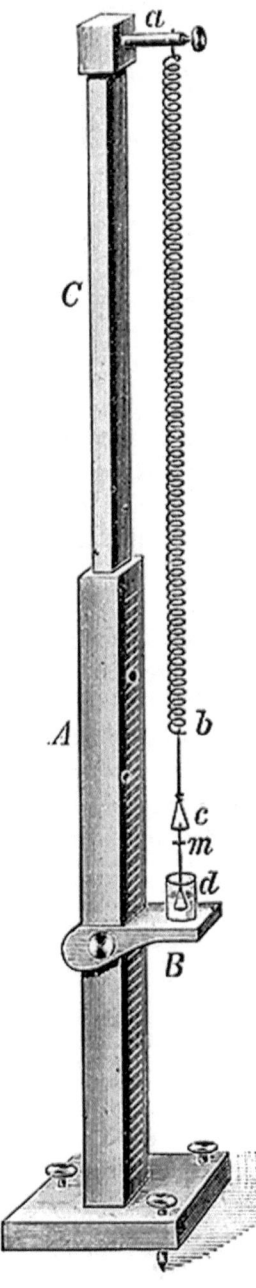

Jollys Federwage

Ablesungen mit Spiegel und Skala. Ein auf ihn zurückgehender Versuch zur Bestimmung der Dichte von Luft durch Wägung gehörte noch in den 1950er-Jahren zum Kanon der Versuche im physikalischen Praktikum der Universität München.

Mit diesen Geräten bestimmte er das spezifische Gewicht des flüssigen Ammoniaks sowie die thermischen Ausdehnungskoeffizienten von Wasser, Sauerstoff und anderen Gasen. Andere auf ihn zurückgehende Neuerungen in der Experimentalphysik waren eine verbesserte Quecksilberluftpumpe, ein neues Gasthermometer und dergleichen mehr. Seinen besonderen Ruf in der Physik verdankt Jolly jedoch den in den Jahren 1878 bis 1881 durchgeführten Versuchen zur experimentellen Überprüfung des Newton'schen Gravitationsgesetzes. Sie führten zu einer neuen Methode, die Dichte der Erde und damit auch ihre Masse und die Newton'sche Gravitationskonstante mit Hilfe einer Waage zu bestimmen.

Unter Jollys Studenten in München war auch der aus Kiel stammende Max Planck (1858–1947), welchem Jolly 1874 allerdings von einem Studium der theoretischen Physik mit folgenden Worten abgeraten haben soll: »Junger Mann, warum wollen Sie sich Ihre Zukunft zerstören? Die ganze theoretische Physik ist vollendet. Die Differentialgleichungen sind formuliert, ihre Lösungsmethoden ausgearbeitet. Man kann noch einige Spezialfälle ausrechnen. Aber lohnt es sich, einer solchen Sache sein Leben zu widmen?« Dieser Standpunkt wurde damals von vielen Physikern nicht ohne Grund vertreten, denn sowohl für die Mechanik als auch für die Elektrizitätslehre, den Magnetismus und die Optik gab es ein solides theoretisches Fundament. Unbeeindruckt vom Ratschlag seines Münchner Lehrers ging Max Planck von 1877 bis 1878 nach Berlin, um bei Hermann Helmholtz (1821–1894) und Gustav Kirchhoff (1824–1887) Vorlesungen über theoretische Physik zu hören. Aus Berlin zurückgekehrt, betätigte sich Planck bei Jolly kurz als Experimentalphysiker und bestimmte die Diffusion von Wasserstoff durch erhitztes Platin. Danach wandte er sich voll der theoretischen Physik zu. Im Oktober 1878 bestand er das Lehramtsexamen (ein Diplom in Physik gab es damals noch nicht) und promovierte im Februar 1879 bei Jolly mit der Arbeit »Über den zweiten Hauptsatz der mechanischen Wärmetheorie«. Die Habilitationsschrift mit dem Titel »Gleichgewichtszustände isotroper Körper in verschiedenen Temperaturen« folgte im Juni 1880. Noch im gleichen Jahr wurde er in München Privatdozent und im April 1885 berief ihn die Christian-Albrechts-Universität zu Kiel als Extraordinarius für Theoretische Physik. Den fulminanten wissenschaftlichen Werdegang seines Schülers Max Planck als Theoretiker und Begründer der Quantenmechanik konnte Jolly nicht mehr erleben.

Durch die Messungen zur Bestimmung der Masse der Erde wurde man auf die Physik der Universität München im Inland und Ausland aufmerksam und sie stellten die Krönung von Jollys wissenschaftlicher Tätigkeit dar. Dies honorierte auch Wilhelm Wien (1864–1928), Rektor der Universität München und selbst Mathematiker und Physiker (Nobelpreisträger 1911), in einer Festansprache im Jahr 1926. Die Experimente fanden im Zeitraum 1878 bis 1881 statt und banden in diesen Jahren fast die ganzen Ressourcen des Faches Physik. Jolly war auf dieses Thema wohl durch seine Tätigkeit als Berater bei der bayerischen Normaleichungskommission gekommen. Auch die Erfindung seiner hochpräzisen Waagen gehören schließlich zum gleichen Themenbereich, nämlich der genauen Bestimmung von Gewichten und Eichmaßen für Industrie, Handwerk und Handel. Mit einer von ihm gebauten Doppelwaage konnten die Gewichte von Massen in verschiedenen Höhen bestimmt und miteinander verglichen werden.

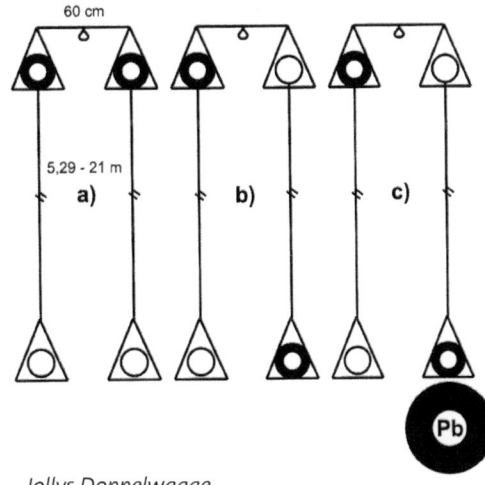

Jollys Doppelwaage

Durch eine Vielzahl von Verbesserungen wurde erreicht, dass schließlich noch Gewichtsunterschiede im Bereich weniger Mikrogramm messbar wurden. Dass Jolly während seiner Studienzeit in Wien täglich vier Stunden bei einem Mechaniker gearbeitet hatte, machte sich jetzt bezahlt, denn er konnte selbst mit feinmechanischen Werkzeugen umgehen und verstand es, seine Mitarbeiter in der Werkstatt anzuleiten und zu motivieren. Seine Doppelwaage war schließlich so empfindlich, dass man damit das Newton'sche Gravitationsgesetz experimentell überprüfen konnte, wonach die Schwerkraft beziehungsweise das Gewicht einer Masse mit dem Quadrat der Entfernung vom Erdmittelpunkt abnimmt.

Auf der Oberfläche der Erdkugel mit der Masse M ($\approx 6 \cdot 10^{24}$ kg) und dem Radius R (≈ 6371 km) ist, bei Vernachlässigung der Erdrotation, die Schwerkraft g mit guter Näherung gegeben durch: $g = G \cdot M / R^2$. Dabei ist G die Newton'sche Gravitationskonstante, deren Größe Isaak Newton (1643–1727) allerdings noch nicht bekannt war. Ein Körper der Masse m an der Erdoberfläche hat das Gewicht $Q_1 = m \cdot g$. In der Höhe h hat der Körper nur noch das etwas geringere Gewicht $Q_2 = Q_1 \cdot R^2 / (R+h)^2$ beziehungsweise $Q_2 = Q_1 \cdot (1 - 2h/R)$ für $h \ll R$. Das bedeutet, dass eine Masse von 1 kg, bei Anhebung um einen Meter, eine Gewichtsabnahme von ca. 0,314 mg erfährt. In Vorversuchen mit einer Masse von 1 kg konnte Jolly zeigen, dass bei einem Höhenunterschied der beiden Waagschalen der Doppelwaage von 5,29 m eine Gewichtsdifferenz von 1,51 mg zwischen den beiden zuvor gleich schweren Probemassen auftrat. Theoretisch hätte ein Wert von 1,66 mg gemessen werden müssen. Damit konnte immerhin das Gravitationsgesetz und die Abnahme der Schwerkraft mit der Höhe quantitativ bestätigt werden. Schon Robert Hooke (1635–1703), ein Zeitgenosse Newtons, hatte versucht, mit einfachen Waagen die Abnahme der Schwerkraft mit der Höhe zu messen, seine Geräte waren jedoch damals dafür nicht ausreichend empfindlich. Um die Genauigkeit seiner Messungen zu erhöhen, vergrößerte Jolly die Massen auf 5 kg und erweiterte den Abstand der beiden Waagschalen auf 21 m. Für das Experiment konnte er den circa 25 m hohen sogenannten Aulaturm der Universität nutzen. Nach Überwindung erheblicher experimenteller Schwierigkeiten, auf die hier nicht eingegangen werden kann, konnte schließlich nach vielen Messungen eine mittlere Gewichtsdifferenz von 31,686 mg ermittelt werden. Theoretisch hätte sich ein Wert von 32,962 mg ergeben müssen. Da auch bei diesem Versuch mit größeren Probemassen und größerem Abstand der Waagschalen eine etwas zu kleine Gewichtsdifferenz gemessen wurde, vermutete Jolly, dass lokale

Einflüsse wie die umliegenden Bauten der Universität dafür verantwortlich sein könnten. Diese Annahme war richtig, denn alle Massen oberhalb des Messniveaus und fehlende Massen im Untergrund (zum Beispiel Hohlräume in den Kellern) verringern den lokalen Wert der Abnahme des Schwerefeldes mit der Höhe und damit die Gewichtsdifferenz.

Nach diesem erfolgreichen Versuch zur Messung der Abnahme des Gewichts mit der Höhe und der experimentellen Bestätigung des Gravitationsgesetzes erweiterte Jolly seine Messanordnung mit dem Ziel, damit die mittlere Dichte der Erde sowie ihre Masse und die Gravitationskonstante zu bestimmen. Der Engländer Henry Cavendish (1731–1810) hatte zwar schon 1798 diese Größen ermittelt, dazu aber eine Waage benutzt, bei der der Waagebalken um eine vertikale Achse drehbar gelagert war, also eine sogenannte Drehwaage. Der aus Holz gefertigte Waagebalken hing an einem dünnen versilberten Kupferdraht und trug an seinen Enden zwei kugelförmige Massen aus Blei von jeweils 0,73 kg. Von unterschiedlichen Seiten näherte Cavendish diesen Massen je eine 158 kg schwere Bleikugel bis auf etwa 20 cm. Die zwischen den großen und kleinen Massen horizontal wirkende Schwerkraft lenkte die Enden des Waagebalkens um circa 2 cm aus. In dieser Stellung waren die Anziehungskräfte der Bleikugeln und die Torsionskraft des leicht verdrillten Kupferdrahtes im Gleichgewicht. Aus den durch Zusatzexperimente bestimmten Torsionseigenschaften des Drahtes errechnete er die mittlere Dichte der Erde zu 5450 kg/m³ und daraus die Gravitationskonstante zu $G = 6{,}75 \cdot 10^{-11}$ m³ kg⁻¹ s⁻². Diese Werte wurden bei Wiederholungen seiner Experimente durch andere Wissenschaftler in den nachfolgenden Jahrzehnten mehrfach bestätigt. Jolly war davon überzeugt, dass die Gravitationskonstante auch mit einem Wiegeversuch bestimmt werden könnte. Dies war ein völlig neuer experimenteller Weg. Es war dazu nur notwendig, eine große Kugel aus Blei (Pb) bekannter Masse unter die untere Waagschale zu bringen und die Zunahme des Gewichts der dort liegenden Probemasse zu messen. Diese bestand aus einer mit Quecksilber gefüllten Glaskugel von circa 8,9 cm Durchmesser mit einem Gewicht von 5 kg. Die in einem Abstand von etwa 2,5 cm unter der aufgehängten Probemasse aufgestellte Bleikugel der Masse 5775,2 kg hatte einen Durchmesser von 99,5 cm und bestand aus 115 einzelnen Platten. Bei der unteren Probemasse bewirkte die Bleikugel eine Gewichtszunahme von 0,589 mg, woraus er die mittlere Dichte der Erde zu $\varrho = 5692$ kg/m³, die Masse der Erde zu $6{,}16 \cdot 10^{24}$ kg und die Gravitationskonstante zu $G = 6{,}465 \cdot 10^{-11}$ m³ kg⁻¹ s⁻² bestimmte. Seine Werte wichen nur etwa zwei Prozent von Cavendishs Daten aus

Leichtere Nachbildung der Bleikugel von Jolly aus der Abteilung Physik des Deutschen Museums

dem Jahre 1798 ab und sind nach wie vor in guter Übereinstimmung mit jüngeren Messungen des 20. Jahrhunderts. Diese Experimente von Jolly waren für die damalige Zeit recht kostspielig, denn für die Anschaffung der Bleikugel wurde der Institutsetat mehrerer Jahre verwendet.

Wenige Jahre nach Jollys Experimenten wurden durch Physiker aus Berlin unter der Leitung von Hermann von Helmholtz (1821–1894) die Größen G, M und ϱ mit einer modifizierten Doppelwaage erneut bestimmt. Dafür wurde eine Masse aus Blei mit einem Gewicht von etwa 100 Tonnen verwendet. Das war für die damalige Zeit auch eine Form von »Big Science«. Die Ergebnisse wurden erst 1898 durch Franz Richarz (1860–1920) und Otto Krigar-Menzel (1861–1929) veröffentlicht, also vier Jahre nach dem Tod von Helmholtz. Mit diesen sehr aufwändigen und auch kostspieligen Messungen konnten die Werte für die Gravitationskonstante, die Masse und die mittlere Dichte der Erde nochmals genauer angegeben werden. Von der Internationalen Union für Geodäsie und Geophysik (IUGG) wurden im Jahr 1986 folgende Werte festgelegt: $G = 6{,}67259 \cdot 10^{-11}$ m^3 kg^{-1} s^{-2}; $\varrho = 5515{,}3$ kg/m^3 und $M = 5{,}94 \cdot 10^{24}$ kg. Noch heute ist die Gravitationskonstante diejenige Naturkonstante, die man nur auf 10^{-4} bis 10^{-5} und damit am wenigsten genau kennt. Die Methoden ihrer exakteren Bestimmung hat Jolly nach der etwa achtzig Jahre zuvor erfolgten Messung durch Cavendish entscheidend vorangebracht. Das bleibt sein größter Verdienst als Physiker. Die auf Cavendish zurückgehende Drehwaage führte Ende des 19. Jahrhunderts zur modernen Drehwaage von Lorand Eötvös (1848–1919) aus Budapest, mit der vor allem die horizontalen Gradienten des Schwerefeldes bestimmt werden konnten. Mit diesem Gerät konnten in den ersten Jahrzehnten des 20. Jahrhunderts zahlreiche neue Erdöl- und Erdgaslagerstätten gefunden und somit geholfen werden, den weltweit wachsenden Bedarf an diesen Rohstoffen zu sichern. Die modernen Federgravimeter zur Messung des Schwerefeldes der Erde, die relative vertikale Änderungen der Schwerkraft im Bereich von 10^{-9} noch erfassen können (entspricht einer Abstandsänderung vom Erdmittelpunkt im cm-Bereich), basieren im Grunde genommen auf den bis zur Perfektion kultivierten Federwaagen von Jolly, der auf diesem Gebiet Pionierleistungen erbracht hat.

Auf Jollys Funktionen als vielseitiger Ratgeber von König Maximilian II. wurde bereits an anderer Stelle hingewiesen. Er war schon 1861 als bayerisches Mitglied in die Kommission am Bundestag zur Einführung des metrischen Maß- und Gewichtssystems entsandt worden und seine Mitgliedschaft als wissenschaftlicher Ratgeber bei der Normaleichungskommission wurde ebenfalls erwähnt. Die von ihm gemessene Abnahme des Gewichts mit der Höhe war für die Eichung von Waagen und auch anderer Messgeräte eine wichtige Fragestellung. Jollys Engagement bei der Schaffung einer Organisation für die Europäische Gradmessung sollte ebenso erwähnt werden wie seine Vertretung Bayerns bei der internationalen Meterkonferenz 1872 in Paris, seine Mitgliedschaft bei der deutschen Zentralkommission für die Wiener Weltausstellung und sein ständiges Interesse an der Münchener Geographischen Gesellschaft. Er war ihr Präsident seit ihrer Gründung 1869 bis an sein Lebensende. In dieser Funktion hat er zum Beispiel eine Reihe von Messungen in Bergseen angeregt, zahlreiche Vorträge gehalten und auch in anderer Hinsicht diese Institution geprägt und gefördert.

Im Sommer 1884 beschloss Jolly, aufgrund permanenter Atembeschwerden, in den Ruhestand zu gehen. Er konnte in diesem Jahr sein fünfzigjähriges Doktorjubiläum begehen und bedankte sich in einer Rede für das Glück, in einem Jahrhundert der grandiosen Weiterentwicklung der Naturwissenschaften gelebt zu haben. Er war auch dankbar, dass er nach München berufen worden war, wo man ihm so viele Möglichkeiten zur Entfaltung gegeben hatte. Nur noch gelegentlich wollte er sich am akademischen Unterricht beteiligen, hauptsächlich mit Themen über Wissenschaftsgeschichte. Dazu kam es nicht mehr. Jolly verstarb, fünfundsiebzigjährig, am Weihnachtsabend 1884, an den Folgen einer Erkältung. Er wurde auf dem Alten Südfriedhof in München begraben. Seine Gattin, die schon 1874 an Cholera gestorben war, hat er um zehn Jahre überlebt. Aus dieser Ehe waren fünf Söhne und eine Tochter hervorgegangen. Drei seiner Söhne sind ebenfalls angesehene Wissenschaftler geworden. Ludwig Jolly (1843–1905) war Professor für Verwaltungsrecht in Tübingen, Friedrich Jolly (1844–1904) Professor für Psychiatrie in Straßburg und Julius Jolly (1849–1932) Professor für Sanskrit und vergleichende Sprachwissenschaft in Würzburg.

Literaturhinweise

Böhm, Gottfried: Philipp von Jolly, ein Lebens- und Charakterbild (mit einem Verzeichnis der Schriften Jollys und einem Bild seiner Büste), München 1886.
Cavendish, Henry: Experiments to determine the Density of the Earth. Philosophical Transactions of the Royal Society of London, London 1798, S. 469–526.
Joffe, A. F.: Begegnungen mit Physikern, Leipzig 1967.
Jolly, Philipp von: Die Anwendungen der Waage auf Probleme der Gravitation. Annalen der Physik und Chemie, Bd. V, Heft 1, S. 112–134, 1878 (Teil 1) und Bd. XIV, Heft 1, S. 331–355, 1881 (Teil 2), Leipzig 1878 und 1881.
Jolly, Philipp von, in: Allgemeine Deutsche Biographie, hg. von der Historischen Kommission bei der Bayerischen Akademie der Wissenschaften, Bd. 55, München 1910, S. 807ff.
Oitner-Torkar, Gisela: Philipp von Jolly und das Geheimnis der Bleikugel. Wissenschaftliches Jahrbuch des Deutschen Museums 1990, München 1990, S. 72–81.
Richarz, F./Krigar-Menzel, O.: Die Abnahme der Schwere mit der Höhe, bestimmt durch Wägung. Annalen der Physik und Chemie, Bd. 66, Leipzig 1898, S. 177–193.
Voit, Carl von: Nekrolog für Philipp von Jolly, in: Sitzungsberichte der mathematisch-physikalischen Klasse der Königlich Bayerischen Akademie der Wissenschaften zu München, Bd. XV, Jahrgang 1885, München 1885, S. 119–136.
Weech, Friedrich von: Badische Biographien, Bd. 17, Karlsruhe 1891, S. 199–204.

Hans-Michael Körner
»Sein Ruhm hatte keinen langen Atem«
Der Historiker Heinrich von Sybel (1817–1895)

Von »Geschichtswissenschaft in politischer Absicht«[1] spricht Volker Dotterweich im Blick auf Heinrich von Sybel, und dieser selbst gestand, er sei »zu 4/7 Professor und zu 3/7 Politiker«[2]. Dasjenige Politikfeld, auf dem Sybel ein ganzes Leben lang vornehmlich agierte, war jenes der deutschen, der nationalen Frage, jenes des Verhältnisses des deutschen Südens zum deutschen Norden. – Von 1856 bis 1861 ist Sybel Professor für Geschichte an der Universität München.

Damit sind Zusammenhänge und Verwerfungen angesprochen, die konkret und unmittelbar mit der Sybelschen Gründung des Historischen Seminars der Universität München einerseits und der nationalpolitischen Rolle des Königreichs Bayern zwischen der Revolution von 1848 und der Reichsgründung von 1871 andererseits zu tun haben. Auf den ersten Blick, und wenn man nur auf die Lebensdaten – 1817 bis 1895 – schaut, rücken jene fünf Münchner Jahre Sybels zwar, was ihre chronologische Positionierung angeht, in die Mitte seiner Vita, andererseits, und wenn man die Reichhaltigkeit seiner Karriere zum Maßstab macht, erscheinen sie auch wiederum merkwürdig marginalisiert.

In der Tat haben wir es mit einer steilen Karriere zu tun.[3] Heinrich von Sybel wird am 2. Dezember 1817 in Düsseldorf als Sohn des Juristen Heinrich Ferdinand Philipp von Sybel geboren. Seit 1834 studiert er als Schüler Leopold von Rankes in Berlin Geschichte, wird dort 1838 mit einer Dissertation zum Thema »De fontibus libri Jordanis; de origine actuque Getarum« promoviert und wechselt dann an die Universität Bonn, wo er 1840 mit einer Arbeit über die Geschichte des ersten Kreuzzugs habilitiert wird. 1844, also im Alter von siebenundzwanzig Jahren, wird er Professor, 1845 folgt er einem Ruf an die Universität Marburg, wo

---

[1] Vgl. Volker Dotterweich: Heinrich von Sybel. Geschichtswissenschaft in politischer Absicht (1817–1861), Göttingen 1978.
[2] Zit. nach Hellmut Seier: Heinrich von Sybel, in: Hans-Ulrich Wehler (Hg.): Deutsche Historiker, Bd. 2, Göttingen 1971, S. 24–38, hier S. 25.
[3] Vgl. im Überblick H. Seier (wie Anm. 2).

Heinrich von Sybel, 1857

er sich zum ersten Mal in intensiverer Weise dem politischen Tagesgeschäft zuwendet, sich in der liberalen hessischen Bewegung engagiert, 1848 Mitglied des Frankfurter Vorparlaments, 1848/49 der Kasseler Ständeversammlung und 1850 des Erfurter Unionsparlaments wird.

Auf das Münchner Zwischenspiel folgen dann die Jahre an der Universität Bonn bis 1875, in denen er selbst (1862 bis 1864 und dann nochmals 1874 bis 1880) als Mitglied des preußischen Abgeordnetenhauses zum politischen Akteur wird. 1875 erfolgt die Ernennung zum Direktor der preußischen Staatsarchive in Berlin und die ordentliche Mitgliedschaft in der Preußischen Akademie der Wissenschaften. Er bleibt der Herausgeber der »Historischen Zeitschrift«, er behält seine Funktionen innerhalb der Historischen Kommission bei der Königlichen Bayerischen Akademie der Wissenschaften, er wird zum Gründer des preußischen, des späteren deutschen, historischen Instituts in Rom. Er ist verantwortlich – mit der Einführung des Provenienzprinzips – für die grundlegende Neuordnung der preußischen Archivverwaltung, er ist maßgeblich beteiligt an den großen Editionsunternehmungen der »Politischen Korrespondenz Friedrichs II.« und der »Acta Borussica«, er bringt seine monumentalen Werke, einmal »Die Geschichte der Revolutionszeit 1789 bis 1795« in fünf Bänden und dann vor allem »Die Begründung des Deutschen Reiches durch Wilhelm I.« in sieben Bänden, zum Abschluss. Recht viel erfolgreicher kann eine Historikerkarriere, bemisst man sie nach den Kategorien des äußeren Ruhms und der Reichhaltigkeit des Werkes, kaum sein, und doch neigt man der kritischen Reflexion Hellmut Seiers zu, wenn dieser seinen Essay über Sybel folgendermaßen beginnt: »Modern, so lange er lebte, wirkte Sybel leicht antiquiert, kaum dass er seinerseits Geschichte war. Sein Ruhm hatte keinen langen Atem.«[4]

---

[4] Ebd., S. 24.

Versucht man, sich vom Sybel der 1840er- und 1850er-Jahre ein einigermaßen zutreffendes Bild zu machen, so ist man auf die erwähnte Studie von Volker Dotterweich verwiesen, der vor allem auch deutlich macht, in welchem Umfang die milieuspezifischen Voraussetzungen das nachmalige politische und vielleicht sogar das historiografische Profil Sybels präfigurierten, oder doch zumindest beeinflussten.

»Er entstammte dem vermögenden Besitz- und Bildungsbürgertum der Rheinprovinz. Sein Vater war ein geadelter Verwaltungsjurist und Eisenbahnaktionär, seine Mutter eine wohlhabende Kaufmannstochter aus Elberfeld. [...] Den überwiegend großbürgerlichen Interessenbezug ergänzte nach der Seite des Grundbesitzes obendrein das ererbte väterliche Rittergut. Dazu kamen Bildungseinflüsse, die die liberal-konservative Synthese begünstigten: einerseits aufklärerisch-protestantische Familientradition, Verbindungen zum rheinischen Künstlertum, andererseits frühe Burke-Lektüre und in der Studentenzeit die Begegnung mit Savigny und Ranke, schwächer und nur mittelbar mit Hegel. Das alles ergab bereits im Vormärz eine gegen Feudalaristokratie und Radikalismus gleichermaßen allergische Mittellage, wie sie im Rheinland verbreitet war, rheinisch auch darin, daß ihr starke antiklerikale, staatspositivistische und machtstaatlich-nationale Impulse entsprachen.«[5]

Ohne an dieser Stelle schon die Frage aufzuwerfen, ob und in welchem Umfang solche Herkunft und Prägung, ob und in welchem Umfang dieser von Hellmut Seier diagnostizierte »antifeudalistisch-antiultramontan-antidemokratische Dreiklang«[6] als gelungene Prädisposition für eine erfolgreiche oder wenigstens erquickliche Tätigkeit ausgerechnet in der Hauptstadt des Königreichs Bayern gelten mochten, macht es Sinn, in einer stärker systematischen Weise – in drei differenzierenden Bemerkungen – nach dem erwähnten politischen Profil des knapp vierzigjährigen Sybel in der Mitte der 1850er-Jahre zu fragen.[7]

1. In nationalpolitischer Hinsicht zählte Sybel vor allem seit den Erfahrungen mit der Revolution von 1848 und den sich daran anschließenden Zuspitzungen von Gotha und Erfurt zu den entschiedenen Anhängern einer kleindeutschen Lösung. Der Ausschluss Österreichs bei der Lösung der deutschen Frage, damit verbunden der bewusste Verzicht auf deren großdeutsche Lösungsvariante, die ebenso bewusste Fixierung auf Preußen als Vormacht des deutschen Eini-

---

[5] Ebd., S. 26.
[6] Ebd.
[7] Vgl. dazu v. a. V. Dotterweich (wie Anm. 1).

gungsprozesses und die Vorstellung eines deutschen Bundesstaats mit einer, wenn man so will, parlamentarischen Grundausstattung bestimmten dieses kleindeutsche Credo. Sybel mochte in der eigenen Selbsteinschätzung wie auch in der Fremdwahrnehmung als Prototyp einer solchen Orientierung gelten, deren Anhänger in der politischen Sprache der Zeit – im Anschluss an die Beschlusslage des Gothaer Nachparlaments vom Juni 1849 – als Gothaer bezeichnet wurden.

2. In konstitutioneller Hinsicht tut man sich mit Sybels Verortung ungleich schwerer. Das hängt nicht zuletzt auch damit zusammen, dass hier viel weniger als bei der nationalpolitischen Ausrichtung von einer die gesamte Biografie Sybels kennzeichnenden Konsistenz ausgegangen werden kann. Spätestens seit der Reichsgründung auch verfassungspolitisch ein loyaler Parteigänger Bismarcks, stand Sybel noch während des preußischen Verfassungskonflikts in den 1860er-Jahren im Lager der Bismarck-Gegner. Bei Dotterweich ist im Blick auf die 1850er-Jahre – gleichermaßen harmonisierend wie ausweichend – die Rede von einer liberal-konservativen Orientierung Sybels, und wahrscheinlich beschreibt man die Verhältnisse damit tatsächlich am besten, vor allem, wenn wir die erwähnten milieuspezifischen Voraussetzungen seines politischen Denkens gebührend in Rechnung stellen.

3. Demgegenüber begegnet uns in konfessionspolitischer Hinsicht eine konsequente Eindeutigkeit. Sybels antikatholisches oder doch zumindest antiultramontanes Bekenntnis zieht sich wie ein roter Faden durch seine politische Biografie: von seiner antikatholischen Agitation im Zusammenhang der Auseinandersetzungen um den Heiligen Rock von Trier bis zum Kulturkampf der 1870er-Jahre. Auch hier erkennt man in besonders intensiver Weise die Konsequenzen seiner erwähnten milieuspezifischen Prägung, die sich mit axiomatischen Grundannahmen seiner geschichtswissenschaftlichen Arbeiten verbindet und gerade aus dieser Kombination heraus eine ganz besondere Hartnäckigkeit seines antikatholischen Gestus auszubilden imstande ist.

Eben dieser, hier nur ganz grob umrissene Heinrich von Sybel wird im Jahr 1856 Professor für Geschichte an der Münchner Universität. Die Dimensionen und die Problematik dieser Berufung erhellen sich erst bei einem Blick auf den Zuschnitt des Königreichs Bayern in den 1850er-Jahren, auf die Herrschaft König Maximilians II.[8]

---

[8] Vgl. dazu knapp Hans-Michael Körner: Geschichte des Königreichs Bayern, München 2006, S. 105–124.

Die konkret fassbaren Folgen der Revolution von 1848, die Traumatisierung des Königs durch diese Revolution, dessen ängstlich-grübelnder Charakter und die tatsächlichen Herausforderungen der Zeitumstände gerade in den 1850er-Jahren verbanden sich zu einer Konstellation, die aus monarchisch-staatlicher Sicht heraus sich entschieden komplizierter darstellte, als es die Jahrzehnte des Vormärz gewesen waren.

Anders und genauer ausgedrückt: Die Regierungspolitik der Maximilian-II.-Jahre hatte, im Vergleich zum Vormärz, in nationalpolitischer und in konstitutioneller Hinsicht von ungleich schwierigeren Verhältnissen auszugehen. Die Wucht des nationalen Gedankens, die Bewältigung der unmittelbaren Revolutionsfolgen, die zentrifugalen Tendenzen innerhalb des Königreichs vornehmlich in den neubayerischen, noch längst nicht vollständig integrierten Landesteilen und die Gefährdung des monarchischen Systems selbst stellten Provokationen dar, die dem Vormärz in dieser Schärfe fremd gewesen waren. Diesen Befund wird man vor allem auch deswegen in aller Deutlichkeit festzuhalten haben, weil nur so ein Mindestmaß an Fairness bei der Beurteilung der beiden Monarchenpersönlichkeiten – König Ludwigs I. und König Maximilians II. – sicherzustellen ist. Umgangssprachlich formuliert: Ludwig I. hatte es in mancherlei Hinsicht leichter als sein Sohn Maximilian II.

Man muss sich dieser Problematik der bayerischen Politik seit den späten 1840er-Jahren bewusst sein, wenn man sich den Maßnahmenkatalog vergegenwärtigt, der den revolutionären und nationalpolitischen Gefahren entgegensteuern sollte, wobei für König Maximilian II. jeder Gedanke an eine irgendwie geartete Form von Bonapartismus, allein schon wegen der Stärke seines Ministeriums, von vornehrein ausschied. Diese Stärke hatte strukturelle wie individuelle Gründe: Die Persönlichkeitsstruktur des Königs war ohne jenen autokratischen Dezisionismus, der in nachgerade anachronistischer Weise den Regierungsstil seines Vaters bestimmt hatte, das war das Eine. Und die Revolution hatte erwiesen, dass der Monarch des Schutzschildes seines eigenen Ministeriums bedurfte, dass die Verteidigung des monarchischen Systems nur unter den Bedingungen einer mehr oder weniger ausgeprägten Ministerherrschaft gelingen konnte, das war das Andere – vielleicht noch Wichtigere!

Und doch ist damit der Horizont der Belastungen und Beschwernisse der bayerischen Politik vornehmlich in den 1850er-Jahren noch nicht zur Gänze abgeschritten. Ihre spezifische Qualität erfasst man zutreffend erst dann, wenn man deren Wahrnehmung durch den König kennt. König Maximilian II. dachte und handelte aus dem Gefühl, mehr noch, aus dem sicheren Bewusstsein der bayerischen Inferiorität gegenüber den norddeutschen, den preußischen Verhältnissen. Hatte König Ludwig I. noch aus dem selbstbewussten Anspruch auf Parität heraus agiert, so sehen wir Maximilian II. in erster Linie als den Reagierenden, dem die angebliche preußische Vorbildlichkeit das Gesetz des eigenen Handelns vorschreibt.[9]

Maximilian II. trieben zwei Hauptsorgen um: die Angst vor einer revolutionären Gefährdung der monarchischen Staatsform einerseits und die bedrohliche Vorstellung vom Ende bayerischer Eigenstaatlichkeit im Zuge einer Neuordnung der deutschen Verhältnisse andererseits. Es darf nicht der Eindruck entstehen, als würde sich das Spektrum der maximilianeischen Initiativen angesichts dieser Gefährdungslage in einer ganz spezifisch konturierten Geschichtspolitik erschöpfen, im Gegenteil: Die Liste der antirevolutionär und nationalpolitisch ausgerichteten Maßnahmen reicht von der Bildung von Adelsgesellschaften über die Förderung der heimischen Trachten und die stärkere Beaufsichtigung der Beamten bis zur Einrichtung einer gouvernementalen Presse, von einer die Gesamtstaatsidee befördernden königlichen Reisepolitik und einer besonderen Berücksichtigung der vormaligen Residenzstädte in den neubayerischen Gebieten über die Umgestaltung des Oktoberfestes und die Neuorganisation des altbayerischen Schützenwesens bis zur Verminderung der Gemeinde- und Distriktsumlagen, der Spendung königlicher Wohltaten und Bewilligungen, der Unterstützung der regierungsfreundlichen Presse und der Einführung von Landespredigten.

Die Berufung Sybels nach München hat ein Vorspiel, ohne dessen Kenntnis jene nicht verständlich wird. Dieses Vorspiel besteht aus zwei Teilen: einmal aus dem Versuch, Leopold von Ranke für München zu gewinnen, und zum anderen aus den Anstrengungen, Sybel doch noch zu verhindern. Im einen Fall werden die Zielperspektiven der maximilianeischen Geschichtspolitik deutlich, im anderen die innenpolitischen Verwerfungen, die mit dieser Geschichtspolitik unweigerlich verbunden waren.

Wenn man das alles ernst nimmt und es in den Zusammenhang der kultur- und nationalpolitischen Ambitionen Maximilians II. stellt, dann sollten aus der Sicht von Monarch und Ministerium drei verschiedene Ziele gleichzeitig erreicht werden: Es galt, erstens, der Faszination der deutschen Einheitsstaatsidee ein gestärktes bayerisches Nationalbewusst-

---

[9] Vgl. dazu im Überblick Hans-Michael Körner: Staat und Geschichte im Königreich Bayern 1806–1918, München 1992, S. 196–204, 563–576.

sein entgegenzustellen; in der Wissenschaftspolitik sollte, zweitens, der Anschluss an einen, wie auch immer definierten, deutschen Standard, mehr noch, eine führende bayerische Position erreicht werden, gerade um dadurch die machtpolitischen Defizite bei der Ausbildung eines bayerischen Nationalbewusstseins zu kompensieren; und schließlich bestimmte, drittens, den König ganz persönlich die Sorge, im Bereich von Geschichtswissenschaft und Geschichtsunterricht die Versäumnisse der ersten Jahrhunderthälfte auszugleichen und auch hier den preußischen Vorsprung zu egalisieren.

Angesichts dieser komplexen Zielvorgaben stellt sich die Frage, ob überhaupt ein Lösungsmodell zu finden war, das der Heterogenität der formulierten Absichten wirklich gerecht werden konnte. Musste sich nicht möglicherweise in der Praxis zeigen, dass die Verwirklichung des einen Ziels der Realisierung des anderen konsequent hinderlich im Wege stand?

Wie dem auch sei, in einem ersten Anlauf versuchten Maximilian II. und sein engster Berater, Wilhelm Doenniges, der seinerseits ein Historiker aus der Rankeschule war, eben jenen Leopold von Ranke für München zu gewinnen.[10] Die Argumentation mit der »Verpflanzung der neuern historischen Richtung in der Wissenschaft« und »der Begründung einer solchen historischen Schule in Bayern, wie sie bereits in Norddeutschland besteht«[11], durchzieht die gesamte dienstliche und private Korrespondenz dieser Jahre.

Aufschlussreich, um nicht zu sagen verräterisch, ist eine Formulierung, die Doenniges gegenüber seinem Lehrer Ranke wählt: »Die Universität München ist in einem großen Aufschwunge begriffen; der König will und wird alles für die Bildung der Jugend im freieren, wissenschaftlichen Sinne, im protestantischen Geiste tun. Beherzigen Sie, daß die ganze historische Richtung unserer Zeit, unseres Jahrhunderts in Deutschland protestantisch ist, daß hier ein ganz neues Feld der Tätigkeit, eine gesunde, kräftige Jugend sich Ihnen und Ihrem Einflusse darbietet, und daß Sie für Jahrhunderte säen können.«[12]

Mit einer solchen Einschätzung ist man übergangslos im Vorfeld der Berufung Sybels angekommen. Die katholisch-konservativen Kritiker der maximilianeischen Politik hatten, um das Mindeste zu sagen, für das

---

[10] Vgl. ebd., S. 522ff.
[11] Zit. nach ebd., S. 523.
[12] Zit. nach ebd.

Leopold von Ranke, 1868

eben formulierte Dilemma ein ausgeprägtes Sensorium und taten das ihnen Mögliche, um nach der endgültigen Absage Rankes die Berufung Sybels zu verhindern.

Nochmals, und um die Schärfe des Konflikts deutlich zu machen: Doenniges ging es zu keinem Zeitpunkt lediglich um politisch neutrale Maßnahmen der bloßen Wissenschaftsförderung, so es denn solche überhaupt gibt. Seine Formulierung gegenüber dem König, dass Ranke eine Stellung erhalten müsse, »in welcher er auf die Besetzung der historischen Lehrstühle und Fächer an den Universitäten und Schulen Bayerns einen gebührenden Einfluß«[13] ausüben könne, korrespondiert mit der ministeriellen Erwartung, die die gesamte Berufungsgeschichte Sybels wie ein roter Faden durchzieht, dass dieser, Sybel, ein Historisches Seminar einrichten müsse, um die nachmaligen Gymnasiallehrer »für das Lehrfach vorzubilden«[14]. Eindeutig fällt hier auch das Urteil Dotterweichs aus: »Die Gründung eines historischen Seminars durch einen Repräsentanten der Ranke-Schule an der Universität München war der tragende Pfeiler im kulturpolitischen Konzept Max' II. Von vorne herein hing die Besetzung des historischen Lehrstuhls von dieser Auflage ab.«[15]

Die Details und Mühseligkeiten im Vorfeld der endgültigen Berufung Sybels kann man alle bei Dotterweich[16] nachlesen; die Ernennungsurkunde für Heinrich von Sybel ist dann vom 28. Juli 1856 datiert. – Die fünf Münchner Jahre Sybels, ihr Profil und ihre Problematik sind in drei Bemerkungen zusammenzufassen:[17]

---

[13] Zit. nach ebd.
[14] Zit. nach ebd., S. 524.
[15] V. Dotterweich (wie Anm. 1), S. 255.
[16] Vgl. ebd., S. 224–239.
[17] Vgl. dazu detailliert ebd., S. 240–374.

1. Die katholisch-konservative Kritik an Sybel war grundsätzlicher Natur und fiel heftig aus. Weder hatte man ihm seine Rolle im Streit um den Heiligen Rock zu Trier vergessen noch täuschte man sich über den grundsätzlich anti-ultramontanen Charakter seiner wissenschaftsorganisatorischen und wissenschaftspolitischen Maßnahmen hinweg. Es unterlag keinem Zweifel, dass sich Sybel in München, wie das Walter Bußmann unnachahmlich formuliert hat, »auf Feldwache gegenüber dem Feinde, dem Ultramontanismus«[18] befand, dass er sich als preußischer Vorposten in München, ja in ganz Süddeutschland verstand. Solche Positionierung evozierte bayerisch-patriotische Widerstände großen Stils. Der Stoßseufzer »Und erlöse uns von dem Sybel. Amen« war keine Minderheitenmeinung. Dass sich etwa auch der ja noch lebende König Ludwig I. mit solcher Kritik an Sybel identifizierte, ist belegt und auch leicht erklärlich, wenn man allein an die Aversionen denkt, die Ludwig gegenüber dem von seinem Sohn favorisierten Berater Doenniges hatte!

2. Sybel seinerseits tat nichts, was die Provokationen, die seine Person und seine politische Positionierung hervorriefen, hätte dämpfen oder mildern können, im Gegenteil. Zielstrebig arbeitete er auf seine Rolle als alleiniger Prüfer im Fach Geschichte hin, sah er in der von ihm selbst so bezeichneten »Dressur der künftigen Gymnasiallehrer«[19] eine seiner Hauptaufgaben. Im Streit mit dem Historiker Julius Ficker (1826–1902) über die Bewertung der Kaiserpolitik des Mittelalters verwarf Sybel die mittelalterliche Italienpolitik aus der Sicht eines norddeutschen, preußisch gesinnten Liberalen und machte keinen Hehl aus seiner damit auf das innigste verbundenen Abneigung gegenüber dem habsburgischen Kaiserstaat. In diversen Gutachten für den König trat immer unverhohlener sein Versuch hervor, den bayerischen König für die Maximen der preußischen Politik gewinnen zu wollen. Und in welchem Umfang er sich den Kampf gegen den Ultramontanismus, oder was er darunter verstand, zur Lebensaufgabe gemacht hatte, kann man noch im Vorwort zum ersten Band der »Historischen Zeitschrift« von 1859 nachlesen: »Der geschichtlichen Betrachtung erscheint das Leben jedes Volkes, unter der Herrschaft der sittlichen Gesetze, als natürliche und individuelle Entwicklung,

---

[18] Walter Bußmann: Heinrich von Sybel, in: Ders.: Wandel und Kontinuität in Politik und Geschichte. Ausgewählte Aufsätze zum 60. Geburtstag, hg. von Werner Pöls, Boppard 1973, S. 409–419, hier S. 413.
[19] Zit. nach H.-M. Körner (wie Anm. 9), S. 524.

welche mit innerer Notwendigkeit die Formen des Staats und der Cultur erzeugt, welche nicht willkürlich gehemmt und beschleunigt, und nicht unter fremde Regel gezwungen werden darf. Diese Auffassung schließt den Feudalismus aus, welcher dem fortschreitenden Leben abgestorbene Elemente aufnöthigt, den Radicalismus, welcher die subjective Willkür an die Stelle des organischen Verlaufes setzt, den Ultramontanismus, welcher die nationale und geistige Entwicklung der Autorität einer äußern Kirche unterwirft.«[20] Die Parallelisierung von Feudalismus, Radicalismus und Ultramontanismus: Demonstrativer konnte man in München nicht Position beziehen.

3. Da sind gleichwohl die unstrittigen Verdienste, die sich Sybel, zu einem Gutteil während seiner Münchner Zeit, um die deutsche Geschichtswissenschaft erwarb. Die Gründung der »Historischen Zeitschrift«, die Einrichtung des Historischen Seminars an der Universität und die Schaffung der Historischen Kommission bei der Königlich Bayerischen Akademie der Wissenschaften gehören zweifellos in diesen Zusammenhang, und doch wird man die bis heute weiter wirkende Dignität dieser Institutionen nur in begrenztem Umfang als unmittelbares Verdienst Sybels verstehen können. Erst nachdem sich diese Einrichtungen nämlich von der Kontamination der Sybel'schen Gründungsintentionen frei gemacht hatten, konnten sie jene zentrale Stellung einnehmen, die ihnen in der Tat im Kontext der deutschen Geschichtswissenschaft auch heute noch zukommt. Wenn man diesen Komplex enger auf die bayerischen Verhältnisse bezieht, dann wird sehr schnell deutlich, dass der damit von König Maximilian II. verbundene Optimismus, nämlich die bayerische Eigenstaatlichkeit zu stabilisieren, sich als gegenstandslos erwies. Weit eher dürfte man wohl im Nachhinein von kontraproduktiven Wirkungen sprechen. Sybel und die Historische Kommission, das Historische Seminar und die »Historische Zeitschrift« kamen nicht der nationalpolitischen Stabilität des Königreichs Bayern zugute, sie erleichterten allenfalls das Hineinwachsen Bayerns ins Kaiserreich von 1871.[21]

Das Gastspiel Sybels in München dauerte, gerade angesichts des weitgespannten Erwartungshorizontes, nur fünf Jahre. Dass dieses Experiment scheiterte, lag vielleicht schon in der in sich widersprüchlichen Ausgangssituation begründet, entscheidend hängt es wohl damit zusammen, dass

[20] Zit. nach V. Dotterweich (wie Anm. 1), S. 329f.
[21] Vgl. dazu H.-M. Körner (wie Anm. 9), S. 568.

der König glaubte, letztlich Unvereinbares miteinander verbinden zu können. Ob es tatsächlich das »kraftvolle bayerische Staatsgefühl«[22] gewesen ist, wie Walter Bußmann meint, das den Ambitionen Sybels »unüberschreitbare Grenzen« setzte, sei dahingestellt, im Endeffekt war es das Zerwürfnis zwischen dem König und Sybel, das zu dessen Abschied aus München führte.

Dabei spielte Sybels scharfe Ablehnung der maximilianeischen Triasidee sicherlich eine ganz besondere Rolle, zumal der Historiker dem König gegenüber kompromisslos argumentierte, dass die Idee des Dritten Deutschland entweder eine Chimäre sei oder die Wiederbelebung des Rheinbunds werden müsse. Früher schon, bei der Einrichtung der Historischen Kommission hatte sich gezeigt, dass Sybel, auch auf dem engeren Gebiet der eigentlichen Wissenschaftspolitik, nicht willens war, den Intentionen des Königs unbesehen zu folgen und in der Aufgabenstellung der Kommission auch die Erforschung der bayerischen Geschichte institutionell zu verankern. Und am intensivsten fielen die Irritationen des Monarchen sicherlich dann aus, als Sybel ihm gegenüber und auch in der publizistischen Öffentlichkeit immer ungeschützter sich als Verfechter preußischer Positionen und Ansprüche im allgemeinen und gegenüber der österreichischen Politik im besonderen gerierte.[23]

Ob König Maximilian II. wirklich realisiert hat, dass sein Versuch, die Souveränität des Königreichs Bayern durch die Adaption des preußischen Vorbilds stabilisieren zu können, schon im Ansatz zumindest problematisch, wenn nicht von Anfang an zum Scheitern verurteilt war, muss offen bleiben. Dass die faktisch kontraproduktiven Wirkungen dieses nationalpolitischen Ansatzes und die dadurch herbeigeführten gesellschaftlichen Desintegrationsprozesse in die Negativbilanz der Maximilian-II.-Ära gehören – soweit wird man im Urteil wohl gehen dürfen.

Im Winter 1860/61 spitzte sich die Vertrauenskrise zwischen Maximilian II. und Sybel zu; an Silvester 1860 schreibt letzterer in einem Brief: »Ich leugne nicht, daß ich diese Situation allmählich müde werde. Meine Lehrtätigkeit wird verkrüppelt, und alle Organisationen und Unternehmungen müssen stocken, sobald die Ungnade des Königs eklatiert, und wenn schon jetzt der Minister wegen der Kammer mir an keiner Stelle zu helfen wagt, so verschwindet ein Hauptzweig meiner Stellung, und ohne eine Kompensation empfinde ich den tiefen Schaden derselben, den maß-

---

[22] W. Bußmann (wie Anm. 18), S. 413.
[23] Vgl. dazu V. Dotterweich (wie Anm. 1), S. 358–374.

losen Verbrauch an Zeit, Interesse und Kraft in der endlosen, ergebnislosen Friktion der Abwehr jener von allen Seiten her mich bedrängenden Niederträchtigkeiten.«[24] In dieser Situation ist es der Ruf nach Bonn auf den Lehrstuhl des verstorbenen Friedrich Christoph Dahlmann, der Sybel aus seinem Münchner Elend erlöste und den er mit Schreiben vom 10. Juni 1861 annahm. – Die »giftige Natter mit glänzend schillernder Haut«, so die Formulierung im Bayerischen Volksboten, »welche bis dahin unter den Stufen des Thrones sich einzunisten gewußt hatte«[25], war man nun in München los.

Literaturhinweise

Bailleu, Paul: Heinrich von Sybel, in: Allgemeine Deutsche Biographie 54, 1908, S. 645–667.

Bußmann, Walter: Heinrich von Sybel, in: Ders.: Wandel und Kontinuität in Politik und Geschichte. Ausgewählte Aufsätze zum 60. Geburtstag, hg. von Werner Pöls, Boppard 1973, S. 409–419.

Dotterweich, Volker: Heinrich von Sybel. Geschichtswissenschaft in politischer Absicht (1817–1861), Göttingen 1978.

Körner, Hans-Michael: Geschichte des Königreichs Bayern, München 2006.

Ders.: Staat und Geschichte im Königreich Bayern 1806–1918, München 1992.

Seier, Hellmut: Heinrich von Sybel, in: Hans-Ulrich Wehler (Hg.): Deutsche Historiker, Bd. 2, Göttingen 1971, S. 24–38.

---

[24] Zit. nach ebd., S. 371.
[25] Zit. nach ebd., S. 374.

Wolfram Siemann
»Stets bemüht, meine neue Heimat hochzuhalten«
Der Kulturhistoriker Wilhelm Heinrich Riehl (1823–1897)

Wilhelm Heinrich Riehl würde man heute als einen hyperaktiven Workaholic bezeichnen, gemessen an den vielen Tätigkeiten, die er nicht nur nacheinander, sondern gleichzeitig betrieb. Seine rastlose Wissbegier ließ ihn immer neue Themen aufgreifen, neue Ideen hervorbringen, die er dann aber oft nicht konsequent zu Ende führte. In der Novelle »Ein ganzer Mann« hat Riehl seine eigene Befindlichkeit in literarischer Gestaltung verfremdet selbst beschrieben: »In unserem gehetzten Zeitalter hat die Hälfte der Menschheit zu viel zu tun, die andere Hälfte zu wenig oder gar nichts. Die seltenen Glücklichen, welche gerade genug zu tun haben und mit Arbeit und Muße im harmonischen Ebenmaße wechseln können und denen es dabei vollends vergönnt ist, ihre Tatkraft dauernd auf einen Punkt zu sammeln, müssen mit der Laterne des Diogenes gesucht werden. Und doch waren es fast immer nicht diese, sondern die gehetzten Leute, welche das Größte leisteten.«[1]

Diese Zeitdiagnose verrät zugleich, warum Riehl als Schreibender so erfolgreich war: Er liest sich so frisch und allgemein ansprechend, dass man seine Reflektionen aus der zweiten Hälfte des 19. Jahrhunderts lösen und auf sich beziehen kann, als spiegele sich in der Geschichte Allgemeingültiges wider.

Mindestens acht Handlungsfelder trieben den Geschäftigen – teilweise gleichzeitig – um.

1. Für rund zehn Jahre, von 1843 bis 1853, wirkte er als freier Journalist. Im Dienste König Maximilians II. verwandelte er sich zunächst zu dessen »Pressereferenten«; dann zu dem empirisch forschenden Wissenschaftler, der im Land Informationen über den Zustand der bayerischen Bevölkerung einholte. Wesentlich an dieser Arbeit war: als Augenzeuge persönlich vor Ort zu sein, zu sammeln und auszuwerten.
2. Nach seiner Berufung nach München glänzte er als der geistreiche Gesprächspartner und Berater des Königs, als der regelmäßige Teil-

---

[1] Wilhelm Heinrich Riehl: Ein ganzer Mann, Bayreuth 1943, S.45.

Wilhelm Heinrich Riehl, um 1860

nehmer an den häufigen, mindestens wöchentlich stattfindenden Symposien des Königs im Kreise von rund zwölf Auserwählten – nie dreizehn, denn der König war abergläubisch.
3. An der Universität München füllte er die Rolle des Honorarprofessors aus, dann des Professors für Kulturgeschichte und Statistik, der sich in keine Fachdisziplin fügte, aber 1854 mit stets wachsendem Erfolg lehrte und zweimal Rektor der Universität war.
4. Außerdem begegnet er uns ab 1876 als Dozent an der Königlichen Musikschule in München.
5. Darüber hinaus arbeitete er ab 1885 als Direktor des Bayerischen Nationalmuseums und als Generalkonservator der Kunstdenkmale und Altertümer Bayerns.
6. Nebenher verbreitete er auf Vortragsreisen durch ganz Deutschland seine Botschaften über Kultur, Musik, Natur, Gesellschaft und Ökonomie.
7. Zusätzlich unterhielt er die Zeitgenossen als beliebter Schriftsteller historischer Novellen, viel gelesen, wenn auch heute vergessen. Seine seit dem Vormärz gepflegte Neigung sich literarisch zu äußern, kam zugleich dem Geschichtsschreiber zugute.
8. Schließlich war er über achtundvierzig Jahre hinweg (1846–1894) auch noch glücklich verheirateter Ehemann und Vater von insgesamt neun Kindern.

An dieser Stelle muss sich das Augenmerk auf seine besondere Beziehung zu König Maximilian II. konzentrieren. Im Folgenden wird der heute nur noch wenig bekannte Riehl kurz in seinen frühen Lebenszusammenhängen vorgestellt. Am 6. Mai 1823 als Sohn eines Schlossverwalters in Biebrich geboren, empfing er bereits im Elternhaus die Liebe zur Musik und zur Bildung. Aus einem Bedürfnis, anderen helfen zu wollen, wählte er nach der Gymnasialausbildung zunächst die Theologie als Studienfach. Er begann sein Studium in Marburg, wechselte nach Tübingen, wo er den Ästhetiker Friedrich Theodor Vischer hörte, dann nach Gießen, legte in Herborn die theologische Prüfung ab, widmete sich dann aber im Wintersemester 1843/44 in Bonn dem Studium der Geschichte bei Ernst Moritz Arndt, der Politik bei Friedrich Christoph Dahlmann und der Kunstgeschichte bei Gottfried Kinkel; er hatte mithin bei drei späteren Paulskirchenabgeordneten (Vischer, Dahlmann, Arndt) gehört, also bei sogenannten politischen Professoren, für welche der Inhalt ihrer akademischen Lehre stets auch politische Bedeutung besaß. In Bonn änderte er bewusst seinen Lebensplan und wurde freischaffender Journalist. Er begann bei der konstitutionell-konservativen »Frankfurter Oberpostamtszeitung«. Als Musikliebhaber lernte er hier am Frankfurter Stadttheater seine bildhübsche Frau, die aus Stuttgart gebürtige Bertha von Knoll, kennen. Die Zweiundzwanzigjährige wurde 1846 seine Ehefrau, Sie stammte aus einer hochmusikalischen Familie: Ihre Mutter hatte am Mailänder Konservatorium gelernt und war dann königlich württembergische Hofsängerin geworden. Bertha wurde bereits mit neunzehn Jahren als Sängerin an das Frankfurter Stadttheater verpflichtet, wo sie bis April 1847 in fünfundvierzig Rollen an zweihundertsechsundsiebzig Abenden auftrat und außerdem fünfzig Mal in Konzerten sang. Sie gab nach ihrer Heirat mit Riehl 1847 ihren Beruf auf.

Bertha von Knoll

Als junger Journalist schrieb Riehl für konstitutionell-konservative und liberale Tageszeitungen. Die Revolution erlebte er als kritisch-wachsamer Beobachter im Dienste der »Nassauischen Allgemeinen Zeitung«, für die er die »Nassauische Chronik des Jahres 1848« schrieb. Im Dezember 1850 gelang ihm ein großer Sprung, als er Mitredakteur der prominenten Augsburger »Allgemeinen Zeitung« Georg von Cottas wurde. Riehl zählt zum frühen Typ des Schriftstellers, der sich allein aus Tantiemen seiner literarischen Arbeit ernähren konnte. Dazu musste er unglaublich fleißig sein. In den Jahren zwischen 1841 und 1855 veröffentlichte er nicht weniger als siebenhundertachtundvierzig Aufsätze. Riehl produzierte historische Novellen, kunst- und musikgeschichtliche Studien, Landes- und Volksschilderungen aus allen deutschen Landschaften, Dörfern und Städten, die er durchwandert hatte, Aufsätze zu politischen, staatlichen, kirchlichen Fragen, über Handel, Verkehr und besonders über Volkswirtschaft. Hier erarbeitete sich Riehl ein Material, das in seine großen Monografien einging, die er seit 1851 kurz hintereinander veröffentlichte. Riehl führte Reportage und Augenzeugenschaft zusammen, erzeugte gewissermaßen als Zeithistoriker die Quellen selbst, was seinen Umgang mit der Geschichte und seinen Quellenbegriff wesentlich prägte.

Man muss in diese Frühzeit des Journalisten Riehl schauen, um zu begreifen, wo er gelernt hat, soziale Befindlichkeiten so genau zu sehen und zu beschreiben. 1847 schrieb er für die »Frankfurter Oberpostamtszeitung« einen Artikel über »Die Armen, die Verbrecher und die Geistlichkeit«. Dort stellte er fest: »Die Besitzenden betrachten die Armut viel zu selten in der Nähe, sie wenden sich wohl gar, sei es mit fühllosem oder mit sentimentalem Widerwillen von derselben ab. Eine genaue Kenntnis wird diesen Widerwillen leicht in tatkräftiges Wohlwollen wandeln. Darin hat die Kulturgeschichte selber den Geistlichen, die ja doch von Christo schon zu den Schützern der Armen bestellt sind, ein schweres Versäumnis vorgeworfen, daß eine korrupte französische Romansündflut Deutschland überschwemmen mußte, um das erste allgemeine Interesse der höheren Stände für die Proletarier zu wecken!«[2]

Aus den zahlreichen Einzelreportagen und Zeitdiagnosen fügte Riehl 1851 sein wohl wichtigstes Werk zusammen: »Die Bürgerliche Gesellschaft«. Ihm verdankte er die Aufmerksamkeit König Maximilians II., denn dieser hatte das Buch auf seiner Italienreise dabei und kam anschließend auf die Idee, Riehl nach München zu ziehen. Riehl folgte 1853 dieser Einladung und wurde zunächst Oberredakteur der Presseangelegenheiten im Ministerium des Königlichen Hauses und des Äußeren, also gewissermaßen königlicher »Pressereferent«. Doch die Gemeinsamkeiten gingen weit darüber hinaus. Sie trafen sich in der besonderen Aufmerksamkeit und Erkundung des Volkslebens. Der König entwickelte geradezu eine Gier nach Bestandsaufnahmen und Berichten über die Bevölkerung. Das hatte eine doppelte Zielrichtung: retrospektiv, um den tieferen Gründen für die Revolutionsunruhen auf die Spur zu kommen, prospektiv, um das bayerische Nationalgefühl zu stärken; das war zugleich auch seine Art der Revolutionsprophylaxe.

[2] Viktor von Geramb: Wilhelm Heinrich Riehl. Leben und Wirken (1823–1897), Salzburg 1954, S.145.

Riehl brachte beste Voraussetzungen durch seine ausgedehnte Kenntnis des konkreten gesellschaftlichen Lebens mit. Er unternahm für den König weitere Erkundungsreisen, fertigte gewissermaßen Enqueten und auf deren Grundlage Gutachten an. Das große Projekt, das der König verfolgte, war eine Gesamtbestandsaufnahme, die sogenannte »Bavaria«, eine fünfbändige »Landes- und Volkskunde« des Königreichs Bayern«.[3] Die dort präsentierte gewaltige Arbeitsleistung nötigt Respekt ab. Freilich hatte Riehl daran nur begrenzt Anteil, denn er war nicht die Person, welche ununterbrochen sammelnd, klassifizierend und ordnend Material aufarbeitete. Das ließ sein rege umtriebiger Geist nicht zu. Er übertrug also die Kärrnerarbeit einem, der erheblich mehr Geduld aufbrachte und sich mit Hingabe in das Material versenkte: Felix Dahn. Es sei nur ein kurzer Blick in die Gliederung eines der mächtigen Bände dieses Panoptikums geworfen.[4] Es finden sich da

- unter der Rubrik »Naturwissenschaftliche Darstellung«: geologische Formationen, Klima, Vegetation, Tierwelt;
- unter der Rubrik »Volkskunde«: Geschichts- und Kunstdenkmale, Haus und Wohnung, Volkssage und Volksglauben, Volkssitte, Nahrung, Volkstracht, Körperbeschaffenheit und Krankheiten, Betriebsamkeit (was so viel heißt wie »Wirtschaft«, nämlich Feld- und Viehwirtschaft, Gewerbestatistik, Handel, Industrie im engeren Sinne), Volksbildung und -unterricht;
- unter der Rubrik »Ortsgeschichte«: Einwohner und Territorialverhältnisse vom Beginn der Zeitrechnung bis ins 19. Jahrhundert, Ortsgeschichte der Städte und Bezirksämter.

Durch alle diese Resultate befriedigte und erregte Riehl das Interesse des Königs. Mehr aber als diese faktengesättigten Kompilationen kamen ihm im engen Umgang mit Maximilian II., dessen Symposien entgegen. Sie fanden teilweise wöchentlich, manchmal aber auch vier Mal in der Woche statt. Riehl nahm regelmäßig teil, und wenn er sich zu Wort meldete, geschah das nicht in andienender Absicht. Eine Zeitlang gehörten der gleichfalls in München lehrende Historiker Heinrich von Sybel und Riehl gemeinsam dazu. Aus den publizierten Protokollen sei eine Sequenz hervorgehoben, als Sybel und Riehl unmittelbar aufeinander zur Sache sprachen und jeder dies für seine Person auf höchst bezeichnende Weise tat:

---

[3] Vgl. Walter Hartinger: König Max II. und die bayerische Volkskultur, in: Zeitschrift für bayerische Landesgeschichte, Bd. 52 (1989), S. 353–372.
[4] Vgl. das Gesamtwerk: Bavaria in zehn Teilbänden, Bd. 1–4, München 1860–67.

»RIEHL: Seine Majestät: Könnte man all den Traditionen der Völker, insbesondere ihren Mythen, nachgehen bis zum Ursprunge, so würde man die wichtigsten Aufklärungen für das Völkerleben erhalten. Ein Fortschritt in der Weltgeschichte im Allgemeinen ist unverkennbar, einige Völker schreiten in Sprüngen vorwärts, andere kommen langsamer nach, – schreitet aber jedes unter den jetzigen Völkern fort?

SYBEL: Jedes Volk ist wie ein einzelner Mensch; solange es lebt, schreitet es fort und stagniert nicht. Verschiedenheiten zeigen sich in Rücksicht der Höhe und Dauer der Kultur bei den verschiedenen Völkern, darin unterscheiden sich die Kulturvölker von denen, welche gleichsam nur zum Humus dienen.

RIEHL: Der Begriff des ›Volkes‹ wäre erst festzustellen. War z. B. der ganze Keltenstamm ein Volk und wo ist dies Volk geblieben?

SYBEL: Es lebt fort in den Franzosen, der Germane in Frankreich hat das Keltische in sich aufgenommen und die Kelten sind dadurch fortgeschritten und verändert, gerade so wie es in Deutschland auch keine Taciteischen Germanen mehr gibt. Von den Franzosen heißt es jetzt öfter, sie seien im Abnehmen begriffen, sie haben aber noch nicht ausgespielt und können noch manchen neuen Ansatz in ihrer Kulturentwicklung nehmen.«[5]

Sybels Ausführungen haben etwas beklemmend Doktrinäres. Alles ist gewusst. Die Prämissen werden gar nicht erst überdacht. Riehl hingegen fragt und will unterscheiden, denn es ist in der Tat fragenswert, welche Nationalität gemeint sei, denn das konnte nach damaligem Verständnis außer der deutschen durchaus auch die bayerische sein. Um die Mitte des 19. Jahrhunderts waren die Begriffe »Nation« und »Deutschland« noch keineswegs zwingend aneinander gebunden, wie allein die bayerische Politik unter Maximilian II. beweist.

Riehl beeindruckte den König so nachhaltig, dass dieser ihn auf den 6. Januar 1854 zum Ehrenprofessor in der Staatswirtschaftlichen Fakultät ernannte, der »Vorlesungen über Staatswissenschaft, Staatskunst, Gesellschaftswissenschaft, Volkswirtschaft und Kultur- und Staatengeschichte« halten sollte, wie der Erlass wörtlich definierte.[6] Darin bekundete sich nun wahrlich kein scharfes Profil. Der König erfüllte damit eine Bedingung

---

[5] Vgl. Manfred Pix (Hg.): Die Symposien König Max II. von Bayern mit Ausführungen über die Symposien seit Platon, Neustadt a. d. Aisch 2001, S. 544.
[6] Vgl. die Ernennungsurkunde im Universitätsarchiv München, Litt. E, Abt. II, Fasz. 659.

Riehls, welche dieser für sein Kommen nach München gestellt hatte. Das schien für die Universität zunächst nicht problematisch gewesen zu sein.

Riehl hielt seine Antrittsvorlesung über »Ethnographie von Deutschland«. Er las mit einunddreißig Jahren als jüngster Professor und nahm sich sogleich ein Programm vor, das für einen jungen Wissenschaftler ungewöhnlich erscheinen musste. Er beschrieb die Fortschritte der Geografie und Geologie, welche gegenwärtig »die Erde in ihrer Totalität, als einen Organismus« begriffen. Ähnliches müsse die Ethnografie anstreben, also die Wissenschaft, welche sich mit den Völkern beschäftige. Auszugehen habe man von den geografischen Verhältnissen Deutschlands, dem Reichtum der Bodenbildung, der auch den politischen und sozialen Organismus beeinflusse. Man kann in

Felix Dahn

diesem Ansatz alte Herder'sche Gedanken und die Tradition der universalen Kameralwissenschaften erkennen; man kann hierin aber auch die Initialzündung zu einer neuen interdisziplinären historischen Sozialwissenschaft entdecken.

Die Universität München tat sich aber außerordentlich schwer mit dem nächsten Schritt. Nachdem sich Riehl in den Augen Maximilans hervorragend bewährte, fragte der König bei der Universität an, welche Fakultät einen Ordinarius Riehl aufnehmen könne. Er holte sich reihum einen Korb nach dem anderen. Die Juristische Fakultät hatte es entschieden abgelehnt, Riehl zum Ordinarius für Polizeiwissenschaft zu machen, wobei man bedenken muss, dass hier noch die alte Bedeutung von allgemeiner Verwaltungslehre mitschwang.

Die Staatswirtschaftliche Fakultät war einstimmig der Meinung, Riehl eigne sich nach seinen schriftstellerischen Leistungen zu urteilen überhaupt nicht für sie. Nur eine Stimme konzedierte, wenn Riehl selbst den Wunsch hege, im Fach Nationalökonomie als Lehrer aufzutreten, dürfe man von seinem schönen Talente hoffen, dass er sich in kurzer Zeit dieser Wissenschaft ganz bemächtigen werde; jetzt besitze er aber noch keine

Lehrfähigkeit darin. Besser eigne er sich für die Philosophische Fakultät. Hierauf heißt es wörtlich im gutachtlichen Bericht des Senats an den König: »Die philosophische Fakultät ihrerseits gibt den ihr von der staatswissenschaftlichen Fakultät gemachten Vorschlag mit Dank zurück, indem sie sich gegen jede derartige Insinuation [zu Deutsch: Unterstellung] verwahrt. Die genannten Fächer der Ethnographie und Kulturgeschichte seien nichts anderes als Hilfsfächer der Geschichte, diese aber sei bereits durch vier ordentliche und einen außerordentlichen Professor so reichlich vertreten, daß zu einer weiteren Professur wahrlich kein Bedürfnis vorhanden sei.«[7] Der Akademische Senat schloss einstimmig mit dem Rat, »wenn Dr. Riehl der gelehrten Laufbahn sich widmen und eine ordentliche Professur erstreben wolle, es ihm gefallen möge, durch irgend eine streng wissenschaftliche Leistung uns in den Stand zu setzen, ein begründetes Urteil über ihn abgeben zu können.«[8]

Klar gesprochen war das eine extreme Brüskierung des monarchischen Wunsches – einstimmig! Maximilian ließ erst noch einige Zeit verstreichen, dann aber erwies er sich nicht als der Skrupulant, als der er gemeinhin gilt. Wörtlich entschied er am 8. Februar 1859: »Wir haben beschlossen, den Ehrenprofessor Dr. Wilhelm Heinrich Riehl vom 1. März 1859 anfangend in provisorischer Eigenschaft zum ordentlichen Professor der Kulturgeschichte und Statistik an der staatswirtschaftlichen Fakultät zu ernennen.« Wie sich das Urteil der Fakultät und der Universität dann insgesamt wandelte, zeigte ihre Bereitschaft, ihn zweimal – 1873 und 1883, also nach dem Tod seines königlichen Gönners – zum Rektor zu wählen. Und nach dem Tod Riehls mahnte die Staatswirtschaftliche Fakultät in ihrem Antrag auf Wiederzuweisung der Professur, dass der Verlust, »falls er nicht durch eine Kraft von gleichem Ansehen ersetzt würde, in ihrem wissenschaftlichen Bestand auf das Empfindlichste herabmindern würde.« Riehl habe die Stelle »zum Ruhme Bayerns und der Universität München bekleidet«.[9] Die Fakultät schlug folgende Berufungsliste vor: 1. Eberhard Gothein, 2. Georg Friedrich Knapp, 3. Karl Lamprecht, 4. Max Weber. Es wird darin deutlich, dass sie den kulturgeschichtlichen Schwerpunkt durchaus noch im Auge hatte, die Wirtschaftsgeschichte aber favorisierte.

Schon die Zuordnung Riehls zu einer Fakultät erwies, wie wenig er sich in den vorhandenen Fächerkanon fügte. Auch wenn der König nur

---

[7] Vgl. Universitätsarchiv München Y–XVI-6, Bd. 1.
[8] Ebd.
[9] Ebd.

wissenschaftlicher Laie war, gab er doch einen überraschend modernen, wissenschaftspolitisch weit tragenden Anstoß. Denn Riehl wurde zum Begründer einer innovativen »Volkskunde«. Der traditionellen romantischen Prägung fern stehend, gab er dem neuen Blick auf die Geschichte des »Volkes« eine kulturgeschichtliche Basis. Riehl blickte wach und kritisch auf die sozialen Verhältnisse. Er grenzte sich entschieden ab von dem romantisierenden Blick auf das Bauerntum. Nirgends ist bei ihm von idealer germanischer Vorzeit und altdeutscher Freiheit die Rede. Gegenwartsbezogen und empirisch urteilte er im Gegenteil:

»Dem Bauersmann ist die Familie heilig, aber die zärtliche Eltern-, Geschwister- und Gattenliebe, wie wir sie bei den Gebildeten voraussetzen, werden wir bei ihm vergebens suchen. […] Ebenso zeigt sich geschwisterliche Liebe während und nach der Verlosung des elterlichen Gutes in der Regel nicht im glänzendsten Licht. Die Ehe faßt der Bauer aus einem sehr nüchternen Standpunkte. Die Mädchen auf dem Lande heiraten meist sehr frühe, die ersten Jahre der Ehe sind für sie eine Kette von Arbeit und Mühsal; sie werden rasch alt und häßlich. Von der Romantik einer Bauernehe, wie sie die Dorfnovellisten ausmalen, wird dabei nicht viel zu verspüren sein. […] Indem unsere Dorfpoeten ihr eigenes Gefühlsleben auf den Bauer übertrugen, verwischten sie gerade einen seiner hervorragendsten Züge, daß nämlich bei ihm die gattungsmäßige Sitte an die Stelle des individuellen Gefühls tritt.[…] Wenn der Bauer in der Pflege des intellektuellen und gemütlichen Lebens hinter den sogenannten Gebildeten zurücksteht, so übertrifft er sie jedenfalls an Nervenstärke, und das ist meines Erachtens auch eine geistige Überlegenheit.«[10]

Wenn man fragt, wie Riehl zu seinem Urteil über den Bauern gelangt, muss man feststellen, dass er eben nicht sein »eigenes Gefühlsleben auf den Bauern« übertrug, sondern dessen Wahrnehmungsweise, dessen Lebensstil beobachtete und schlicht – gleichsam aus der Sicht eines Reporters – referierte. Das hört sich dann so an: »Der Bauer von echtem Schrot und Korn beneidet den vornehmen Mann keineswegs, erhält ihn vielmehr immer für etwas windig und unsolid. Die Geschichte weiß von Bauernaufruhr aller Art zu berichten, durch welchen der viel geschundene und geplagte Landmann sein Geschick zu bessern gedachte; aber ein Streben der Bauern, aus ihrem Stand und Beruf herauszutreten, vornehme Leute werden zu wollen, den Pflug liegen zu lassen, um etwa das ruhigere Ge-

---

[10] Wilhelm Heinrich Riehl: Die bürgerliche Gesellschaft, Stuttgart ⁶1866, S. 59–61 sowie Peter Steinbach (Hg.): Wilhelm Heinrich Riehl. Die bürgerliche Gesellschaft, Frankfurt a.M./Berlin/Wien 1976, S. 70f.

schäft eines Rentiers und Kapitalisten oder eines Pariser Staatsfaulenzers zu ergreifen, ein solches Streben ist bei den deutschen Bauern ganz unerhört. Dagegen liegt gerade die bewegende Federkraft der sozialen Unruhen in den niederen Schichten der städtischen Gesellschaft darin, daß immer der geringere Stand und Beruf den höheren beneidet und in seine Stelle einrücken möchte, daß der geringere Arbeiter sich seines Berufes schämt. Der Fabrikarbeiter, der Handwerker wünscht nicht etwa bloß seinen Arbeitsverdienst erhöht – das wünscht der Bauer auch –, er will aufhören Fabrikarbeiter, Handwerker zu sein, er schämt sich dessen, er möchte ein großer Herr werden.«[11]

Riehl folgte dem, was Ethnologen heute die »teilnehmende dichte Beschreibung« nennen. Selbst vor dem König verbarg er nicht seine kritischen Beobachtungen, die gegenüber den Oberbayern besonders harsch ausfielen. In einem Gutachten beschrieb er diese folgendermaßen:

»Allein hier muß ich dann sogleich gestehen, daß mir das Studium des altbayerischen Volkes schwerer geworden ist, als das irgend eines anderen deutschen Stammes. Denn unser hiesiger Bauer ist spröde, abschließend, unzugänglich, ungesprächig, mißtrauisch gegen jeden Fremden. Sehr entschieden gilt dies für die Hochflächenzone, minder für das Hochgebirge. Mit den mittel- und selbst norddeutschen Bauern kommt man in sechs Wochen weiter, als ich es mit den bayerischen in nahezu sechs Jahren gekommen bin.« Und weiter klagt er: »Der Altbayer ist, im Vergleich zum Rheinländer, träge, behäbig, er tut in der Regel nur so viel als er tun muß«.[12]

Es fragt sich, ob Riehl als gebürtiger Rheinländer tatsächlich den vollen oberbayrischen Dialekt verstanden hat, denn es ist dabei mit einigen Wanderreisen nicht getan. Wie auch immer: die kritischen Urteile Riehls bezeugen jedenfalls, dass er nicht dazu neigte, bäuerliches Leben zu glorifizieren.

»Kulturgeschichte«, wie Riehl sie betrieb und verstand, rang zugleich um den richtigen Weg zur Vergangenheit, war stets auch methodische Auseinandersetzung. Riehl grenzte sich bewusst ab von Historikern, die in seinen Augen sogenanntes »antiquarisches Wissen« produzierten, wie es Nietzsche später benannte. Bereits als Zwanzigjähriger erklärte er 1843 in der »Mannheimer Abendzeitung«:

»Unter Wissenschaft verstehen wir aber freilich nicht jene abstruse Gelehrsamkeit, die hinter dickleibigen Folianten hockt und jedes Vier-

---

[11] Vgl. W. H. Riehl (wie Anm. 10), S. 57f. sowie P. Steinbach (wie Anm. 10), S. 69.
[12] Hans Moser: Wilhelm Heinrich Riehl und die Volkskunde. Eine wissenschaftsgeschichtliche Korrektur, in: Jahrbuch für Volkskunde Neue Folge 1 (1978), S. 26.

teljahr einmal mit ihrer staubigen Hornbrille in das frische freie Leben hinauslugt, aber hurtig den geblendeten Blick wieder weg wendet, weil ihre Maulwurfsaugen das fröhliche Sonnenlicht und den hellen, blauen Tageshimmel nicht vertragen können; vielmehr denken wir an jene freie, das Leben gerade nach allen Beziehung erfassende Wissenschaft, wie sie, vorzugsweise ein Kind unserer Zeit, täglich weitere Bahn sich bricht.«[13]

1859 präzisierte er diese Anschauung, indem er das, was der Historiker als »Quelle« begreife, in Frage stellte:

»Ich glaube, es gibt wenige Zweige der historischen Wissenschaften, denen es noch so reichlich vergönnt ist, aus unmittelbaren Quellen zu schöpfen, wie der unsrigen [er bezog sich hier auf die Volkskunde]. Doch meinen noch immer manche gelehrten Leute, wenn Einer etwa auf einem alten Schweinsleder eine neue Notiz über das Volksleben unserer Urahnen aufspürt, so sei das allerdings Quellenforschung; wenn aber Einer eine gleichwichtige und neue Notiz über das Volksleben unserer Zeitgenossen aus der unmittelbaren Anschauung des Lebens mit nach Hause bringt, so könne man dies doch nie und nimmer Quellenforschung heißen. Genau genommen finde ich aber zwischen Beiden doch eigentlich nichts Unterscheidendes als das Schweinsleder.«

Das bedeutet nichts anderes als: Der Historiker kann als teilnehmend Beobachtender aus den in der Gegenwart erhaltenen materiellen Gütern und kulturellen Überlieferungen die Vergangenheit »lesen«. Und hier wird Riehl in einem Maße spannend, dass man sich heute verwundert die Augen reibt. Möbel, Architektur, Worte des Dialekts, Rituale, Zeremonien, Bräuche, Gewohnheiten sind Träger historischer Botschaften; man muss sie nur entziffern können, ja sogar die Landschaft, wie sie geworden ist.

Auch seiner Epoche – die ja auch gleichzeitig diejenige des nachrevolutionär agierenden König Maximilians II. war – beurteilte er hellsichtiger als die meisten seiner Zeitgenossen. Er akzeptierte für die 1850er- und 1860er-Jahre das Etikett der »Reaktionszeit«, aber er relativierte es in vielsagender Weise:

»Man bezeichnet diese Jahrzehnte mit dem gangbaren, aber nicht ganz zutreffenden Ausdrucke ›Die Reactionszeit‹. […] Denn wenn auch Deutschlands innere und äußere Politik damals einem Rückschlage verfallen war, so arbeitete doch neben dieser staatlichen Reaction eine wunderbar gärende, treibende Tatkraft des Volkes im Reiche der sozialen, wissenschaftlichen, künstlerischen und ökonomischen Reform. […] Ich

---

[13] Vgl. V. v. Geramb (wie Anm. 2), S. 117.

möchte darum vom umfassenden kulturgeschichtlichen Standpunkt aus jene Jahrzehnte vielmehr eine Zeit der ringenden ›Vorarbeit‹ nennen als des trägen Rückschlages ... Die fünfziger Jahre waren für Deutschland eine schwüle, lastende Zeit, vergleichbar mit der heißen Mittagsstunde, wo der Tag still zu stehen scheint; aber er steht nicht still, heimliches Leben webt in der täuschenden Ruhe.«[14]

Die heute akzeptierte Charakterisierung dieser Epoche spricht deshalb auch nicht mehr von »Reichsgründungszeit« oder »Reaktionszeit«, sondern von »Gesellschaft im Aufbruch« und wird darin der Zwiespältigkeit der Epoche gerecht, in der staatliche und gesellschaftliche Tendenzen gegenläufig waren. Seine Kongenialität mit dem König beruhte auf einer Grundanschauung, um die der König bemüht war: um sein »soziales Königtum«, wie es der kluge Zeitbeobachter Lorenz von Stein ausgedrückt hat. Beide teilten die Erfahrung der Krise der Moderne, kulminierend in der Revolution von 1848/49. Der König war von Riehl fasziniert, weil er in seinen Grundgedanken eine konservative und zugleich soziale Option der Herrschaft erblickte. Hätte er mehr Entschlusskraft besessen, wäre daraus ein plebiszitäres Königtum erwachsen, wie es mächtigere Zeitgenossen vorführten, etwa der französische Nachbar im Westen, Kaiser Napoleon III., der – die alten höfisch-aristokratischen Fesseln hinter sich lassend – zugleich das moderne parlamentarische Prinzip paralysierte, eine zweifellos nicht unproblematischer Umgang mit den Herausforderungen der Revolution.

Darin liegen auch bei Riehl die zeitbedingten Grenzen und interesseabhängigen Engführungen. Dessen ungeachtet ist er ein Beobachter, der mehr und tiefer in die gesellschaftlichen Krisen und Spannungsfelder schaute als die Großen wie Heinrich von Sybel oder Heinrich von Treitschke, denen das »Volksleben« – die konkreten gesellschaftlichen Verhältnisse – ziemlich gleichgültig waren.

Riehl hatte sich ein Häuschen mit Garten in der Gartenstraße, der späteren Kaulbachstraße, hinter der Staatsbibliothek gekauft. Hier lag sein Lebensmittelpunkt, und in einem Dankschreiben an den Münchner Magistrat bekannte er, was ihm München bedeutete, auch wenn er früher einmal über die Münchner gegrantelt hatte: »München gehört die längste und glücklichste Zeit meines Lebens, und ich war immer stolz darauf, nicht bloß Einwohner, sondern auch Bürger dieser Stadt zu sein. Vor bald vierzig Jahren kam ich als ein Fremder hierher, wurde aber nirgends als

---

[14] In: »König Maximilian von Bayern. Aus der Erinnerung gezeichnet«, abgedruckt im Historischen Taschenbuch 13.2.1872, zit. nach V. v. Geramb (wie Anm. 2), S. 404.

ein Fremder angesehen, sondern überall so freundlich aufgenommen, wie wenn ich ein Münchener Stadtkind und Bayrisches Landkind gewesen wäre. So fühlte ich mich bald heimisch und war stets bemüht, meine neue Heimat hochzuhalten, ihr nach Kräften Ehre zu machen und ihre Gastlichkeit dankend anzuerkennen.«[15]

Riehl starb am 16. November 1897 und wurde auf dem Münchner Nordfriedhof beerdigt. Das letzte öffentliche Zeugnis seiner Person, der Grabstein, trägt die schlichte, apokryph wirkende Inschrift: »Off. Joh. XIV, 13«. Aufgelöst bedeutet diese Abkürzung den Verweis auf die Offenbarung des Johannes 14, Vers 13, welche verkündet: »Und ich hörte eine Stimme vom Himmel zu mir sagen: Schreibe: Selig sind die Toten, die in dem Herrn sterben von nun an. Ja, der Geist spricht, daß sie ruhen von ihrer Arbeit; denn ihre Werke folgen ihnen nach.« Das letzte Gedenken des Grabsteins hält die Rastlosigkeit dieses Lebens in Erinnerung, und er hebt nicht die Hoffnung auf das ewige Leben hervor, sondern die Sehnsucht nach Ruhe. Trotzdem soll dieses Leben nicht dem Vergessen anheim gegeben werden. Nicht im Himmel gibt es nach Riehls Wunsch das Weiterleben, sondern auf irdische Weise in seinen Werken.

Literaturhinweise

Bavaria in zehn Teilbänden, Bd. 1–4, München 1860–67.
Geramb, Viktor von: Wilhelm Heinrich Riehl. Leben und Wirken (1823–1897), Salzburg 1954.
Hartinger, Walter: König Max II. und die bayerische Volkskultur, in: Zeitschrift für bayerische Landesgeschichte, Bd. 52 (1989), S. 353–372.
Pix, Manfred Pix (Hg.): Die Symposien König Max II. von Bayern mit Ausführungen über die Symposien seit Platon, Neustadt a. d. Aisch 2001.
Riehl, Wilhelm Heinrich: Ein ganzer Mann, Bayreuth 1943. (Erstausgabe 1897)
Siemann, Wolfram: Gesellschaft im Aufbruch. Deutschland 1849–1871, Frankfurt a. M. 1990.

---

[15] Vgl. Wolfram Siemann: Gesellschaft im Aufbruch. Deutschland 1849–1871, Frankfurt a. M. 1990 sowie V. v. Geramb (wie Anm. 2), S. 505, anlässlich des siebzigsten Geburtstags von Riehl am 6.5.1893.

Hiltrud Häntzschel

»... zu Deiner und allerdings auch zu *seiner* Ehre ...«

Die Berufung von Emanuel Geibel (1815–1884) und Paul Heyse (1830–1914) nach München

Berlin, Winter 1853/54: Ein junger Mann, auffällig gut aussehend, gewandt auf dem gesellschaftlichen Parkett, eloquent und hochbegabt, früh schon als literarisches Wunderkind bestaunt, sieht sich nach seinem Romanistikstudium und einem einjährigen Bildungsaufenthalt in Italien genötigt, die gewünschte Schriftstellerlaufbahn beiseite zu stellen und sich einem Brotberuf zuzuwenden: »Denn was ich an novellistischen, lyrischen und dramatischen Fundstücken nach Hause mitbrachte, war nicht der Art, mich der Sorge um das tägliche Brot zu überheben: kein Roman, der viele Auflagen, kein Drama, das reiche Tantiemen versprach. Zudem, auch wenn ich für mich allein verwegen genug gewesen wäre, mich auf gut Glück als ›Schriftsteller‹ zu etablieren, ich hatte eine Braut, der ich es so wenig wie ihren Eltern zumuten konnte, sich auf ein so leichtsinniges Abenteuer einzulassen. [...] So ging ich denn seufzend daran, meine handschriftliche Ausbeute zu verwerten [...]«.[1] Bei diesen enttäuschenden Zukunftsaussichten erreicht ihn, Paul Heyse, im März 1854 ein Brief des kulturpolitischen Beraters König Maximilians II. von Bayern, des königlichen Beraters Wilhelm von Doenniges:

Paul Heyse, um 1860

---

[1] Paul Heyse: Jugenderinnerungen und Bekenntnisse, in: Paul Heyse: Gesammelte Werke, Dritte Reihe, Bd.1., Stuttgart/Berlin 1924, S.168.

München, 7.3.1854

Se. Majestät der König Maximilian von Bayern haben mir den Auftrag ertheilt, an Sie die Frage zu richten, ob Sie geneigt wären, nach Bayern und zwar nach München überzusiedeln, wenn Ihnen eine jährliche Pension von etwa mindestens 1000 Gulden auf die Civilliste von Sr. Majestät Zeitlebens verschrieben würde. Se. Majestät haben die Absicht, noch mehrere ausgezeichnete Talente der deutschen Litteratur hieher zu ziehen, und denselben die Gelegenheit freier Entwicklung zu geben. [...] Sie würden im Falle der Annahme und Ihrer Uebersiedlung hieher keine weitere Verpflichtung als die des hiesigen Aufenthalts zu übernehmen haben und zwar auch nur in den Zeiten des Jahres, so Se. Majestät sich hier in München befinden. Sonst würden Sie ganz freier Herr Ihrer Zeit bleiben. Die ganze Intention Sr. Majestät besteht, wie gesagt, darin, Männern der Wissenschaft und Kunst eine großherzige Unterstützung zur Entwicklung der Kräfte zu geben und selbst allerdings auch an den Genüssen eines geistigen Umgangs Theil zu nehmen.«[2]

Paul Heyse – Theodor Fontane nennt ihn 1967 in der »Gartenlaube« den »Liebling der Musen« – hatte das Glück, an den entscheidenden Stationen seines Lebens außerordentlich günstige Bedingungen anzutreffen. Der zweite Sohn von Karl Heyse, außerordentlicher Professor für klassische Philologie und Sprachwissenschaft an der Berliner Universität, fand schon im Elternhaus eine Atmosphäre vor, in der kultivierte Geselligkeit, geistig-literarischer Austausch, die Anteilnahme an Musik und bildender Kunst Selbstverständlichkeiten waren. Die temperamentvolle Mutter Julie Saaling (vor ihrem Übertritt zum Christentum hieß die jüdische Hofjuweliersfamilie Salomon) war mit der Familie Mendelssohn-Bartholdy verwandt und stand mit den führenden jüdischen Salons in Berlin (Hensel, Varnhagen, Levy) im geselligen Verkehr. Schon während Heyses müheloser Schulzeit am Berliner Friedrich-Wilhelm-Gymnasium entstanden erste literarische Versuche, auf die Emanuel Geibel aufmerksam wurde, die erste jener glücklichen Weichenstellungen in Heyses Leben. Denn aus der Förderung und strengen Schulung des Frühbegabten durch den fünfzehn Jahre Älteren und schon Berühmten sollte eine lebenslange freundschaftliche Bindung und ein gemeinsames literarisches Arbeiten

---

[2] Sigrid von Moisy: Paul Heyse. Münchner Dichterfürst im bürgerlichen Zeitalter. Ausstellung in der Bayerischen Staatsbibliothek 23. Januar bis 1. April 1981, München 1981, S. 48.

erwachsen. Diese Bindung war von Anfang an und durch viele Jahrzehnte gemeinsamen Dienstes an der Dichtung geprägt von der Überzeugung beider von der elitären Stellung des Dichters in der bürgerlichen Gesellschaft.

Die Freundschaft zum Haus des Kunsthistorikers Franz Kugler brachte Heyse in Kontakt mit Kuglers Studenten Jacob Burckhardt, mit Adolph Menzel, Theodor Fontane und Theodor Storm, ebenso mit seiner zukünftigen Frau, der Tochter Franz Kuglers, Margarete, schließlich mit der literarischen Vereinigung »Tunnel über der Spree«, einem neben Berühmtheiten wie Fontane überwiegend konservativen Dichterkreis älterer dilettierender Schriftsteller. Rasch fand der zwanzigjährige Student als Jungstar breite Anerkennung: »Heyse wurde sofort zum Mittelpunkt der Unterhaltung. Selbst Personen, die nur ungern auf ihr Rederecht Verzicht leisteten, ergaben sich ihm bald; auch der Eitelste empfand es als ein Vergnügen, ihn sprechen zu hören; man kam stillschweigend überein, ihn gewähren zu lasen. [...] Er durfte Alles sagen, Richtiges und Falsches. Sein rein auf die Sache gerichteter Eifer, dazu die Eloquenz der Form söhnten mit *jedem* Inhalt aus.«[3]

Nach vier Semestern Studium der Klassischen Philologie in Berlin wechselte Heyse Fach und Studienort (Kunstgeschichte und Romanistik in Bonn) und promovierte 1852 mit einer Arbeit über die Lyrik der Troubadours.

Wem er die Fürsprache zu seiner Berufung nach München mitten in der ungeliebten Arbeit an der Habilitation zu verdanken hatte, ahnte er rasch. Emanuel Geibel, für Maximilian der erste unter den zeitgenössischen deutschen Dichtern und damit Signum für seinen Literaturgeschmack, war bereits zwei Jahre zuvor von dem Monarchen auf eine wohl dotierte Ehrenprofessur für deutsche Literatur und Poetik nach München geholt worden. Mit dieser und den folgenden Berufungen setzte Maximilian, der selbst dichtete und bereits Lyrik veröffentlicht hatte, seinen Wunsch in die Tat um, die von ihm für einen Landesherrn ungewöhnlich hochgeschätzte Literatur ins Zentrum seines Lebens zu stellen, sich über die Literatur durch die besten Kenner zu unterrichten und stets auf dem Laufenden halten zu lassen. Während Geibel freilich bereits umfangreiche Gedichtsammlungen vorweisen konnte (unter anderem »Gedichte«, in der 3. Auflage von 1844 mit dreihundertdreiundvierzig Seiten und die »Juniuslieder« von 1848 mit etwa demselben Umfang, außerdem Über-

---

[3] Theodor Fontane: Ein Liebling der Musen, in: Die Gartenlaube 15 (1867), S. 564–568, hier S. 566.

setzungen und Theaterstücke), besaß Heyse mit seinen wenigen Veröffentlichungen noch keinerlei Profil als Dichter. Einzig die Sammlung »Spanisches Liederbuch«, gemeinsam übersetzt und 1852 herausgegeben von Emanuel Geibel und Paul Heyse, wies ihn als Kenner der Lyrik und in seiner Begabung als Literaturvermittler aus. »Er« – Geibel, so erinnert sich Heyse später, »hatte in seinem guten Glauben an meinen Stern meine Berufung beim König durchgesetzt, obwohl von dem wenigen, was ich bisher veröffentlicht hatte, kaum ein oder das andere Stück dem erlauchten Freunde der Dichtkunst, wie ich ihn später kennen lernte, so recht nach dem Sinne sein konnte. Der König aber, der Geibel als Dichter unbedingt verehrte, hatte auch zu seinem Urteil und der Lauterkeit seines Charakters das festeste Vertrauen, und so wurde auf Geibels ehrliches Gesicht hin das Berufungsdekret unterzeichnet, durch das mir in der bayerischen Hauptstadt eine zweite Heimat bereitet wurde.«[4]

Vergleicht man diese Berufung Heyses mit der Goethes nach Weimar – und das ist oft genug auch durch Heyse selbst geschehen –, so zeigen sich die eklatanten Unterschiede auf zwei Seiten. Einerseits ist die Stellung des bayerischen Königs ungleich bedeutender als die des Duodezherzogs Carl August von Sachsen-Weimar-Eisenach, auf der anderen Seite ist Goethe bei seiner Ernennung zum Geheimen Legationsrat in Weimar 1776 voll ausgebildeter und staatspolitisch interessierter Jurist, durch seine Beiträge in den »Frankfurter Gelehrten Anzeigen« eine wichtige Stimme im Literaturbetrieb und mit »Götz von Berlichingen«, »Clavigo« und vor allem dem Roman »Die Leiden des jungen Werthers« bereits Bestsellerautor von europäischem Zuschnitt. Und Carl August beruft ihn in ein Staatsamt und beteiligt ihn an den Regierungsgeschäften. »Du fragst, was man von Dir verlangt und erwartet?« Diese Frage beantwortet Geibel dem staunenden und unsicheren Freund kurz und bündig: »Ganz einfach. Nichts als Dich. Der König wünscht, dass Du Dich als Mensch und Dichter (der Gelehrte läuft nebenher) zu Deiner und allerdings auch zu *seiner* Ehre gedeihlich fortentwickeln mögest, und wir alle hoffen, dass Du in Deinem neuen geistigen Leben, das sich hier mächtig zu rühren beginnt, ein frisches und tüchtiges Element sein werdest.«[5]

Frisch verheiratet, übersiedelt Heyse im Mai 1854 nach München, kann dem König bei der ersten Audienz auch gleich seine neuesten Dichtungen »Hermen« überreichen. Neben dem Freund Geibel und den Gelehrten findet er als berufene Literaten den Lyriker und Reiseschriftsteller Fried-

---

[4] P. Heyse (wie Anm. 1), S. 169.
[5] Geibel an Heyse nach dem 15.3.1854, zit. nach S. v. Moisy (wie Anm. 2), S. 50.

Emanuel Geibel, um 1860

rich Bodenstedt vor, der zugleich auf eine Professur für slawische Philologie an die Universität berufen war; im Sommer 1854 stößt Adolf Friedrich Graf von Schack zu Maximilians Dichterkreis. Das Münchner Hoftheater leitet Franz Dingelstedt, mit dem Heyse geselligen Austausch pflegt. Freilich muss er schon bald feststellen, dass die Anwesenheitspflichten bei den geselligen Zusammenkünften, bei denen Maximilian II. sich über wissenschaftliche und literarische Fragen sowie belletristische Neuerscheinungen zu unterrichten wünscht, doch weit erheblicher sind als zunächst versprochen. Als Einladungen »zum Billard« in die Grüne Galerie der Residenz ausgesprochen, finden diese »Symposien« in den ersten Jahren mehrmals in der Woche, zuweilen jeden zweiten Tag statt, und als Heyse 1856 auch noch als Protokollführer einspringen muss, denn der König wünschte die Erträge dieser Symposien nachzuarbeiten, da wird ihm diese Last denn doch zu viel: »Keinen Tag vor Mitternacht zu Bett.«[6]

Wie intensiv das Interesse des Königs an der Dichtung war, bezeugen die Symposienprotokolle, die darin aufgeführten Gesprächsthemen und die darüber schriftlich abgefassten Ausarbeitungen der Gespräche, die für den König angefertigten Literaturlisten, die Tagebücher Paul Heyses, die vielen erhaltenen Gutachten über eventuell zusätzlich zu berufende Dichter, hier findet man die Namen von Gustav Freytag, Friedrich Hebbel und Otto Ludwig, von Levin Schücking, Grillparzer, Eichendorff, Storm, Fontane und Mörike.[7] Zu all diesen erwogenen Berufungen kam es nicht, sie hätten freilich auch eine ganz andere Dichtung in den Kreis der Münchner Poeten gebracht.

Man kann sich die Abendunterhaltungen fast wie lockere Seminarsitzungen vorstellen; Kurzreferate und anschließende Diskussionen über

---

[6] An seine Mutter, 5. Mai 1856, zit. nach S. v. Moisy (wie Anm. 2), S. 56.
[7] Karl-Heinz Fallbacher: Literarische Kultur in München zur Zeit Ludwigs I. und Maximilians II., München 1992, S. 92 f.

»antike Dichtkunst«, über »Richtungen und Gegensätze der heutigen Dichtkunst«, über die literarischen Gattungen, über den »Zeitgeist«, über »historische Romane«, über »Schiller«, über das »Verhältnis von historischer Wirklichkeit und dichterischer Wirklichkeit«, den »Gegensatz von Confesions-Lyrik und Contemplationslyrik«[8] belegen die Bandbreite der königlichen Wissbegier in litteris.

Der Wechsel von Berlin nach München bedeutete für Heyse so etwas wie einen Kulturschock. Es gab kein nennenswertes Verlagswesen, einen nur sehr bescheidenen provinziellen Buchhandel, keinen überregionalen Journalismus noch gar eine lebendige Literaturkritik. Und Heyse vermisst jene häusliche Gastfreundschaft und Geselligkeit gebildeter Bürgerkreise, denen er in Berlin so viele Kontakte zu verdanken hatte. Aber er ist entschlossen, die guten Seiten der Münchner Lebensart zu schätzen: »Desto liebenswürdiger erschien uns hier im Süden gegenüber der strengen Sonderung der Stände, die in der Heimat herrschte, der freiere Verkehr der verschiedenen Gesellschaftsklassen untereinander an öffentlichen Orten, der schon an Italien erinnerte.« Es ist die »demokratisierende Macht des Bieres«, der er diese liberale Annäherung geschuldet sieht.[9] Als äußerst schwierig erwies sich die Verständigung zwischen den aus dem Norden Deutschlands Berufenen, der »Fremdenkolonie«, und den Einheimischen: »Einerseits wurden die Neuberufenen von den Münchnern mit Misstrauen und Ungastlichkeit, zum Teil sogar mit Neid empfangen, andererseits fehlten jene doch in noch größerem Maßstab darin, dass sie den vorgefundenen Kräften mit kühler Geringschätzung, ja zum Teil mit herausfordernder Anmaßung entgegentraten.«[10]

Während Geibel immer wieder arrogantes Auftreten vorgeworfen wird, ist Heyse von Anfang an um eine Verständigung mit den eingesessenen bayerischen Schriftstellern bemüht. Was er in Wahrheit von ihnen hält, erzählt er nur privat den Eltern in Berlin: »Auch will ich dem früheren hiesigen Dichterverein [der Verein der »Zwanglosen«, gegründet 1837, seine Mitglieder sind mehrheitlich Nebenstundenpoeten und stammen aus adligen Kreisen] einen Schritt entgegenthun, der für sich bleibt und brummt, woran er sehr thöricht handelt. Ich käme nicht zu Ende, wenn ich Euch all die wunderlichen Käuze schildern wollte, die hier als Bastarde Apollo's herumlaufen. Meistentheils haben sie früher einmal eine Rolle

---

[8] Ebd., S. 149–152.
[9] P. Heyse (wie Anm. 1), S. 172.
[10] Felix Dahn, zit. nach Johannes Mahr (Hg.): Die Krokodile. Ein Münchner Dichterkreis. Texte und Dokumente, Stuttgart 1987, S. 16.

gespielt und fressen nun in legitimistischem Ingrimm wie eine heruntergekommene Dynastie ihr eigen Herz. Andere glauben recht süddeutsch zu dichten, wenn sie sich möglichst wenig dabei denken.«[11] Aber eine Verständigung kommt zunächst nicht zustande, vereitelt auch durch Geibels pikierte Reaktion auf gutgemeinte Spottverse wie die des Redakteurs der »Allgemeinen Zeitung«, August Joseph Altenhöfer, der aber auch die anderen Mitglieder aufs Korn nahm:

»Deine Minne, keusch, geschlechtslos fast, wie ein Mosa'scher Engel,
Statt der glühend roten Rosen trägt sie Josephs Lilienstengel;
Ach! Das duftet! Ach, das säuselt, und kein Weiblein geht dir fehl,
Tugendsamer Rattenfänger, Gott mit uns – Emanuel!«[12]

Aber Heyse gibt in seinem Bemühen, um die Berufenen einen literarischen Zirkel mit den Einheimischen zu bilden, nicht auf. Schließlich findet er in dem zwischen einer Maler- und einer Schriftstellerlaufbahn schwankenden Julius Grosse einen Verbündeten und kann Geibel nach heftiger Gegenwehr überreden, bei der Gründung eines Dichterkreises nach dem Vorbild des Berliner »Tunnel« sich zu beteiligen, der allerdings von Anfang an auf einen professionelleren Austausch angelegt war: Im November 1856 trifft man sich zur Gründungsversammlung und gibt sich (nach Hermann Linggs Gedicht »Das Krokodil von Singapur«) den Namen »Krokodil«. Heyse und Geibel besorgen die Redaktionsgeschäfte, Heyse fungiert als Präsident. Erstes Ziel ist eine gemeinsame Anthologie. Keiner der eingereichten Texte passiert ohne Geibels kritischen Blick und seiner strengen Bearbeitung, seinen Glättungen und Korrekturen.

Mit dem von ihm herausgegebenen »Münchner Dichterbuch« (erschienen nach langer Vorarbeit 1862 bei Kröner in Stuttgart) stellt sich der »Krokodil«-Kreis dann erstmals als Ensemble von sechzehn Autoren der Öffentlichkeit vor. Geibels Eingriffe galten einer Homogenisierung der Gedichte unter hohem Qualitätsanspruch an die Form, der eine nach seinem Geschmack geprägte »Münchner Dichterschule« repräsentieren sollte, als deren Oberhaupt Geibel nun unangefochten – oder vielleicht besser zähneknirschend – respektiert wurde.

---

[11] 4.12.1854, zit. nach S. v. Moisy (wie Anm. 2), S. 82.
[12] Zit. nach J. Mahr (wie Anm. 10), S. 15.

»Paul Heyse K.B. Hofpoet«, aquarellierte Bleistiftzeichnung von Theodor Pixis in den Protokollbüchern der »Zwanglosen Gesellschaft«

Denn so homogen und harmonisch der Zusammenklang der Stimmen im »Münchner Dichterbuch« anmuten mag, er täuscht über das Klima des Dichterkreises: »Durch die Munterkeit der Gesellschaft ging von Anfang bis Ende ein Missklang, wie das von jeher in unserem Kreise so zu sein pflegte.«[13] Jeder war des anderen Konkurrent, und das hohepriesterliche Gebaren Geibels irritierte alle, auch den Freund Heyse. Geibel scheint sich in den

[13] Bodenstedt in einem Tagebuch 1857, zit. nach J. Mahr (wie Anm. 10), S. 22.

»Krokodil«-Zusammenkünften die Rolle angemaßt zu haben, die der König in den Symposien innehatte.[14] Liest man statt der verklärenden späteren Erinnerungen die spontanen Notate in Tagebüchern und Briefen, werden die heftigen Animositäten gegeneinander offenkundig: Heyse erzählt den Eltern von Bodenstedts »*rührend* unbedeutenden Baladen [sic!]«[15]; klagt Fontane gegenüber: »Was für eine Misere für Poesie kursiert, ist nicht zu glauben«[16]; Friedrich von Bodenstedt hadert – selbst einigermaßen arrogant – mit allen: »Auf Heyses Treue und Freundschaft baue ich auch nicht ganz; dem großen Dichter sitzt der kleinberechnende Judenjunge im Nacken und ich glaube, beide werden ewig unzertrennlich sein« (6.12.1857); »Heyse ist ein glatter Miniaturmaler, dem große Gegenstände nicht gelingen« (29.4.1862); über Geibel, den er besonders hasst: »Geibel macht auf mich den Eindruck, als habe er in der Verrücktheit, die ihm unzweifelhaft innewohnt, wieder bedenkliche Fortschritte gemacht. Wenn er nicht bald ins Irrenhaus kommt, so wird er nächtens vor Eitelkeit platzen« (26.6.1857); »Es ließen sich Bücher darüber schreiben, wie dieser zarte Lyriker mit der melodischen Brüllstimme seit sechs Jahren störend auf meine Verhältnisse eingegriffen hat.« (20.12.1960)[17]

Das poetische Credo des Dichterkreises hat Felix Dahn treffend charakterisiert und damit in die Literaturgeschichte eingeschrieben: »Das Gemeinsame war ein gewisser ›Idealismus‹, sofern man hierunter die sorgfältigste Pflege der Form-Reinheit, die Vorliebe für den hohen Stil, die Schulung durch die Antike und die übrigen Classiker der Weltliteratur versteht und eine Neigung zu dem Vornehmen, sowohl in der Wahl als in der Behandlung der Stoffe.«[18] Dass sich diese mehr oder weniger gemeinsame »Poetologie« weitgehend mit der Heyses deckt und dass gerade in ihr das Prekäre für seine schriftstellerische Arbeit liegt, hat schon Gottfried Keller nach der Lektüre der Dichtungen »Hermen« in einem Brief an Hermann Hettner sehr genau auf den Punkt gebracht: »Er steckt zwar darin ganz in strikter Goethetuerei, ohne das, was seither geschah in der Welt, bemerken zu wollen [...]. Wenn der arme Heyse nur bald aus der unglücklichen Konstellation zwischen den beiden Süßwasserfischen Kugler und Geibel, über wel-

---

[14] Vgl. John Hettche / Johannes John: Literatur und literarisches Leben in München um 1855, in: Zeitschrift für Deutsche Philologie 111(1992), S. 532–557, S. 549f.
[15] Zit. nach S. v. Moisy (wie Anm. 2), S. 72.
[16] Heyse an Fontane, 25.12.1854, zit. nach J. Hettche / J. John (wie Anm. 14), S. 542.
[17] Alle Zitate nach J. Mahr (wie Anm. 10), S. 95–103.
[18] Felix Dahn: Erinnerungen, Bd. 3: Die letzten Münchener Jahre (1854–1863), Leipzig 1892, S. 305.

cher der König von Bayern schwebt, herauskommt. Wenn etwas Selbständiges in ihm steckt, so wird und muß er bald über die Schnur hauen.«[19]
Nein, »über die Schnur hauen«, das war weder Heyses noch Geibels Sache. Entschieden lehnte man jede so genannte »Tendenzpoesie« ab, Dichtung hatte allein dem »reinen Kultus des Schönen« zu dienen. Bezeichnend für Geibels Kunstauffassung mag jene Anekdote stehen, wonach er sich gerühmt haben soll, »nie eine Zeile Prosa geschrieben« zu haben.[20]
»Das Reinmenschliche aller Zeiten ward im Gegensatz der früheren politischen Poesie der Jungdeutschen wieder erhoben«, schreibt der wohlwollende Chronist Julius Grosse 1896 in seinen Erinnerungen an den gemeinsamen Dichterkreis.[21] Mehr noch als Heyse versucht Geibel in seiner Dichtung eine als fad, ereignislos und trivial erlebte Gegenwart durch zeitlose Lyrik in traditionellen Formen zu überhöhen:

»Oh Fluch, dem diese Zeit verfallen,
Daß sie kein großer Puls durchbebt,
[...]
O trostlos kluges Auserlesen,
Dabei kein Blitz die Brust durchzückt!
Was schön wird, ist schon dagewesen,
Und nachgeahmt ist, was uns glückt.

Der Kreis der Formen liegt beschlossen,
die einst der Griechen Geist beseelt;
Umsonst durchtasten wir verdrossen
Ein Leben, dem der Inhalt fehlt.«[22]

1882, zum zwanzigjährigen Jubiläum des Dichterbuches, gab Heyse – jetzt ohne Geibel – eine zweite Anthologie heraus, das »Neue Münchner Dichterbuch«. Heyse hatte den Dichterbund noch viele Jahre am Leben gehalten.

Dass die Berufung der »fremden« Poeten durch Maximilian II. nicht so gänzlich uneigennützig war, dass vielmehr mit ihnen und ihren hochgeschätzten populären Dichtungen Glanz auch auf ihn selbst und auf Bayern fallen sollte, das offenbarte der König schon bei Heyses erster Audienz: »Er hätte gern einen, der ihm ein bairisches Epos schriebe«, zitiert ihn Heyse

---

[19] Zit. nach S. v. Moisy (wie Anm. 2), S. 51.
[20] Julius Grosse: Emanuel Geibel. Ein Gedenkbuch, 1887, S. 169.
[21] Zit. nach J. Mahr (wie Anm. 10), S. 87.
[22] »Der Bildhauer des Hadrian«, in: J. Mahr (wie Anm. 10), S. 157.

den Eltern gegenüber[23]; wenig später bittet er Geibel, »eine baiersche Nationalhymne der Art des God save the king zu dichten« und des Weiteren »einen Cyclus baierscher Nationalballaden, den G[eibel] im Verein mit seinen Freunden zu beschaffen versprach. Ihr könnt Euch meinen heiligen Schreck denken. Mitgegangen, mitgehangen! ...«[24]

Seiner Hochschätzung des staatstragenden Epos folgend wünschte sich der König ein bairisches Nationalepos, dann einen Novellenzyklus aus der bayrischen Geschichte, aber weder das eine noch das andere kam in überzeugender Qualität zustande, schon gar nicht von den Koryphäen Geibel und Heyse, die solche Auftragsarbeiten mit größtem Argwohn und eine Hofdichtung als ihrer Auffassung von Dichtung entgegengesetzt betrachteten. Zudem fehlte ihnen als Nichtbayern der gehörige Lokalpatriotismus, vielmehr schlugen beider Herzen viel eher preußisch.

Überraschenderweise galt Heyses höchste Wertschätzung dem Drama (auch übrigens die der meisten seiner Dichterkollegen), sein heftigster Ehrgeiz zielte auf einen großen Bühnenerfolg, der ein ganz anderes gesellschaftliches Ereignis darstellte als eine Gedichtsammlung und im übrigen Einnahmen versprach. Das Interesse am Drama traf sich mit den Wünschen des Königs, 1856 ließ dieser einen Tragödien- und einen Komödienpreis ausschreiben. Heyse fühlte sich dem König gegenüber verpflichtet, daran teilzunehmen und bekam für seine fünfaktige Tragödie »Die Sabinerinnen« (Komödien wurden kaum eingereicht) im Mai 1858 den 1. Preis zuerkannt. Wirklich erfolgreich war nur sein Stück »Elisabeth Charlotte« über Lieselotte von der Pfalz, das mit der Uraufführung am 2. Januar 1860 die patriotischen Bedürfnisse des Königshauses und der Münchner Bevölkerung aufs Beste befriedigte. Dagegen fiel das Ergebnis seiner jahrelangen Arbeit an einem historisch-bayerischen Stoff, dem Schauspiel »Ludwig der Bayer«, durch eine ungeschickte, misslungene Inszenierung 1862 beim alteingessenen bayerischen Publikum gründlich durch. Es kam zu Spott- und Schmähartikeln in den Zeitungen.

Der völlig unerwartete Tod Maximilians II. 1864 bedeutet eine jähe Zäsur für die Berufenen. Zwar bestätigt sein Nachfolger Ludwig II. die von Maximilian ausgesetzten Pensionen, aber nachdem Geibel 1968 durch ein Huldigungsgedicht »An König Wilhelm« (I. von Preußen) Ludwigs Ärger erregt hat und der König seinen Ehrensold streichen lässt, solidarisiert sich Heyse mit seinem Freund und dessen Gesinnung und erklärt dem König

---

[23] Zit. nach K.-H. Fallbacher (wie Anm. 7), S. 146.
[24] Heyse an die Eltern, 11.12.1854, zit. nach S. v. Moisy (wie Anm. 2), S. 56.

seinerseits den Verzicht auf die Pension. Geibel übersiedelt in seine Vaterstadt Lübeck. Heyse bleibt in München, dem er sich auch durch seine zweite Heirat innig verbunden fühlt. Zwei Versuche des Großherzogs Carl Alexander von Sachsen-Weimar-Eisenach, ihn für Weimar zu gewinnen (schon 1858 und noch einmal 1868), schlägt er aus. Er wird zur literarischen und gesellschaftlichen Institution, zur großen grauen Eminenz, bis er 1910 zu seinem achtzigsten Geburtstag mit dem Nobelpreis für Literatur – dem ersten für einen deutschen Dichter – ausgezeichnet wird.

Heyses Œuvre umfasst etwa hundertfünfzig Novellen und Versepen, über sechzig Dramen, acht zum Teil mehrbändige Romane, Hunderte von Gedichten und fünf Bände Übersetzungen aus mehreren Sprachen, die seine wichtige Rolle als Literaturvermittler belegen. Seine mühelose Formsicherheit in sämtlichen Strophenformen und Versarten bewährte sich als zuverlässiges Rezept für den Massengeschmack, musste aber bei der jungen Generation von Naturalisten auf vernichtende Kritik stoßen. Der Vorwurf galt der glatten Leere, dem lüsternen Schönheitskult, den verlogenen Gefühlen, der Missachtung der sozialen Wirklichkeit, diesem »fast unanständig fruchtbaren« Epigonen.[25]

Heyse wohnte bis zu seinem Tod 1914 in der Luisenstraße 22 und wurde auf dem Alten Südfriedhof München begraben.

Literaturhinweise

Dahn, Felix: Erinnerungen, 5 Bände, Bd. 3: Die letzten Münchener Jahre (1854 bis 1863), Leipzig 1892.
Emanuel Geibel. Ein Gedenkbuch, Leipzig 1887.
Fallbacher, Karl-Heinz: Literarische Kultur in München zur Zeit Ludwigs I. und Maximilians II., München 1992.
Fontane, Theodor: Ein Liebling der Musen, in: Die Gartenlaube 15(1867), S. 564-568.
Geibel, Emanuel (Hg.): Das Münchner Dichterbuch, Stuttgart 1862.
Hettche, Walter/John, Johannes: Literatur und literarisches Leben in München um 1855, in: Zeitschrift für Deutsche Philologie 111(1992), S. 532–557.
Heyse, Paul: Jugenderinnerungen und Bekenntnisse, in: Paul Heyse: Gesammelte Werke, Dritte Reihe, Bd.1., Stuttgart/Berlin 1924.
Krausnick, Michael: Paul Heyse und der Münchener Dichterkreis, Bonn 1974.
Mahr, Johannes (Hg.): Die Krokodile. Ein Münchner Dichterkreis. Texte und Dokumente, Stuttgart 1987.
Moisy, Sigrid von: Paul Heyse. Münchner Dichterfürst im bürgerlichen Zeitalter. Ausstellung in der Bayerischen Staatsbibliothek 23. Januar bis 1. April 1981, München 1981.

[25] Thomas Mann an Maximilian Harden, 30.8.1910.

Friedegund Freitag
Wortgewaltiger Gegner der »Nordlichter«
Der Mediziner Johann Nepomuk von Ringseis (1785–1880)

»Die Fragen über Freiheit, Autorität und Fortschritt in der Wissenschaft sind in dieser Zeit brennende geworden. Denn man verlangte noch erst jüngst mit Ungestüm und einer Zuversicht ohne Gleichen als das Wichtigste, ja Einzige, was zum Fortschritt des Lebens und der Wissenschaft uns Noth thue, die von jeder Autorität unabhängige Freiheit der Forschung und beschuldigte die Beschränkung dieser Freiheit als die Ursache des in einem großen Theile von Deutschland um ein Jahrhundert zurückgehaltenen Fortschritts. [...] Dagegen ist nun aufs entschiedenste zu zeigen, daß Autorität in Kirche und Staat mit der Autorität in den höchsten Gebieten der Wissenschaft im unzertrennlichsten Zusammenhang stehe, daß also ganz schranken- und autoritätslose Freiheit ein Unding; daß vieles als Fortschritt in Wissenschaft und Leben Gepriesene der ungeheuerste Rückschritt und daß nicht Lockerung der Autoritäten, sondern die kraftvollste Verstärkung derselben gerade in den höchsten Gebieten der Wissenschaft das ist, was vor allem uns Noth thue.«[1]

Der Mann, der sich im Dezember 1855 so rigoros dagegen aussprach, »dem Geiste alle Tore zu öffnen«, und der damit nicht nur den norddeutschen Gelehrten in München, sondern gleichzeitig der Wissenschafts- und Berufungspolitik von Maximilian II. öffentlich den Fehdehandschuh hinwarf, war der neue Rektor der Ludwig-Maximilians-Universität, Johann Nepomuk von Ringseis. Zweifellos eine der umstrittensten Gestalten des Münchner Lebens, stand der Arzt und Professor seit Jahrzehnten im Licht der Öffentlichkeit. Er war einer der engsten Vertrauten des abgedankten Königs Ludwig I., ebenso beliebt wie heftig angefeindet, geschätzt ob seiner Integrität, berüchtigt als fanatischer Ultramontaner und bekannt dafür, jederzeit wortgewaltig und kampflustig für seine Überzeugungen einzutreten. Zwar hatte er sich längst einen Namen als einer der schärfsten Gegner der sogenannten Nordlichter gemacht, doch mit seiner Wahl

---

[1] Johann Nepomuk Ringseis: Ueber die Nothwendigkeit der Autorität in den höchsten Gebieten der Wissenschaft. Rede an die Studierenden der k. Ludwig-Maximilians-Universität in München, München 1855, S. 4.

zum Rektor 1855 bot sich ihm die Möglichkeit, die neue wissenschaftspolitische Ausrichtung unter König Maximilian II. mit dem ganzen Gewicht seines Amtes zu verurteilen. Erwartungsgemäß sorgte seine Antrittsrede weit über die Grenzen der Universität hinaus für Aufsehen; sie fand über Monate hinweg einen regen Widerhall in der Presse und polarisierte sowohl Studenten und Professoren als auch die Münchner Bürgerschaft, ja selbst das Königshaus. Der alte König Ludwig I. stellte sich zwar offen auf die Seite des streitbaren Rektors, gleichzeitig bekam dieser aber die Ungnade des regierenden Königs Maximilian II. schmerzhaft zu spüren. Um zu verstehen, was Ringseis derart gegen die – vor allem durch die überwiegend protestantischen »Nordlichter« vertretene – säkular-positivistische wissenschaftliche Richtung aufbrachte, dass er ohne Rücksicht auf persönliche Konsequenzen öffentlich dagegen aufbegehrte, ist es notwendig, seinen Werdegang und seine tief im katholischen Glauben wurzelnde Persönlichkeit näher zu beleuchten.

Johann Nepomuk von Ringseis, um 1860

Ringseis stammte aus einfachen Verhältnissen. Am 16. Mai 1785 im oberpfälzischen Schwarzhofen als Sohn eines Gastwirts und ältestes von insgesamt zehn Kindern geboren, wurde er zunächst in der Klosterschule der Zisterzienser in Walderbach unterrichtet, ehe er das Gymnasium und Lyzeum in Amberg besuchte. Im Herbst 1805 nahm er das Studium der Medizin an der Universität in Landshut auf, wo er sich dem Kreis der Romantiker um den katholischen Theologen und späteren Bischof von Regensburg Johann Michael Sailer anschloss. Dem Gedankengut dieser Bewegung blieb er lebenslang verbunden. Er pflegte engen Kontakt zum Rechtsgelehrten Friedrich Karl von Savigny und knüpfte Freundschaft mit Clemens Brentano und dessen Schwester. Aus der Feder Bettina Brentanos stammt auch eine der eindrücklichsten Charakterskizzen des jungen Ringseis: »Ein treuer Hausfreund, hat ein Gesicht wie aus Stahl gegossen: alte Ritterfisiognomie, kleinen scharfen Mund mit schwarzem Schnauzbart, Augen, aus denen die

Funken fahren, in seiner Brust hämmerts wie in einer Schmiede; er will oft vor Begeisterung zerspringen, ist dabei voll Sanftmuth«.[2]

Im März 1812 wurde Ringseis promoviert. Studienaufenthalte in Wien und Berlin folgten, ehe er sich 1815 freiwillig als Feldarzt meldete und das bayerische Heer auf dem Feldzug nach Paris begleitete. Nach München zurückgekehrt, eröffnete er 1816 eine eigene Praxis. Als er im darauffolgenden Jahr mit dem bayerischen Kronprinzen Ludwig nach Italien reiste, war dies der Auftakt zu einer lebenslangen Beziehung, die Ringseis' Karriere und seinen Werdegang in München entscheidend beeinflusste. Der Arzt erwies sich als belesener und unterhaltsamer Reisegefährte, der geistreich und freimütig über Politik, Kunst und weltanschauliche Themen zu diskutieren verstand und, wenngleich nie der offizielle Leibarzt, bald zu einem engen Vertrauten Ludwigs wurde. Es war bezeichnend für Ringseis, dass er entgegen allen Regeln höfischer Etikette selbst dann unverblümt seine Meinung sagte, wenn er das Verhalten des Kronprinzen moralisch fragwürdig fand. Überraschenderweise trug ihm Ludwig, obwohl im Allgemeinen wenig empfänglich für Kritik an seiner Person, dies nie nach, sondern wusste diese Offenheit als Ausdruck von Loyalität stets zu schätzen. In dieser Hinsicht genoss der Arzt zeitlebens eine gewisse Sonderstellung. Selbst bei der unglückseligen Liaison Ludwigs I. mit Lola Montez durfte er sich Äußerungen erlauben, die anderen im Regelfall entweder die Entlassung aus dem Dienst oder die Entfernung vom Hof einbrachten.

Der rege Gedankenaustausch zwischen Ludwig und Ringseis, 1820 / 1821 und 1823 / 1824 auf zwei weiteren Italienreisen vertieft, setzte sich in München fort. Die Kontakte, die beide nun zu den deutschen Künstlern in Rom hatten, führten zu einer intensiven Auseinandersetzung mit den Nazarenern, die in Anknüpfung an das Mittelalter die deutsche Kunst auf einer christlichen Grundlage zu neuer Blüte führen wollten. Ringseis teilte die Begeisterung des Kronprinzen für dieses religiös motivierte Kunstideal, mancher, wie sein Erzrivale, der Architekt Leo von Klenze, warf ihm sogar vor, er habe den Kronprinzen gezielt in dieser Richtung beeinflusst. Wie weit dies zutraf, ist hier nicht zu thematisieren, sicherlich aber trug Ringseis entscheidend dazu bei, dieser Kunstrichtung in München zum Durchbruch zu verhelfen; nicht zuletzt ist die Berufung von Peter Cornelius maßgeblich auf seinen Einfluss zurückzuführen.

---

[2] Bettina Brentano an Johann Wolfgang von Goethe, 13.7.1810, in: Fritz Bergemann (Hg.): Bettinas Leben und Briefwechsel mit Goethe, Leipzig 1927, S. 297. Im Jahr 1811 heiratete Bettina Brentano den Schriftsteller Achim von Arnim.

Im bildungspolitischen Bereich konzentrierten sich die Gespräche zwischen Ludwig und Ringseis bald auf ein konkretes Ziel, nämlich auf die Verlegung der Universität von Landshut nach München, ihre personelle Verbindung mit der Königlich Bayerischen Akademie der Wissenschaften und die Besetzung der Lehrstühle. Bei allem persönlichen Ehrgeiz Professor zu werden, war dem Arzt die Verbesserung der medizinischen Lehranstalt ein aufrichtiges Anliegen. Diese medizinisch-praktische Schule war 1824 am Allgemeinen Krankenhaus in München eingerichtet und der Akademie der Wissenschaften angegliedert worden. 1825 wurde ihr das Promotionsrecht verliehen, wodurch sie faktisch zur Medizinischen Fakultät der Landesuniversität aufstieg. Die Universitätsverlegung 1826 brachte für Ringseis die Ernennung zum ordentlichen Professor der Medizin.

Dass Ludwig I. Ringseis einen erheblichen Einfluss auf die geistige Ausrichtung der Universität und ihre personelle Entwicklung einzuräumen bereit war, zeigte sich, als er ihn kurz darauf in eine Kommission berief, die über die Organisation der Universität sowie über notwendige Veränderungen hinsichtlich Verfassung und Lehrpersonal beraten sollte. Dies erlaubte Ringseis, gezielt auf die Besetzung der Lehrstühle einzuwirken. Auf seine Initiative hin wurde der Internist Andreas Röschlaub, dessen Assistent Ringseis in Landshut gewesen war, 1826 aus dem Ruhestand geholt und ordentlicher Professor der Medizin. Gleichermaßen zielstrebig nahm Ringseis einen Personalwechsel auf dem chirurgischen Lehrstuhl in Angriff und erreichte, dass der bisherige Lehrstuhlinhaber Andreas Koch 1827 entlassen wurde. 1830 trat an seine Stelle Ringseis' früherer Lehrer Philipp Franz von Walther. Die entscheidenden Posten der Medizinischen Fakultät wurden also mit Leuten besetzt, die Ringseis ausgewählt hatte.

Seine Tätigkeit beschränkte sich aber nicht auf seinen eigenen Fachbereich. Im Auftrag des Königs verhandelte er mit dem Schriftsteller Ludwig Tieck und dem Rechtsgelehrten Friedrich Karl von Savigny; allerdings schlugen beide den Ruf nach München aus. Mehr Erfolg hatte Ringseis dagegen, als er sich gemeinsam mit dem späteren Innenminister Eduard von Schenk und Sailer dafür einsetzte, den katholischen Theologen und Publizisten Joseph Görres auf den Lehrstuhl für Geschichte zu berufen. Ausschlaggebend waren hier weniger wissenschaftliche als vielmehr konfessionspolitische Gesichtspunkte. Wie sehr Ringseis mit den geistig-ideellen Zielsetzungen Ludwigs I. übereinstimmte, zeigte sich nicht nur in dieser Berufung, sondern auch bei seiner ersten Wahl zum Rektor 1833. In seiner Antrittsrede zeichnete Ringseis das Konzept einer Universität, die den geistigen Mittelpunkt des christlichen Staates bildete, grundsätzliche Freiheit der Lehre genoss, sich aber dennoch an der christlichen Weltordnung orientierte. Implizit verband sich damit die Forderung, dass der Einfluss derer, die nach streng rationalen Erklärungsmustern suchten, eingedämmt und alles, insbesondere die Wissenschaft, christlich-konservativen Werten untergeordnet werden müsse. An dieser Maxime hielt er zeitlebens fest; sie kennzeichnete auch sein Wirken als Arzt.

Nach der ersten Italienreise mit dem Kronprinzen war Ringseis 1818 Oberarzt der eigens für ihn geschaffenen zweiten medizinischen Abteilung des Allgemeinen Krankenhauses geworden. Auf Betreiben Ludwigs wurde er im selben Jahr zum Medizinalrat, 1826 zum Obermedizinalrat beim Innenministerium ernannt. Damit war er bis zu seiner Ablösung durch Karl von Pfeufer 1852 für das gesamte bayerische Gesundheitswesen verantwortlich. In dieser Funktion leitete er einige wesentliche Reformen in die Wege, insbesondere hinsichtlich der Pockenschutzimpfung, der Neuordnung der Apothekenverhältnisse, der Anstalten für Geisteskranke und vor allem in Bezug auf das Krankenhauswesen. In zähen Verhandlungen setzte Ringseis durch, dass anstelle schlecht ausgebildeter Laien der Orden der Barmherzigen Schwestern die Krankenpflege übernahm, und bemühte sich zudem um eine bessere Ausbildung der angehenden Landärzte. Der später von vielen als fortschrittsfeindlich und rückständig abgestempelte Mediziner zeigte sich in mancher Hinsicht erstaunlich progressiv. Beispielsweise führte erst er in München den Gebrauch des Stethoskops ein, und er war es auch, der 1845 gegen erhebliche Widerstände durchsetzte, dass der Pathologe Ludwig Buhl am Allgemeinen Krankenhaus den ersten physikalisch-diagnostischen Kurs abhalten und damit der modernen Medizin in München den Weg bereiten konnte.

Parallel zu seinen universitären und ministeriellen Verpflichtungen betrieb Ringseis seine rasch florierende Praxis weiter, zu seinen Patienten gehörten unter anderem Franz Xaver Baader, Friedrich Wilhelm Schelling und Anselm Feuerbach. Früh hatte er sich den Ruf eines hervorragenden Arztes und Diagnostikers erworben, der Patienten ohne Ansehen ihres Standes oder ihrer Zahlungsfähigkeit behandelte. Was ihn jedoch als Arzt, Mensch und Forscher wesentlich definierte, war, dass sein Denken und Wirken untrennbar mit seinen religiösen Überzeugungen verbunden waren. Für Ringseis hatte die Medizin »wie alle Wissenschaften ihre Prinzipien in der traditionellen Offenbarungslehre.«[3] Das 1841 von

---

[3] Zit. nach Gabriele Seefried: Johann Nepomuk von Ringseis und sein »System der

ihm veröffentlichte »System der Medizin«[4] war ein Versuch, die Naturwissenschaft auf ein religiöses Fundament zu stellen; es bildete die Quintessenz dessen, was er als Arzt praktiziert und an der Universität gelehrt hatte. Ringseis erkannte exakter wissenschaftlicher Forschung einen hohen Wert zu. Seit den frühen 1820er-Jahren war er Mitglied der Königlich Bayerischen Akademie der Wissenschaften und der Deutschen Akademie der Naturforscher Leopoldina. Was die ärztliche Tätigkeit betraf, so betonte er stets, wie unerlässlich eine gründliche Anamnese und Diagnose seien. Die Interpretation der dabei gewonnenen Erkenntnisse freilich machte Ringseis von christlich-katholischen Grundsätzen abhängig und verwarf eine Behandlung, die ausschließlich auf naturwissenschaftlichen Erkenntnissen und Methoden basierte. Keine Therapie, so Ringseis, konnte erfolgreich sein, wenn der Arzt nicht den Zusammenhängen von Leib und Seele auf den Grund ging und den seelischen Anteil an der Erkrankung mit in Betracht zog.

Heute hat ein derartiger ganzheitlicher Therapieansatz seinen selbstverständlichen Platz in der Medizin. Als Ringseis seine Thesen veröffentlichte, trafen jedoch zwei unvereinbare Richtungen aufeinander, die religiös-katholische und die empirisch-positivistische. In den Augen derjenigen Zeitgenossen, für die medizinischer Fortschritt nur auf einer rein rationalen Basis möglich war und die alles Spekulative ablehnten, stellte die Tatsache, dass Ringseis der Medizin wie auch jedem anderen Wissenschaftszweig die katholische Heilslehre zugrundelegte, seine Seriosität ernsthaft in Frage. Ringseis ließ keinen Zweifel daran, dass für ihn empirische Naturwissenschaft und Glauben untrennbar miteinander verbunden und alle Forschungserkenntnisse unvollständig waren, solange sie nicht das christliche Menschenbild miteinbezogen. So fundiert seine Ausführungen in mancher Hinsicht sein mochten, so blieb in der Öffentlichkeit doch vor allem die These hängen, dass jede Krankheit ihren Ursprung in der Erbsünde habe und es daher unerlässlich sei, dass vor der eigentlichen Behandlung Arzt und Patient die Beichte ablegten und die Absolution erhielten. Das Buch fand zwar in katholischen Kreisen eine einhellig positive Aufnahme, aber Ringseis' wissenschaftliche Reputation erlitt einen nicht wiedergutzumachenden Schaden. Am deutlichsten wird dies vielleicht durch eine Tirade des Orientalisten und Publizisten Jakob

Medizin«, Würzburg 1989, S. 50.
[4] Johann Nepomuk Ringseis: System der Medizin: ein Handbuch der allgemeinen und speziellen Pathologie und Therapie; zugleich ein Versuch zur Reformation und Restauration der medizinischen Theorie und Praxis, Regensburg 1841.

Philipp Fallmerayer, der Ringseis im Januar 1851 in den »Blättern für literarische Unterhaltung« als »Erbsündenkrämer und Satansdoktor«, als »ärztlichen Giftmischer und frömmelnden Charlatan« und »Wahrzeichen des Kretinismus, in welchem die Hochschule versunken« sei, diffamierte.[5] Auch wenn dies zweifellos den Höhepunkt polemischer Kritik darstellte, so reagierte die Fachwelt auf das »System der Medizin« doch generell so ablehnend, dass Ringseis davon absah, den ursprünglich geplanten zweiten Band zu veröffentlichen. Auf seine Überzeugung, dass die Verbindung von Theologie und Wissenschaft nicht nur möglich, sondern unabdingbar sei, hatte dies freilich keinen Einfluss.

Nach der Abdankung Ludwigs I. 1848 sah sich Ringseis mit König Maximilian II. konfrontiert, der mit der gezielten Förderung der positiven Wissenschaften eine völlig andere Richtung einschlug als sein Vorgänger, eine Richtung, die allem widersprach, wofür Ringseis eintrat. Bei der nun in Angriff genommenen Neuausrichtung der Universität hatte der Arzt, der jahrzehntelang dazu beigetragen hatte, diese Institution in einem christlich-konservativem Geist zu prägen, eigentlich keinen Platz mehr. Allein die Tatsache, dass er König Ludwig so nahe stand, von dem sich Maximilian II. mit allen Mitteln abzugrenzen versuchte, schloss aus, dass er jemals eine ähnliche Vertrauensstellung beim neuen König einnehmen würde. Suspekt machte Ringseis zudem nicht nur seine Wissenschaftsauffassung, sondern auch der Umstand, dass er sich offen zu den als fortschrittsfeindlich geltenden Ultramontanen bekannte. Die Berater des Königs, allen voran Wilhelm von Doenniges, kamen zu dem Schluss, dass Ringseis ungeeignet sei, »die studierende Jugend in die praktische Medizin einzuführen und sie mit Erfolg auf dieser Sache vorwärts zu leiten.«[6]

Das Stigma der Rückständigkeit haftete indes nicht nur ihm an, sondern der ganzen Medizinischen Fakultät und war angesichts rückläufiger Studentenzahlen wohl auch begründet. Einzig der Fachbereich Anatomie bildete hier eine gewisse Ausnahme. Um das wissenschaftliche Niveau der Medizinischen Fakultät nachhaltig zu heben, berief Maximilian II. in rascher Folge den Internisten Karl von Pfeufer, den Zoologen und Anatom Karl Theodor von Siebold und den Anatom und Physiologen Theodor von Bischoff nach München und beförderte den Hygieniker Max von Pettenkofer zum ordentlichen Professor. Ringseis sollte für Pfeufer Platz

---

[5] Zit. nach Hermann Kerschensteiner: Geschichte der Münchener Krankenanstalten insbesondere des Krankenhauses links der Isar, München/Berlin ²1939, S. 206.

[6] Zit. nach Achim Sing: Die Wissenschaftspolitik Maximilians II. von Bayern (1848–1864). Nordlichterstreit und gelehrtes Leben in München (Ludovico Maximilianea Forschungen 17), Berlin 1996, S. 127.

machen und wurde daher 1852 nicht nur seines Postens als Oberarzt im – mittlerweile Städtischen Allgemeinen – Krankenhaus enthoben, sondern auch als Medizinalreferent abberufen. Er musste seine Dienstwohnung räumen und einen Teil seiner mehrere tausend Bände umfassenden Bibliothek sowie seine wertvolle Mineraliensammlung verkaufen. Diese persönlichen Nachteile wogen zweifellos schwer. Was Ringseis jedoch vehement gegen die Berufung von Nichtbayern und Protestanten protestieren ließ, war, dass diese propagierten, Bayern könne sich aus seiner vermeintlichen wissenschaftlichen Inferiorität nur lösen, wenn es sich vom lähmenden Einfluss der katholischen Kirche und besonders der Ultramontanen befreie und neue Impulse aus dem wesentlich fortschrittlicheren Norden erhalte. In zahlreichen Vorträgen und Zeitungsbeiträgen – unter anderem in den »Historisch-politischen Blättern für das katholische Deutschland« – versuchte Ringseis zu beweisen, wie fehlerhaft dieser Denkansatz seiner Ansicht nach war, und verurteilte den Einfluss der »Nordlichter«, die die bayerischen katholischen Gelehrten als rückständig und unwissenschaftlich verleumdeten und von ihrem rechtmäßigen Platz zu verdrängen suchten. Nicht immer tat er dies unter seinem eigenen Namen, mancher Artikel erschien anonym, wenngleich Ringseis nie ein Geheimnis aus seiner Autorschaft machte. Als er sich in den Rektoratswahlen 1855 gegen Siebold durchsetzte und damit, wie es die Presse enthusiastisch feierte, den Einheimischen zum »Sieg« über die »Fremdenlegion« verhalf, verlieh die neugewonnene Würde seinen vormaligen Privatansichten nun ein deutlich größeres Gewicht und sicherte ihm nicht nur ein breites Publikumsinteresse, sondern auch die Aufmerksamkeit der Presse.

Bereits im Vorfeld der Wahl hatte eine intensive publizistische Kontroverse stattgefunden, bei der sich vor allem der Münchner Staatsrechtsprofessor Johann Caspar Bluntschli hervortat, der sich gegen den fortschrittsfeindlichen Einfluss des Ultramontanismus im Allgemeinen und gegen Ringseis als dessen bekanntesten Vertreter im Besonderen wandte und für eine freie wissenschaftliche Forschung ohne konfessionelle Beschränkungen plädierte. Ringseis reagierte in seiner Antrittsrede als Rektor mit einer harschen Kritik am neuen Zeitgeist, der die menschliche Vernunft zur einzigen Autorität der Wissenschaft erhob: »Seit man die Autorität des geoffenbarten Gottes verläugnet und die von der Vernunft geschnitzten Götzen auf den Altar stellt, seit die Naturwissenschaft ihre Befugnisse weit überschreitend sich zur Aftertheologie aufspreizt, seit der Zeit wurde jeder wahnwitzige Einfall als Resultat freiester Vernunftforschung und der tiefste Rückfall als der erhabenste Fortschritt gepriesen. Der autoritätslosen Lehre folgte die autoritätswidrige, der autoritätswidrigen Lehre

Johann Caspar Bluntschli

die autoritätswidrige Praxis mit den furchtbaren Folgen, die selbst die jüngsten von uns allen erlebten. Viele sind eifrigst bestrebt, die erlebten schrecklichen Dinge vergessen zu machen, und sie als Wirkungen anderer Ursachen zu verschleiern; man darf daher nie und nimmer ermüden, die tausenderlei Scenen des maßlosesten Wahnsinns und der greulichsten Verruchtheit immer aufs Neue in Erinnerung zu bringen.«[7]

Im Grunde stellte Ringseis die auch heute noch aktuelle Frage, wie autonom Wissenschaft sein dürfe, wo die Grenzen dieser Freiheit lägen und wie weit sie sich freiwillig beschränken und an höhere ethische Werte binden müsse. Seine Antwort auf diese Frage lief jedoch auf einen Absolutheitsanspruch der katholischen Heilslehre hinaus, woran sich die Forderung knüpfte, dass sich alles der unanfechtbaren Auoriät der katholischen Kirche unterzuordnen habe. Erwartungsgemäß fand dies zwar den Beifall mehrheitlich katholischer Kreise, doch die Liberalen, in der Presse erneut vertreten durch Bluntschli, interpretierten die bald im Druck veröffentlichte Rede als Verdammung der modernen Wissenschaft, die nicht bereit war, sich dem geistlichen Regiment zu beugen oder anderweitig in ihrer Freiheit einschränken zu lassen.

Die Fehde weitete sich zunehmend aus. Innerhalb der Universität konnte Ringseis die Entwicklung in gewissem Maße steuern und interne Kundgebungen zugunsten der »Nordlichter« stoppen. So lag es zwar in seiner Macht als Rektor, den Studenten zu verbieten, mit einem Fackelzug ihre Sympathie mit Bluntschli zu bekunden, eine entsprechende Initiative Münchner Bürger konnte er aber nicht unterbinden. Gleichzeitig sah sich Ringseis von amtlicher Seite einem Ausmaß an Kritik ausgesetzt, das ihn völlig unvorbereitet traf. Kultusminister Theodor von Zwehl warf ihm vor, er habe bei einem offiziellen Anlass Kritik an der Berufungspo-

[7] J. N. v. Ringseis (wie Anm. 1), S. 9f.

litik der Regierung geübt und dadurch seine Amtswürde als Rektor und Vorstand der Universität verletzt. Weit schlimmer als der ministerielle Verweis wog jedoch die Anschuldigung, Ringseis habe nicht nur die Berater des Königs, sondern den Monarchen selbst angegriffen. Der Arzt, der sich stets seine unverbrüchliche Treue zum Königshaus zugute gehalten hatte, war darüber zutiefst erschüttert und bemühte sich, diese Anklage zu entkräften. Zwehl akzeptierte zwar seine diesbezügliche Rechtfertigung, aber Maximilian II. zeigte deutlich, wie sehr er Ringseis' Verhalten missbilligte, und weigerte sich beim Studentenball demonstrativ, den Tanz der Tradition entsprechend mit Friederike Ringseis, der Frau des Rektors, zu eröffnen. In einer gleichermaßen ostentativen Geste suchte der abgedankte König Ludwig I. seinen alten Vertrauten in dessen Haus auf und bekundete seine Sympathie mit dessen Ansichten.

Wie ersichtlich, beschränkte sich die Auseinandersetzung längst nicht mehr auf die beiden Professoren. Die fortgesetzten Presseattacken und Repliken ihrer jeweiligen Anhänger und Gegner gewannen zunehmend an Eigendynamik. In einer Anspielung darauf, dass stellvertretend für Nativisten und Berufene weder Ringseis noch Bluntschli von ihrer Position abrücken wollten, geschweige denn zu einer Einigung bereit waren, mithin eine Lösung des »Nordlichter«-Streits nicht zu erwarten stand, witzelte der »Münchener Punsch«: »Die Geistesritter gaben sich/Im heil'gen Streit wohl manchen groben,/Doch keiner wurde eigentlich/So aus dem Sattel recht gehoben./Und lächelnd fragt die ganze Stadt:/Wozu war nun die Zeitungshatze?/Doch furchtbar ist das Resultat;/Denn jeder blieb auf seinem Platze.«[8]

Karikatur im »Münchener Punsch« 1856: Ringseis und Bluntschli als »Geistesritter«

[8] »Münchener Punsch«, Nr. 4, 27.1.1856, S. 28f.

Die einheimischen Professoren konnten sich auch im folgenden Jahr gegenüber der Fraktion der »Nordlichter« behaupten, Ringseis' Nachfolger wurde der ebenfalls ultramontan gesinnte Professor für Philologie Ernst von Lasaulx.

Vermutlich mit einer gewissen Befriedigung vermerkte Ringseis 1859, dass Maximilian II. ihm mittlerweile wesentlich bereitwilliger Gehör schenkte als noch vier Jahre zuvor. In einer ausführlichen Stellungnahme, in der er den König »Ueber verschiedene Gerüchte in Bayern« informierte, warnte Ringeis erneut vor den verheerenden Folgen, die eine jede Autorität verneinende Wissenschaft für Staat, Gesellschaft und Kirche haben müsse. Außer gegen Bluntschli richtete sich seine Kritik vor allem gegen den preußischen Historiker Heinrich von Sybel, der in Ringseis' Augen all das verkörperte, was Bayern und den Fortbestand der Monarchie gefährdete: »Mit solchen Unchristen, ja Widerchristen, mit so verpreußten Kleindeutschen kann der großdeutsch und christlich gesinnte Bayer keinen Vertrag, keinen Frieden, selbst keinen Waffenstillstand abschliessen.«[9] Ob die zunehmende Distanzierung des Königs von den kleindeutsch gesinnten Berufenen auch auf Bedenken, wie Ringseis sie äußerte, zurückzuführen ist, muss offen bleiben. Generell sollte man sich, was den potentiellen Einfluss des Mediziners auf Maximilian II. angeht, vor übertriebenen Schlussfolgerungen hüten, auch wenn ihm im »Nordlichter«-Streit sicher eine fundamentale Bedeutung zukam. Obwohl Maximilian II. seine Empfehlung, durch einen Wechsel in der Berufungspolitik die – faktisch nicht vorhandene – Dominanz nichtbayerischer protestantischer Professoren zu brechen, nicht aufgriff, hatte Ringseis zumindest die Genugtuung mitzuerleben, wie der Einfluss der von ihm am heftigsten bekämpften Gelehrten schwand: Wilhelm von Doenniges war bereits 1856 als Berater des Königs abberufen worden, 1861 entschlossen sich auch Sybel und Bluntschli zum Weggang aus München.

Ringseis führte seinen Kampf gegen kirchenfeindliche liberale Strömungen zeitlebens weiter; sein Aktionsfeld verlagerte sich allerdings zunehmend von der Universität auf die deutschen Katholikentage sowie generell auf das katholische Vereinswesen. 1872 wurde er auf eigenen Wunsch als Professor in den Ruhestand versetzt, 1880 starb er hochbetagt im Alter von 95 Jahren und wurde auf dem Dorffriedhof in Tutzing am Starnberger See beigesetzt. In seiner Rektoratsrede von 1855 hat er in

---

[9] Zit. nach A. Sing (wie Anm. 6), S. 282.

gewissem Sinn seinen Nachruf vorweggenommen: Er war »im Leben und Sterben, vom Scheitel bis zur Ferse jeder Zoll ein Katholik, ein Deutscher und ein Bayer.«[10]

Literaturhinweise

Dickerhof, Harald: Aufbruch in München, in: Laetita Boehm / Johannes Spörl (Hrsg.): Ludwig-Maximilians-Universität Ingolstadt – Landshut – München 1472–1972, Berlin 1972, S. 215–250.

Dünninger, Eberhard: Johann Nepomuk von Ringseis in seiner Zeit, Beiträge zur Geschichte und Landeskunde der Oberpfalz 26 (1987).

Elsner, Andreas: Neue Perspektiven in Kulturpolitik und Wissenschaftsspezialisierung, in: Laetita Boehm / Johannes Spörl (Hrsg.): Ludwig-Maximilians-Universität Ingolstadt – Landshut – München 1472–1972. Berlin 1972, S. 271–314.

Kerschensteiner, Hermann: Geschichte der Münchener Krankenanstalten insbesondere des Krankenhauses links der Isar, München / Berlin ²1939.

Locher, Wolfgang: Die Medizinische Fakultät der Universität München im 19. Jahrhundert. Katalog einer Ausstellung vom 17. Mai bis 14. Juni im Institut für Geschichte der Medizin der Ludwig-Maximilians-Universität München, München 1985.

Loichinger, Alexander: Johann Nepomuk von Ringseis (1785–1880). Arzt und Professor, in: BGBR 23 / 24 (1989 / 1990), S. 591–602.

Müller, Karl Alexander von (Hg.): Die wissenschaftlichen Anstalten der Ludwig-Maximilians-Universität zu München, München 1926.

Ringseis, Emilie (Hg.): Erinnerungen des Dr. Johann Nepomuk von Ringseis, 4 Bde., Regensburg 1886–1891.

Seefried, Gabriele: Johann Nepomuk von Ringseis und sein »System der Medizin«, Würzburg 1989.

Sing, Achim: Die Wissenschaftspolitik Maximilians II. von Bayern (1848–1864). Nordlichterstreit und gelehrtes Leben in München (Ludovico Maximilianea Forschungen 17), Berlin 1996.

---

[10] J. N. v. Ringseis (wie Anm. 1), S. 22.

Thomas Wellenhofer

Eliteförderung im 19. Jahrhundert und heute

Die Gründung des Maximilianeums und der Bayerischen
EliteAkademie

Das Maximilianeum wurde 1852 von König Maximilian II. von Bayern gegründet und verfolgt nach dem Willen seines Stifters die Absicht, die begabtesten bayerischen Studenten ohne Berücksichtigung der Vermögenslage der Eltern zu fördern. Knapp hundertfünfzig Jahre später, im Jahr 1998, riefen bayerische Unternehmen zusammen mit der bayerischen Staatsregierung und den bayerischen Hochschulen ebenfalls eine Stiftung ins Leben, die das Ziel hat, herausragende Studenten bayerischer Hochschulen zu fördern.

Der vorliegende Aufsatz will die Entstehungsgeschichte der beiden Stiftungen aufzeigen, die Motivation der Stifter beleuchten, die Aktivitäten der Einrichtungen in der Gegenwart darstellen und schließlich das Gründungsgeschehen von Maximilianeum und Bayerischer EliteAkademie vergleichen.

Das Maximilianeum

König Maximilian II. von Bayern war ein erfolgreicher Förderer der Wissenschaften. Seine Leistungen beim Ausbau Münchens zu einem führenden Zentrum der Forschung und Wissenschaft, unter anderem durch die Berufung von Gelehrten aus allen Teilen Deutschlands, werden an anderer Stelle dieses Bandes ausführlich gewürdigt. Maximilian gründete neue Institutionen wie das Bayerische Nationalmuseum und das Völkerkundemuseum in München, das Germanische Nationalmuseum in Nürnberg, die Historische Kommission bei der Bayerischen Akademie der Wissenschaften, und er rief den Maximiliansorden für Wissenschaft und Kunst ins Leben.

Dieses starke Engagement für die Wissenschaft reflektiert die persönlichen Vorlieben des Königs, der als wissensdurstig, an technischen und wissenschaftlichen Themen sehr interessiert oder gelegentlich auch als bildungsgläubig beschrieben wird, der sich, anders als die meisten anderen deutschen Fürsten des 19. Jahrhunderts, stets darum bemühte, wissenschaftlich auf dem Stand der Zeit zu sein. Mit seinem Glauben an Wissenschaft und Fortschritt ist Maximilian ein weitaus typischerer Vertreter des 19. Jahrhunderts als sein Vorgänger und sein Nachfolger. Der Glaube, dass durch Wissenschaft, Fortschritt und Bildung die Probleme der Gesellschaft zu lösen seien, gehört zu den wichtigsten Grundsätzen dieser Zeit.[1] Mit seinem Engagement für die Wissenschaft hat Maximilian II. entscheidende Grundlagen gelegt für eine erfolgreiche Entwicklung Bayerns, die bis heute nachwirkt.

Maximilian prägten besonders seine Studienaufenthalte an den Universitäten Göttingen und Berlin. Schon früh umgab er sich mit einem Kreis von eher liberal gesinnten Beratern und suchte das Gespräch mit klugen Köpfen wie dem Orientalisten und Publizisten Jakob Philipp Fallmerayer, dem Philosophen Friedrich Wilhelm Joseph Schelling oder dem Philologen Friedrich Wilhelm von Thiersch, um mit ihnen die Themen der Zeit zu diskutieren. Gleichzeitig gilt Maximilian als selbstkritischer und grüblerischer Charakter, der sich in wichtigen Fragen oft erst nach langwierigen Beratungen zu einem Beschluss durchringen konnte. War dieser Beschluss aber einmal gefasst, hielt er hartnäckig daran fest.[2] Auch in seinen täglichen Regierungsgeschäften versuchte Maximilian stets, mit einer Art wissenschaftlicher Methode die besten Lösungen zu finden: Wenn er politische Probleme lösen wollte, setzte er gezielt wissenschaftlichen Rat ein und befasste eine Reihe von Gutachtern und Ratgebern damit.[3] Durch die Vielzahl der Gutachten konnte ein Problem sorgfältig von allen Seiten beleuchtet und ein gefährlich starker Einfluss eines einzelnen Beraters ausgeglichen werden. Der König war so in der Lage, »eine eigenständige, wohlüberlegte Entscheidung zu fällen«.[4]

Die Wissenschaftsförderung war eine feste Grundkonstante im Gesamtkonzept der Politik Maximilians II.[5] Er war überzeugt davon, dass die Er-

---

[1] Vgl. Achim Sing: Die Wissenschaftspolitik Maximilians II. von Bayern (1848–1864). Nordlichterstreit und gelehrtes Leben in München (Ludovico Maximilianea Forschungen 17), Berlin 1996, S. 16.
[2] Vgl. Peter Claus Hartmann: Bayerns Weg in die Gegenwart. Vom Stammesherzogtum zum Freistaat heute, Regensburg 1989, S. 407.
[3] Vgl. Heinz Gollwitzer: Vorgeschichte und Anfänge des Maximilianeums, in: Ders. (Hg.): 100 Jahre Maximilianeum 1852–1952, München 1953, S.16.
[4] Vgl. A. Sing (wie Anm. 1), S. 25.
[5] Vgl. A. Sing: Maximilian II. und »die Frage, ob die Wissenschaft oder die Kunst dauernden Ruhm gewähren«, in: Winfried Nerdinger (Hg.): Zwischen Glaspalast und Maximilianeum. Architektur in Bayern zur Zeit Maximilians II. 1848–1864, Ausstellungskatalog zur Ausstellung der Technischen Universität München und des Münchner Stadtmuseums vom 7. März bis 1. Juni 1997, München 1997, S. 47–51, hier S. 47.

Das Maximilianeum im 19. Jahrhundert

Eliteförderung im 19. Jahrhundert und heute 157

gebnisse der Wissenschaft jene der Kunst – die sein Vater, König Ludwig I., besonders gefördert hatte – an Dauer überragen würden: Grund dafür sei die Wirkung der wissenschaftlichen Erkenntnisse in der eigenen Bevölkerung und die höhere Anerkennung im Ausland.[6] Die Förderung von Wissenschaft und Bildung war für Maximilian II. nicht nur Selbstzweck, sondern sie hatte auch staatspolitische Gründe und sollte sein Ansehen heben.

Die Gründung des Maximilianeums galt als eines der Lieblingsprojekte des Monarchen.[7] Ob er die Idee dafür schon als Kronprinz gehabt hatte oder ob sie ihm von anderer Seite vorgeschlagen wurde, wissen wir nicht. Fest steht: Es ging Maximilian bei diesem Projekt von Anfang an um eine Einrichtung, in der die besten Begabungen Bayerns gefördert werden sollten, es ging also um Elitenbildung und Elitenausbildung.

Mit der dann umgesetzten Idee, die Leistungsfähigkeit Bayerns durch die optimale Ausbildung der höchsten Staatsdiener in einer eigens zu gründenden Institution zu steigern, steht Maximilian im Deutschland seiner Zeit alleine. In Preußen, das in Bildungsfragen sein Vorbild war, vertraute man bei der Ausbildung künftiger Beamter ganz auf die neue Universität Humboldt'scher Prägung. Als Vorbild für das Maximilianeum bieten sich in dem vor allem anfangs stark von Frankreich geprägten Königreich Bayern die französischen Grandes Écoles an, in denen seit der Napoleonischen Zeit die künftigen Spitzenbeamten des Staates ausgebildet werden.

Bei der Gründung des Maximilianeums folgte Maximilian den wissenschaftlichen Prinzipien, die er seiner Regierungstätigkeit zugrunde gelegt hatte: Er holte, wie in vielen anderen Fällen auch, Gutachten ein, zu denen dann wieder Gegengutachten erstellt wurden. Offensichtlich wollte Maximilian einen Ideenwettbewerb für die beste Form der Eliteförderung initiieren.

Insgesamt vergingen fast vierzig Jahre von der Idee bis zu dem Zeitpunkt, an dem die Stiftung rechtlich und wirtschaftlich eigenständig wurde: Die ersten Gutachten stammen bereits aus dem Jahr 1840, zum Wintersemester 1852/53 nahm das Vorläuferinstitut, die »Vorschule eines Erziehungsinstituts für den höheren Staatsdienst«, die Arbeit auf, 1857 wurde der Grundstein für das Stiftungsgebäude gelegt. Die Urkunde zur Errichtung der Stiftung wurde gar erst 1876 durch Ludwig II. unterzeichnet, nachdem Maximilian II. in seinen letztwilligen Verfügungen von 1858 und 1860 der Stiftung

---

[6] Vgl. Manfred Hanisch: Maximilian II. und die Geschichte: Bayerisches Nationalgefühl durch Geschichtsbewußtsein, in: W. Nerdinger (wie Anm. 5), S. 17–27, hier S. 17.
[7] Vgl. H. Gollwitzer (wie Anm. 3), S. 28.

einen Kapitalstock von achthunderttausend Gulden sowie das Eigentum an dem gleichnamigen Gebäude aus seinem Privatvermögen vermacht hatte.[8] Auf den Namen »Maximilianeum« legte sich der König erst unmittelbar vor der Grundsteinlegung 1857 fest – zur Debatte waren auch »Athenäum«, »Maximiliansstift«, »Maximiliansschule« oder »Maximilianskonvikt« gestanden.[9]

Die wichtigsten noch erhaltenen Gutachten und Stellungnahmen stammen von Friedrich Wilhelm von Thiersch (1840), Andreas Erhard (1840), Karl (J. F.) von Roth (1840), Friedrich Benedikt Wilhelm von Hermann (1840), Carl von Stengel (1845), Friedrich von Zu Rhein (1845), Ludwig Fürst von Öttingen-Wallerstein (1845), Hermann von Beisler (1847) und Ludwig von der Pfordten (1850).

Die Vorschläge[10] reichen von einer »höheren Schulanstalt« in Form eines Internats für drei- bis vierhundert Schüler im Alter von acht bis einundzwanzig Jahren mit dem Schwerpunkt einer philologischen Ausbildung (Thiersch) über eine Akademie zur Gewinnung eines hochqualifizierten Nachwuchses für die bayerische Beamtenschaft mit einer Ausbildungszeit von drei Jahren ab dem siebzehnten Lebensjahr (Hermann) bis hin zu einer Eliteakademie zur Ausbildung hervorragendster Talente für den höheren Staatsdienst mit maximal hundert Studenten ab einem Alter von vierzehn Jahren.[11]

Neben den Gutachten holte Maximilian den Rat zahlreicher weiterer Persönlichkeiten ein, zum Beispiel von Heinrich von Sybel, Ludwig von der Tann oder Wilhelm von Doenniges.[12] Letztendlich kristallisierten sich im Laufe der Jahre folgende Charakteristika des Maximilianeums heraus, die der Monarch umsetzen wollte:[13]

[8] Vgl. Karlheinz Konrad: Die Grundbestimmungen für das K. Maximilianeum – Ein rechtsgeschichtlicher Streifzug, in: Stiftung Maximilianeum (Hg.): 150 Jahre Stiftung Maximilianeum, 1862–2002. München 2002, S. 101–194, hier S. 108.
[9] Vgl. H. Gollwitzer (wie Anm. 3), S. 34f.
[10] Die einzelnen Gutachten und Stellungnahmen gehen insbesondere ein auf den Zweck und die inhaltliche Ausrichtung der neuen Einrichtung, auf die Unterrichtsfächer, die vermittelt werden sollen, die Anzahl der aufzunehmenden Eleven, das Aufnahmealter, das Aufnahmeverfahren, die Standortfrage für das Lehrgebäude, die Frage nach dem Finanzbedarf etc.
[11] Die drei genannten Entwürfe sind abgedruckt als Anlagen I, II, und IV bei H. Gollwitzer (wie Anm. 3).
[12] Vgl. H. Gollwitzer (wie Anm. 3), S. 28f.
[13] Der Wille des Königs wurde mit der Satzung des Jahres 1852 umgesetzt, die die erste rechtliche Ordnung für das Maximilianeum schuf. Vgl. hierzu K. Konrad

- Die neue Einrichtung sollte die besten jungen Leute in Bayern ausbilden: Schon 1852 verfügte der Monarch, dass sich nur »ganz außergewöhnliche Talente, nicht schon solche, welchen gewöhnlich in den Gymnasial-Zeugnissen das Prädikat ›vorzüglich‹ beigelegt wird«, zur Aufnahme ins Maximilianeum eignen würden.[14]
- Die Auswahl der Studenten sollte aus dem gesamten Volk erfolgen, sodass im Rahmen der neuen Einrichtung eine Elitenbildung aus einer breiten staatsbürgerlichen Beteiligung erwachsen konnte. Maximilian lehnte eine Einschränkung auf den Adel ab, so wie es zum Beispiel Wilhelm Freiherr von Würtzburg 1837 in seinem Plan zur Errichtung eines adeligen Erziehungsinstituts vorgeschlagen hatte.
- Das Ziel der Ausbildung sollte die Hinführung zum höheren Staatsdienst sein. Maximilian wollte die besten Studenten aus allen Teilen Bayerns für den höheren Staatsdienst – und zwar sowohl für die Verwaltung als auch für die Justiz – gewinnen.
- Aufgenommen werden sollten Abiturienten. Nur in ganz wenigen Ausnahmefällen sollten auch Studenten nach dem ersten Studienjahr noch Zugang erhalten.[15]
- Für die Förderung im Maximilianeum ließ der Monarch ab 1862 die meisten Studienrichtungen zu, nachdem in den Anfangsjahren ausschließlich Jurastudenten gefördert wurden.[16]
- Die Gesamtzahl im vom König gebilligten Entwurf einer Stiftungsurkunde von Dollmann für die Satzung aus dem Jahr 1860 wurde auf mindestens fünfundzwanzig und höchstens fünfzig Stipendiaten festgesetzt.[17]
- Den Studenten wurde freie Kost und Logis sowie ein zusätzlicher Unterricht im Maximilianeum gewährt. Laut Dollmann-Entwurf sollten Studenten aus wohlhabenden Familien allerdings Entgelt für Wohnung und Verpflegung zahlen.

(siehe Anm. 8), S. 103; in einer überarbeiteten Version und damit zweiten Form liegt die Satzung aus dem Jahr 1859 vor, vgl. Ders., S. 107; für die Ausführungen hier sind Grundlage der letzte von Maximilian II. in der Verfügung von 1860 gebilligte Entwurf einer Satzung, den der Juraprofessor von Dollmann entworfen hat und der Teil einer Stiftungsurkunde ist, die Maximilian bis zu seinem Tod allerdings nicht unterzeichnet hat, vgl. Ders., S. 108.

[14] Handschreiben von König Maximilian II. an Staatsminister von Zwehl vom 18.11.1852, BayHStA MK 11 688, Zit 150 J., S. 131.
[15] Vgl. Schreiben Staatsminister von Zwehl an König Maximilian II. vom 17.11.1857, BayHStA MK 11690.
[16] Ausgenommen sind bis heute Medizin und Theologie für das geistliche Amt.
[17] § 10, Satz 1 des Dollmann-Entwurfs für die Satzung.

- Der Entwurf von Dollmann sieht ein Kuratorium mit sieben Mitgliedern[18] als oberstes Leitungsgremium, einen Vorstand für Verwaltung und Leitung der Anstalt und einen Verwaltungsausschuss der Universität München für die Verwaltung des Stiftungsvermögens vor. Außerdem sollte der König das Protektorat über das Maximilianeum übernehmen.

Maximilian war es jenseits dieser inhaltlichen und organisatorischen Fragen wichtig, dass die neue Einrichtung durch ein repräsentatives Gebäude nach außen sichtbar sei. Der dann im neuen so genannten »Maximiliansstil« ausgeführte Bau wird wie die Stiftung selbst »Maximilianeum« genannt.[19]

Maximilian II. beabsichtigte ursprünglich, zur finanziellen Ausstattung der Neugründung schon vorhandene Stiftungs- oder staatliche Gelder zu nutzen – wenigstens für einen Teil der Ausgaben. Dabei wies der König gegenüber der Bürokratie auch darauf hin, dass der Nutznießer der Arbeit des Maximilianeums der Staat sei. Dieser Plan ließ sich allerdings nie umsetzen. Gegen die Umwidmung von Stiftungsgeldern bestanden auch erhebliche juristische Bedenken.

Das Vorläuferinstitut finanzierte Maximilian durch jährliche Schenkungen aus der königlichen Kabinettskasse.[20] Nachdem ihm klar geworden war, dass das Vorhaben langfristig nur dann gesichert werden konnte, wenn es von ihm finanziert würde, verfügte er – wie bereits erwähnt – 1858 und 1860 eine Summe von achthunderttausend Gulden aus seinem Privatnachlass als Stiftungskapital des Maximilianeums. In der Stiftungsurkunde vom 20. August 1876 wurden als Vermögen für das Maximilianeum festgelegt: Das Gebäude, die Sammlung von dreißig Ölgemälden und vierundzwanzig marmornen Büsten sowie der im Nachlass genannte Kapitalstock.

In der großen Inflation in den 1920er-Jahren verlor die Stiftung allerdings ihr gesamtes Stiftungskapital in Höhe von damals etwa 1,5 Millionen Reichsmark.[21] Nur durch die Erhebung von Eigenbeiträgen der Sti-

---

[18] Davon vier Professoren der Münchner Universität und drei vom König zu benennende Vertrauensmänner.
[19] Die Architektur des Maximilianeums war das Ergebnis der Suche Maximilians II. nach einem zeitgemäßen Baustil, dem »Maximiliansstil«; vgl. auch August Hahn: Der Maximilianstil, in: H. Gollwitzer (wie Anm. 3), S. 77ff.
[20] Vgl. K. Konrad (wie Anm. 8), S. 108.
[21] Vgl. Karl Riedl: Aus der neueren Geschichte des Maximilianeums, in: H. Gollwitzer (wie Anm. 3), S. 204ff.

pendiaten und durch die Vermietung eines Teils des Gebäudes konnte die Stiftung ihre Arbeit aufrecht erhalten.

Eine weitere finanzielle Belastungsprobe kam durch die im Zweiten Weltkrieg entstandenen erheblichen Schäden am Gebäude. 1948 fand sich eine Lösung: Der Bayerische Landtag und der inzwischen aufgelöste Senat wurden Mieter des Maximilianeums. Die Stiftung finanziert sich seitdem vor allem durch Mieteinnahmen.

Zur Aufnahme in die Stiftung Maximilianeum ist heute ein mehrstufiges Verfahren zu durchlaufen. Die wichtigsten Anforderungen an die Bewerber sind hierbei ein Abitur mit einem Notendurchschnitt von 1,0 und das erfolgreiche Bestehen zum einen der Prüfung für das Stipendium nach dem Bayerischen Begabtenförderungsgesetz und zum anderen einer Sonderprüfung im Bayerischen Kultusministerium. Besonderer Wert wird bei der Auswahl der Stipendiaten auf die Breite ihrer Interessen, ihre Offenheit auch für neue und ungewohnte Fragestellungen und ihre soziale Kompetenz gelegt. Die Stipendiaten erhalten freie Kost und Logis im Maximilianeum für die Dauer ihres Studiums sowie Gelegenheit zu einem einjährigen Auslandsaufenthalt und zur Teilnahme an Sprachkursen. Von den etwa vierhundert Abiturienten, die jedes Jahr in Frage kommen, werden etwa sechs bis acht aufgenommen. Insgesamt sind seit der Gründung der Anstalt circa achthundertzwanzig Studentinnen und Studenten von der Stiftung gefördert worden, seit 1980 werden auch Frauen aufgenommen.

Die Bayerische EliteAkademie

Im April 1996 entstand im Wissenschaftlich-Technischen Beirat der Bayerischen Staatsregierung (WTB) eine Diskussion über das Thema, dass an deutschen Universitäten nur fachorientiert ausgebildet werde, Führungsfähigkeiten aber keine Rolle spielten.[22] In diesem Zusammenhang stellte Franz Mayinger seine Idee vor, sehr talentierten Studentinnen und Studenten der Ingenieurs- und Naturwissenschaften in Ergänzung zu ihrer

---

[22] Zur Gründungsgeschichte der Bayerischen EliteAkademie vgl. insbesondere Maximilian Ardelt: Gründungsgeschichte und Konzept der Bayerischen Elite-Akademie, in: Franz Durst/Dieter Frey/Hartmut Geldmacher/Matthias Notz: (Hrsg.): 10 Jahre Bayerische EliteAkademie. Von der Vision zur Institution 1998–2008, München 2008, S. 44ff; Wolfgang Herrmann: Elite gegen den Zeitgeist, in: ebd., S. 24f; Franz Mayinger: Eine Akademie für Elite – Erinnerungen, in: ebd., S. 20f.; Hubert Stärker: Eliten in den Mittelstand, in: ebd., S. 28f.; Wolfgang Zeitler: Ab academia condita, in: ebd., S. 48ff.

Ausbildung an den Universitäten im Rahmen einer »EliteAkademie« die »Soft Skills« zu vermitteln, die eine Führungskraft braucht und die an den Hochschulen nicht vermittelt würden. Das Curriculum dieser Einrichtung sollte Fähigkeiten zum Systemdenken und Entscheiden, zur verantwortungsbewussten Menschenführung und zum besseren Verständnis multikultureller Denk- und Handlungsweisen sowie die grundlegenden Kompetenzen im betriebswirtschaftlichen Bereich und in den Medien umfassen.

Der damalige bayerische Ministerpräsident Edmund Stoiber zeigte sich von dem Vorschlag begeistert und sicherte seine Unterstützung bei der Umsetzung der Idee zu.

Die Mayinger'sche Idee wurde in der Folge in verschiedenen Gremien der Wirtschaft, der Hochschulen und der Verwaltung ausführlich besprochen. Es galt zu entscheiden, in welcher Organisationsform diese Eliteförderung am besten umgesetzt werden könne. Die Ideen reichten von einer Akademie während der Semesterferien über eine an die TU München angegliederte »EliteAkademie« mit internationaler Ausrichtung bis hin zu einer anspruchsvollen MBA-Schule oder einer neu zu gründenden bayerischen Elite-Universität.

Im Laufe des Jahres 1997 wurde jedoch immer deutlicher, dass öffentliche Gelder in nennenswertem Ausmaß nicht für eine Eliteförderung zur Verfügung stünden. Gleichzeitig signalisierten bayerische Unternehmen ihre Bereitschaft, ein solches Projekt über eine Stiftung zu finanzieren.

In einer Klausurtagung im Juli 1997 empfahl der WTB ein Konzept zur Umsetzung, das von den WTB-Mitgliedern Franz Mayinger und Maximilian Ardelt (Vorstand der VIAG AG) ausgearbeitet worden war. Danach sollten jährlich etwa dreißig »High Potentials«, die an bayerischen Hochschulen im Hauptstudium studieren, in vier Präsenzphasen während der Semesterferien und einer zusätzlicher Projektarbeit Führungsfähigkeiten sowie interkulturelles und interdisziplinäres Verständnis vermittelt werden. Ein großer Stellenwert wurde in dem Konzept auf die wertorientierte Reflexion von Entscheidungen gelegt. Für die Organisation und die Verwaltung sollte eine Einrichtung mit kleinem Mitarbeiterstab gegründet werden.

Die konkrete Projektplanung wurde bis Ende November 1997 entwickelt. Sie enthielt neben einer Empfehlung für die gesellschaftsrechtliche Gestaltung in Form einer gemeinnützigen Stiftung und einer Betriebs-GmbH eine detaillierte Geschäftsplanung mit jährlichen Ausgaben in Höhe von bis zu 1,5 Millionen Euro sowie Vorschläge für die Besetzung der Gremien.[23] Darüber hinaus wurden Regelungen getroffen, um kri-

---

[23] Sitz u. Stimme im Stiftungsrat sollten neben den Stifterunternehmen das Wissen-

tische Stimmen in den Hochschulen und der Öffentlichkeit zu beruhigen: Das Projekt wurde zunächst auf eine fünfjährige Pilotphase begrenzt und als »lernende Einrichtung« konzipiert. Grundsätzlich alle Fächer wurden zugelassen. Schließlich wurde auf staatliche finanzielle Zuschüsse[24] sowie auf einen staatlich anerkannten Abschluss verzichtet. Die Bayerische EliteAkademie ist eine Stiftung der bayerischen Wirtschaft: Die wichtige Anschubfinanzierung stellten 1998 der Verband der Bayerischen Metallindustrie (VBM) mit 5,1 Millionen Euro und – anlässlich ihres fünfundsiebzigjährigen Jubiläums – die VIAG AG mit 3,1 Millionen Euro zur Verfügung. Später wurde die Zahlung der VIAG durch ihre Folgegesellschaft E.ON AG um weitere 7,7 Millionen Euro aufgestockt. Beiträge von über fünfhunderttausend Euro stifteten Allianz, BMW, HypoVereinsbank, Münchner Rück, Siemens sowie Heidenhain. Ebenso bedeutend als Zeichen für die Breite der Trägerschaft der Akademie sind aber auch die Zuwendungen mittlerer und kleiner Unternehmen sowie von Privatpersonen. Insgesamt haben mehr als fünfzig Stifter für eine Kapitalausstattung von heute etwa 20 Millionen Euro gesorgt. Mit den Erträgen dieses Vermögens wird das jährliche Budget in Höhe von knapp einer Million Euro finanziert.

Die Bayerische EliteAkademie in der Prinzregentenstraße

Ziel der Ausbildung sind: Persönlichkeitsbildung und Menschenführung, interdisziplinäres und interkulturelles Denken und Handeln, ergebnisorientiertes Planen und Umsetzen im Team, unternehmerisches Denken,

---

schafts-, das Wirtschaftsministerium sowie drei bayerische Universitäten erhalten.
[24] Der alleinige Beitrag des Staats sollte die kostenfreie Bereitstellung von Räumlichkeiten für die Verwaltung sein.

Unternehmensführung im Zeitalter der Globalisierung, Kommunikationskompetenz.

Im Auswahlverfahren achten die Juroren nicht nur auf Noten und Hinweise auf Führungspotential, sondern auch darauf, ob die Bereitschaft zur Übernahme von sozialer Verantwortung gegenüber anderen erkennbar ist. Ferner wird in den Einführungsveranstaltungen in Zusammenhang mit dem Elite-Begriff über Verantwortung, Vorbild, Verpflichtung intensiv diskutiert. Im Rahmen der Persönlichkeitsbildung wird Kritikfähigkeit eingeübt. In Praxistagen helfen die Studenten in einer sozialen Einrichtung mit.

Das akademische Programm findet im Rahmen von vier Präsenzphasen (insgesamt vierzehn Wochen) in der vorlesungsfreien Zeit statt. Die Ausbildung erstreckt sich somit auf eine Dauer von zwei Jahren. Die Studenten arbeiten und wohnen während der Präsenzphasen zusammen in der IHK-Akademie Feldkirchen-Westerham.

Die Bayerische EliteAkademie hat auch ein Mentorenprogramm eingeführt, im Rahmen dessen jedem Studenten ein Mentor, eine erfahrene Führungskraft einer der Förderfirmen, zur Seite steht. Bei den sogenannten Kaminabenden begegnen die Studenten Persönlichkeiten aus Wirtschaft, Wissenschaft und Gesellschaft.

Wesentlicher Bestandteil der Ausbildung ist eine Projektarbeit in einem interdisziplinären Team. Der Fokus liegt auf Brennpunkten der gesellschaftlichen Entwicklung in Bereichen der Wirtschaft, Bildung, Gesundheit und Politik.

Teile des Curriculums finden im Ausland, in Brüssel (eine Woche) und China (zwei Wochen), statt. Dabei sollen die Studenten insbesondere ihre interkulturelle Kompetenz vertiefen.

Derzeit bewerben sich jährlich circa dreihundertfünfzig Studenten im Bachelor-, Master-, oder Promotionsstudium um eine Förderung durch die Akademie. Knapp hundert von ihnen werden zum Assessment-Center eingeladen, fünfunddreißig am Ende aufgenommen.

Der Stiftungsrat hat 2008 beschlossen, die Aktivitäten der Akademie in Zukunft auszudehnen: Auf Grund der Zunahme der Bewerbungen soll die Studentenzahl erhöht werden, das Curriculum verstärkt im Ausland stattfinden und die Öffentlichkeitsarbeit der Akademie medienwirksam positioniert werden. Zur Finanzierung dieses Vorhabens wurde ein Fundraising-Konzept verabschiedet, in dem Unternehmen und Privatleute die Möglichkeit erhalten, die Arbeit der Akademie finanziell zu unterstützen, unter anderem, indem sie die Kosten eines Stipendiums übernehmen, das einem Studenten die Ausbildung ermöglicht.

Schlussbemerkungen

Mit dem Maximilianeum und der Bayerischen EliteAkademie sind in der Mitte des 19. Jahrhunderts und am Ende des 20. Jahrhunderts zwei Stiftungen für die Eliteförderung mit Sitz in Bayern gegründet worden. Beim vergleichenden Blick auf die beiden Einrichtungen zeigen sich erwartungsgemäß Unterschiede, die zum Teil schon aus dem unterschiedlichen zeitgeschichtlichen Umfeld des Gründungsgeschehens resultieren, andererseits aber auch bemerkenswerte Parallelen.

In beiden Fällen wurde kreativ auf die Herausforderungen der Zeit reagiert. Dies ist gerade im Fall Maximilians II. eine besondere Leistung: Ein Großteil der Regenten seiner Zeit war vorwiegend mit dem eigenen Machterhalt beschäftigt und hat die wissenschaftlichen Entwicklungen der Zeit und ihre Bedeutung für die Politikgestaltung zum großen Teil ignoriert.[25] Sein eigener Vater hat seine wesentlichen Leistungen in der Förderung der Kunst vollbracht. Auch von Maximilians Sohn, Ludwig II., gingen keine nennenswerten Impulse für die Wissenschaft aus.

Maximilian dagegen hat wie kein anderer bayerischer König entscheidende Weichen für die Zukunft gestellt. Er führte Bayern sowohl in wissenschaftlicher als auch in industrieller Hinsicht in die neue Zeit. Mit ihm beginnt die Entwicklung Bayerns zu dem wissenschaftlich und industriell hochentwickelten Staat, den wir heute kennen. Maximilian hat somit die Grundlagen für »Laptop und Lederhose« gelegt.

Das Land, das er zu Beginn seiner Regierungszeit übernahm, war in seiner politischen Verfassung und seiner staatlichen Organisation vergleichsweise modern. In wissenschaftlicher und technischer Hinsicht war es jedoch eher rückständig. Dies konnte nicht so bleiben, wenn Maximilian sein politisches Ziel – eine Vorrangstellung Bayerns – erreichen wollte, um als dritte Kraft neben Preußen und Österreich bestehen zu können. Nur ein starkes Bayern konnte die deutschen Mittelmächte davon überzeugen, eine bayerische Führung zu akzeptieren, um den österreichisch-preußischen Dualismus aufbrechen zu können. Dies setzte ein hohes politisches Gewicht und eine Vorbildfunktion Bayerns voraus, die bei der vergleichsweise geringen Bedeutung des bayerischen Militärs nur auf geistigem und wirtschaftlichem Gebiet erreicht werden konnte.

Die Epoche Maximilians II. war geprägt durch den Aufbruch Bayerns ins Industriezeitalter. Dieser Transformationsprozess brachte neue Pro-

---

[25] Vgl. A. Sing (wie Anm. 5), S. 47–51, hier S. 47.

duktionsmethoden und geänderte Lebensbedingungen für einen Großteil der Bevölkerung mit sich.[26] Eng verbunden mit diesen Umwälzungen waren Forderungen in der Bevölkerung nach sozialen Fortschritten, einer besseren Teilhabe an politischen Entscheidungen und einem stärkeren Einfluss auf die Staatsverwaltung. Leitbild eines Großteils der Gesellschaft war ein fortschrittsorientiertes konstitutionelles Königtum.[27]

Maximilians Idee, die Modernisierung Bayerns durch eine systematische Elitenförderung zu begleiten, war zu seiner Zeit ungewöhnlich. Maximilian war sich aber auch bewusst, wie wichtig für seine Interessen – gerade in einer unsicheren Zeit – eine hervorragende Ausbildung in den Spitzenpositionen der Bürokratie war.[28]

Bezeichnend für das 19. Jahrhundert ist, dass im Mittelpunkt dieser Fragestellung die Beamten stehen. Sie waren damals die Elite, die auf die Gesellschaft am stärksten eingewirkt hat, und für sie gab es keine spezielle Spitzenausbildung. Die fachliche Ausbildung der künftigen Beamten, so kann man den Gutachten entnehmen, war an den Universitäten gut aufgehoben, was aber fehlte, waren sprachliche Fähigkeiten und das, was heute als »Soft Skills« bezeichnet wird. Gerade Kandidaten aus einfacheren Verhältnissen, so wird ausgeführt, konnten aufgrund solcher Defizite ihre fachlichen Fähigkeiten oft nicht richtig zum Tragen bringen. Solche Kandidaten zu fördern bringt einem konstitutionellen Monarchen große Vorteile: Sie haben keine eigene Hausmacht und verdanken ihre Karriere ausschließlich dieser Förderung. Dies dürfte zu einer besonders hohen Loyalität bei ihnen führen.

Die Herausforderungen, auf die die Stifter mit der Gründung der Elite-Akademie reagiert haben, sind teilweise erstaunlich ähnlich:

Auch am Ende des 20. Jahrhunderts werden fehlende »Soft Skills« als wesentliches Defizit in der Ausbildung zukünftiger Führungskräfte erkannt. Aber nun geht es nicht mehr um Spitzenbeamte, sondern in erster Linie um Führungskräfte der Wirtschaft – eine Personengruppe, die zu Maximilians Zeit noch keine erkennbare Rolle gespielt hat.[29] Dies liegt

---

[26] Ebd., S. 846.
[27] Vgl. Max Spindler (Hg.): Handbuch der Bayerischen Geschichte, Bd. 4, Das neue Bayern 1800–1970, 1. Teilband, München 1974, S. 228.
[28] Unterstützt wird dies durch die Äußerungen von von der Pfordten, dessen Gutachten zum Maximilianeum der Monarch sehr schätzte: »[...] umso nötiger, je mehr sich unser Staatsleben in den neuen Formen der Mündlichkeit, Öffentlichkeit und parlamentarischen Beteiligung des Volkes bewegt.«
[29] Eine Karriere der Absolventen in der Wissenschaft oder der Politik wird bei der Bayerischen EliteAkademie zwar nicht ausgeschlossen, sie steht aber auch nicht

Eliteförderung im 19. Jahrhundert und heute 167

Studentinnen und Studenten des zehnten Jahrgangs der Bayerischen EliteAkademie und der Sun-Yat-sen-Universität in der bayerischen Partnerprovinz Guangdong

zum einen sicherlich an der Zusammensetzung des Stifterkreises – fast ausschließlich Unternehmen oder Verbände der Wirtschaft –, zum anderen kommt darin der enorme Bedeutungsgewinn der Wirtschaft, auch im Vergleich zum staatlichen Sektor, zum Ausdruck.

Wie in der Mitte des 19. kann auch zum Ende des 20. Jahrhunderts ein ökonomischer Umwälzungsprozess mit großer Tragweite beobachtet werden: Als Folge des schnellen technologischen Wandels und der Globalisierung durch die immer stärkere Öffnung der nationalen Märkte wird der internationale Wettbewerb immer intensiver. Um im Wettbewerb bestehen zu können, sind fachlich hervorragend ausgebildete, auf internationalem Parkett einsetzbare und verantwortungsvoll handelnde Führungskräfte erforderlich. Gleichzeitig war es bei der Gründung der Bayerischen EliteAkademie offensichtlich, dass die Universitäten hiesiger Prägung zwar fachorientiert ausbilden, alle darüber hinausgehenden Fä-

im Vordergrund.

higkeiten, die eine Führungskraft braucht, allerdings nicht oder nur unzureichend vermitteln können.

Der demokratisch gewählte bayerische Ministerpräsident Edmund Stoiber spielt in der Gründungsphase der Bayerischen EliteAkademie sicherlich nicht die gleiche gewichtige Rolle wie der Monarch Maximilian II. bei der Gründung des Maximilianeums – die Grundidee stammt aus der Wissenschaft, die Finanzierung erfolgte durch die Wirtschaft –, allerdings: Hätte Stoiber im April 1996 in der WTB-Sitzung den Vorschlag Mayingers als politisch nicht durchsetzbar abgetan, hätte er in der Folgezeit die Idee nicht gegenüber Ministerien, Hochschulen und Öffentlichkeit unterstützt, hätte er das zarte Pflänzchen Ende 1997 nicht in einer konzertierten Aktion in vielen Sitzungen in der Staatskanzlei zum Wachsen gebracht, dann wäre die Bayerische EliteAkademie nicht entstanden.

Stoiber verfolgte ebenso wie Maximilian das Ziel, »Bayern nach vorne zu bringen«: Der Freistaat sollte bei allen wirtschaftlichen Vergleichsgrößen an der Spitze der deutschen Bundesländer stehen.[30] Ein zentrales Instrument hierzu war die Wissenschafts- und Forschungspolitik. In seiner Zeit als Ministerpräsident hat Stoiber in den Haushalten einen deutlichen Schwerpunkt in den Bereichen Forschung und Entwicklung gelegt. Darüber hinaus hat er Privatisierungserlöse in Höhe von über vier Milliarden Euro in mehreren Tranchen (»Offensive Zukunft Bayern«; »High Tech Offensive«) vor allem in den Ausbau von Innovationen, Forschung und wissenschaftlichen Einrichtungen investiert.[31]

Erwartungsgemäß waren beide Einrichtungen in ihrer Gründungsphase deutlicher Kritik ausgesetzt. Die Förderung von Menschen mit überdurchschnittlichen Begabungen ist gesellschaftlich stets umstritten, da sie auf den ersten Blick dem Grundsatz einer Chancengerechtigkeit widerspricht.

Erstaunlich ist allerdings, dass auch schon in der Mitte des 19. Jahrhunderts, zur Zeit der Gründung des Maximilianeums, die elitenbildende Funktion der neuen Einrichtung kritisiert wurde. Hatte der König in dieser noch sehr ständisch geprägten Gesellschaft[32] doch die Möglichkeit, durch Standeserhöhungen, also die Verleihung von Adelstiteln, einen

---

[30] Vgl. z.B. die Regierungserklärung des bayerischen Ministerpräsidenten am 17.7.2007 vor dem Bayerischen Landtag: »Bayern 2020: Kinder, Bildung, Arbeit«, Manuskriptfassung, S. 1.
[31] Ebd., S.2.
[32] M. Spindler: Handbuch der Bayerischen Geschichte, Bd. 4, Das neue Bayern, 1800–1970, 2. Teilband, München 1975, S. 849ff.

Aufstieg innerhalb der bestehenden Ordnung herbeizuführen. Damit konnte er die Elitenbildung in der bayerischen Gesellschaft steuern. Dennoch lehnte zum Beispiel der Politiker Hermann von Beisler in seinem Gutachten das Konzept des Maximilianeums wegen der privilegierten Stellung der Stipendiaten gegenüber den übrigen Studenten ab. Dies würde zu »Hochmuthdünkel« und »Dünkel des Besserseyns« bei den einen, zu »Neid und Haß« bei den anderen führen; wenn Mängel im bestehenden Ausbildungssystem bestünden, wäre es besser, dieses zu reformieren anstatt ein einzelnes »vollkommenes« zu errichten; außerdem gäbe es in Bayern wichtigere Ausgaben als die für eine neue Ausbildungseinrichtung.[33]

Aber auch die Eignung des Maximilianeums, hervorragende Beamte für Bayern ausbilden zu können, wurde hinterfragt: So bezweifelte der Philologe und Philosoph Ernst von Lasaulx, den Maximilian zur Ausarbeitung des Studienplans für das Maximilianeum gewinnen wollte, dass durch den Unterricht in Hörsälen Spitzenbeamte ausgebildet werden könnten. Seiner Einschätzung nach könne dies nur in der Schule des öffentlichen Lebens in politischen Parteienkämpfen geschehen. Deswegen gebe es solche Staatsmänner eher in bedeutenden Metropolen wie London, Paris, Petersburg, Wien und vielleicht in Berlin als in den Königreichen Sachsen und Württemberg.

Auch die Bayerische EliteAkademie war in der Gründungsphase Kritik ausgesetzt, die vor allem aus drei Richtungen kam: In der gesellschaftspolitischen Diskussion war der Wunsch nach der Förderung der Besten seit dem Missbrauch des Elitebegriffes im Dritten Reich in Deutschland verpönt. Auf bildungspolitischer Ebene gab es Befürchtungen, eine Eliteförderung könne die Idee und das Ziel der Chancengleichheit gefährden. Hinzu kamen Bedenken einiger Interessenvertreter aus den Universitäten, die eine Konkurrenz in der Hochschullandschaft, auch um die staatlichen finanziellen Mittel, witterten.

Die Gründerväter der Bayerischen EliteAkademie gingen allerdings davon aus, dass herausragende und verantwortlich handelnde Führungskräfte notwendig sind, um im Wettbewerb bestehen zu können und die Probleme des Landes zu lösen. Es war für die Gründer am Ende des 20. Jahrhunderts an der Zeit, den Begriff »Elite« wieder ins Gespräch zu bringen und so wagten sie es, ihn sogar in den Namen der Stiftung zu integrieren. Es ging ihnen dabei nicht nur um den Bedarf der Wirtschaft an hervorragenden jungen Leistungsträgern. Es ging ihnen auch um das po-

---

[33] Vgl. H. Gollwitzer, Vorgeschichte und Anfänge des Maximilianeums, in: Ders. (wie Anm. 3), g.), S. 63ff.

litische Ziel einer demonstrativen Förderung von Verantwortungseliten, die sich der ganzen Gesellschaft verpflichtet fühlen.

Die bewusste und mutige Entscheidung, die »Besten der Besten« fördern zu wollen, stellt die Bayerische EliteAkademie in die gute Tradition des Maximilianeums.

Literaturhinweise

Durst, Franz/Frey, Dieter/Geldmacher, Hartmut/Notz, Matthias (Hrsg.): 10 Jahre Bayerische EliteAkademie. Von der Vision zur Institution 1998–2008, München 2008.

Gollwitzer, Heinz: 100 Jahre Maximilianeum 1852–1952, München 1953.

Hartmann, Peter Claus: Bayerns Weg in die Gegenwart. Vom Stammesherzogtum zum Freistaat heute, Regensburg 1989.

Stiftung Maximilianeum (Hg.): 150 Jahre Stiftung Maximilianeum 1862–2002, München 2002.

Nerdinger, Winfried (Hg.): Zwischen Glaspalast und Maximilianeum. Architektur in Bayern zur Zeit Maximilians II. 1848–1864, Ausstellungskatalog zur Ausstellung der Technischen Universität München und des Münchner Stadtmuseums vom 7. März bis 1. Juni 1997, München 1997.

Sing, Achim: Die Wissenschaftspolitik Maximilians II. von Bayern (1848–1864). Nordlichterstreit und gelehrtes Leben in München (Ludovico Maximilianea Forschungen 17), Berlin 1996.

Ders.: Die Memoiren König Maximilians II. von Bayern 1848–1864, München 1997.

Spindler, Max (Hg.): Handbuch der Bayerischen Geschichte, Bd. 4: Das neue Bayern 1800–1970, 1. und 2. Teilband, München 1974 und 1975.

Die Autorinnen und Autoren

FRIEDEGUND FREITAG, 1974 in Coburg geboren, studierte Geschichte und Theaterwissenschaft an der Friedrich-Alexander-Universität in Erlangen. 2006 promovierte sie an der Münchner Ludwig-Maximilians-Universität mit einer Arbeit über »Max Prokop von Törring-Jettenbach als Fürstbischof von Regensburg (1787–1789) und Freising (1788–1789)«. Seit 2000 ist sie wissenschaftliche Mitarbeiterin im Projekt »Edition des Briefwechsels zwischen König Ludwig I. von Bayern und Leo von Klenze« (Leitung: Prof. Dr. Hubert Glaser), seit 2008 ist sie freie Mitarbeiterin bei der Kommission für bayerische Landesgeschichte an der Bayerischen Akademie der Wissenschaften.

HILTRUD HÄNTZSCHEL, geboren in Aschersleben. Nach der Ausbildung zur Diplombibliothekarin Studium der Germanistik und Philosophie in Göttingen, Heidelberg und Zürich. 1967 Promotion in Heidelberg mit einer Arbeit über den Aphorismus Nietzsches. Freiberufliche Literaturwissenschaftlerin und Autorin in München. Viele Jahre Literaturkritikerin bei der »Süddeutschen Zeitung« und anderen Tageszeitungen, Autorin beim Bayerischen Rundfunk. Mitkuratorin mehrerer Ausstellungen in München (zuletzt 2006 mit Günter Häntzschel: »Ich wurde eine Romanfigur.« Wolfgang Koeppen 1906–1996) Mehrere Jahre Lehrbeauftragte am Institut für Deutsch als Fremdsprache der LMU. 1985 Lehrauftrag an der University of Minnesota in Minneapolis, 2003 Gastprofessur an der University of Illinois at Chicago, Mitglied im P.E.N.-Zentrum Deutschland. Mehrere Biografien und zahlreiche Aufsätze zur Literatur der Weimarer Republik, zu Exilforschung, Holocaust und Judentum, Friedensforschung und Wissenschaftsgeschichte. Der Schwerpunkt liegt überwiegend auf dem jeweils weiblichen Part.

HANS-MICHAEL KÖRNER, 1947 in Eschlkam geboren, 1976 Promotion, 1988 Habilitation, 1991–1995 Professor für Neuere Geschichte mit besonderer Berücksichtigung der Landesgeschichte und der Didaktik der Geschichte an der Julius-Maximilians-Universität Würzburg, seit 1995 Inhaber des Lehrstuhls für die Didaktik der Geschichte an der Ludwig-Maximilians-Universität München. Vorstand des Archivs der Ludwig-Maximilians-Universität München, geschäftsführender Herausgeber des »Historischen Jahrbuchs« der Görres-Gesellschaft, Mitglied der Kommission für bayerische Landesgeschichte bei der Bayerischen Akademie der Wissenschaften, Mitglied der Kommission für Zeitgeschichte, Mitglied der Sudetendeutschen Akademie der Wissenschaften, diverse Publikationen zur bayerischen Geschichte, vornehmlich im 19. Jahrhundert.

SYLVIA KRAUSS, 1951 in München geboren, Studium der Geschichte und Romanistik an der Westfälischen Wilhelms-Universität Münster. 1976 1. Staatsexamen für das Höhere Lehramt. 1976–1978 Wissenschaftliche Angestellte im Staatsarchiv München. 1978–1981 Ausbildung für den Höheren Archivdienst. 1981 2. Staatsexamen und Eintritt in den staatlichen Archivdienst beim Bayerischen Hauptstaatsarchiv in München. 1985 Promotion an der Ludwig-Maximilians-Universität München bei Prof. Dr. Eberhard Weis mit einer Arbeit über »Die politischen Beziehungen zwischen Bayern und Frankreich, 1814/15–1840«. Während der Familienpause 1884 bis 1998 schrieb sie zwei Biografien: »Das ›Enfant Terrible‹ des Königshauses, Maria Leopoldine, Bayerns letzte Kurfürstin« (Pustet, Regensburg 2. Aufl. 2002) und »Die berühmteste Frau zweier Jahrhunderte. Maria Aurora Gräfin von Königsmarck« (Pustet, Regensburg, 2. Aufl. 2002). 2008 Leiterin der Abt. V des Bayerischen Hauptstaatsarchivs und Archivdirektorin. Seit Ende 2007 auch Leiterin des Archivs der Bayerischen Akademie der Wissenschaften.

HEINRICH NÖTH, 1928 in München geboren, studierte Chemie an der Ludwig-Maximilians-Universität und promovierte dort 1954. Von 1954 bis 1956 war er wissenschaftlicher Assistent und wurde danach *research officer* bei der Industrial Chemical Industry in England Von 1957 bis 1966 forschte er an der Münchner Universität vor allem über die Chemie der Aminoborane sowie der Aminopolyborane. 1966 übernahm er an der Universität Marburg den Lehrstuhl für Anorganische Chemie. Ende 1969 kehrte er an die Universität München zurück und wirkte dort als Lehrstuhlinhaber bis zu seiner Emeritierung 1996. Seine Forschungen konzentrieren sich auf die Chemie der Hauptgruppenelemente: Wasserstoff, Bor, Phosphor und Aluminium. Methodisch stehen die Kernresonanzspektroskopie und die Röntgenstrukturanalyse im Vordergrund Seine Forschungsergebnisse sind in siebenhundertachtzig Publikationen und sechzehn Patenten niedergelegt. Heinrich Nöth war vier Jahre Präsident der Gesellschaft Deutscher Chemiker, acht Jahre Präsident der Bayerischen Akademie der Wissenschaften und ist Mitglied mehrerer wissenschaftlicher Akademien. Seine Forschungsergebnisse wurden durch zahlreiche Auszeichnungen gewürdigt, unter anderem durch den Maximiliansorden für Wissenschaft und Kunst.

MANFRED PIX, 1934 geboren in Donauwörth. 1951 bis 1999 Tätigkeit im Sparkassensektor: Sparkassenlehrling in Erlangen, Kaufmannsgehilfenprüfung, Sparkassenangestellter, Diplom-Verwaltungswirt (FH), Verbandsprüfer in München, 1972–1984 Sparkassenvorstand in Neustadt a. d. Aisch, 1984–1999 Verbandsdirektor und 1993–1999 Vizepräsident des Sparkassenverbandes Bayern in München, seit 1. Dezember 1999 im Ruhestand. Ehrenamtliche Tätigkeit 1972–2005 in einer Vielzahl von Gremien in- und außerhalb der Sparkassenorganisation. Lehraufträge von 1987–1996 an der Friedrich-Alexander-Universität Erlangen-Nürnberg in Nürnberg, der Ludwig-Maximilians-Universität in München und der Paris-Lodron-Universität in Salzburg. Seit über 40 Jahren Beschäftigung mit der Geschichte, bis 2000 Bank-, Unternehmens-, Sparkassen- sowie Wirtschafts- und Sozialgeschichte, seit 2001 Kunst- und Kulturgeschichte. Mitinitiator und Mitgründer eines Arbeitskreises für Sparkassengeschichte auf bayerischer, deutscher und europäischer Ebene. Ausgezeichnet im Februar/April 1999 mit der Ehrendoktorwürde der Philosophischen Fakultät für Geschichts- und Kunstwissenschaften der Ludwig-Maximilians-Universität München, im Mai/Juli 1987 mit dem Verdienstkreuz am Bande und im März/Juli 2000 mit dem Verdienstkreuz 1. Klasse des Verdienstordens der Bundesrepublik Deutschland.

WOLFRAM SIEMANN, geboren 1946 in Witten/Ruhr, Lehramtsstudium Geschichte, Germanistik und Politikwissenschaft in Münster, Wien und Tübingen, Promotion und Habilitation in Tübingen, Fiebiger-Professur 1989–93 in München, Lehrstuhl für Neuere und Neueste Geschichte 1993–96 in Trier, ab 1996 an der Ludwig-Maximilians-Universität in München, Schwerpunkte: europäische Revolutionen 1848, Sozial-, Medien-, Zensur und Umweltgeschichte im »langen 19. Jahrhundert«, Bücher: »Vom Staatenbund zum Nationalstaat. Deutschland 1806–1871« (C.H. Beck München 1994), »Umweltgeschichte – Themen und Perspektiven« (C.H. Beck München 2003), »Metternich. Staatsmann zwischen Restauration und Moderne« (C.H. Beck München 2010).

HEINRICH SOFFEL, 1936 in Pirmasens geboren, Studium der Physik an der Universität München. Promotion 1964, Habilitation 1968. Lehrtätigkeiten an der Washington University in St. Louis (USA), der Universität Erlangen, der ETH Zürich und an den Technischen Universitäten Berlin und München. Von 1985 bis 2002 Inhaber des Lehrstuhls für Angewandte Geophysik der Ludwig-Maximilians-Universität München und Direktor des Geophysikalischen Observatoriums der Universität in Fürstenfeldbruck. Mitglied der Bayerischen Kommission für die Internationale Erdmessung der Bayerischen Akademie der Wissenschaften, Mitglied der Deutschen Akademie der Naturforscher Leopoldina, Associate Member der Royal Astronomical Society London, Ehrenmitglied der Deutschen Geophysikalischen Gesellschaft. Forschungsgebiete: Angewandte Geophysik, Magnetfeld und Schwerefeld der Erde, Paläomagnetismus, Gesteinsphysik.

KATHARINA WEIGAND, 1960 in Würzburg geboren, 1979–1988 Studium an der Julius-Maximilians-Universität Würzburg (Germanistik und Geschichte), 1988 Magister Artium, 1995 Promotion, seit 1995 an der Ludwig-Maximilians-Universität München, seit 2008 Akademische Oberrätin am Historischen Seminar der Ludwig-Maximilians-Universität München. Arbeitsschwerpunkte: Geschichte Bayerns im 19. Jahrhundert, Monarchie, Denkmäler und Historiografiegeschichte.

THOMAS WELLENHOFER, 1964 in Straubing geboren, 1987–1991 Studium der Volkswirtschaftslehre und der Betriebswirtschaftslehre an der Universität Passau, 1995 Promotion an der Universität Erlangen-Nürnberg, 1995–1996 Lehrauftrag an der Fachhochschule Jena, 1996–1999 Referent für Forschung, Innovation und Technologie am Bayerischen Wirtschaftsministerium, 1999–2003 Leiter des Referats Medienwirtschaft an der Bayerischen Staatskanzlei, 2003–2004 Geschäftsführer der Ansiedlungsgesellschaft gotoBavaria des Freistaats Bayern, 2004–2006 Leiter des Telekollegs beim Bayerischen Rundfunk, 2006–2008 Leiter der Task Force an der Bayerischen Staatskanzlei, seit 2008 geschäftsführender Vorstand der Stiftung Bayerische EliteAkademie, seit 2009 Vorstand der Sigrid und Siegfried Siegmund-Stiftung.

Danksagung

München erhielt im Laufe der Jahrhunderte verschiedene Beinamen: »Isar-Athen« unter König Ludwig I., »Hauptstadt der Bewegung« in der NS-Zeit, »Millionendorf« in der Nachkriegszeit. Ein Beiname für die bayerische Landeshauptstadt sollte aus heutiger Sicht dazukommen: »Wissenschaftsstadt« München. Denn München als Standort von zwei Elite-Universitäten, international renommierten Wissenschaftsorganisationen und Akademien ist schon seit Jahrzehnten eine Hochburg wissenschaftlicher Exzellenz in Deutschland. Eine entscheidende Voraussetzung für diese Entwicklung Münchens lag in der weitsichtigen Berufungspolitik und Wissenschaftsförderung durch König Maximilian II. von Bayern. Kein bayerischer Herrscher hat der Wissenschaft so viel Verständnis entgegengebracht wie dieser heute wenig bekannte König. Nach den beiden Bänden zur Wissenschaftsgeschichte Münchens »München leuchtet für die Wissenschaft. Berühmte Forscher und Gelehrte« möchten die Herausgeber mit diesem Buch den Wissenschaftsfreund Maximilian in der Öffentlichkeit bekannter machen. Wir danken den Autorinnen und Autoren, dass sie spontan trotz vieler anderweitiger Verpflichtungen zur Mitarbeit an unserem Buch bereit waren. Die fachkundigen und prägnanten Beiträge zeigen, dass die Ideen Maximilians II. von Bayern bis in unsere Zeit wirken. Unser herzlicher Dank gilt daher besonders Dr. Friedegund Freitag, Dr. Hiltrud Häntzschel, Dr. Sylvia Krauss, Dr. Katharina Weigand, Prof. Dr. Hans-Michael Körner, Dr.h.c. Manfred Pix, Prof. Dr. Wolfram Siemann, Prof. Dr. Heinrich Soffel und Dr. Thomas Wellenhofer.

Grünwald, im November 2009
Ulrike Leutheusser
Heinrich Nöth

Bildnachweis

Aus: Körner, Michael: Der bayerische Maximilians-Orden für Wissenschaft und Kunst und seine Mitglieder, München 2001: 16
Aus: Moisy, Sigrid von: Paul Heyse. Münchner Dichterfürst im bürgerlichen Zeitalter, Ausstellung in der Bayerischen Staatsbibliothek 23. Januar bis 1. April 1981, München 1981: 137
Aus: Münchener Punsch, Nr. 4, 27.1.1856: 151
Aus: Nerdinger, Winfried (Hg.): Zwischen Glaspalast und Maximilianeum. Architektur in Bayern zur Zeit Maximilians II. 1848–1864, Ausstellungskatalog zur Ausstellung der Technischen Universität München und des Münchner Stadtmuseums vom 7. März bis 1. Juni 1997, München 1997: 78
Aus: Pommersche Lebensbilder, Bd. 2: Pommern des 19. und 20. Jahrhunderts, hg. von der Landesgeschichtlichen Forschungsstelle (Historische Kommission) in Pommern, Stettin 1936: 45
Bayerische Akademie der Wissenschaften: 40
Bayerische EliteAkademie: 163, 167
Deutsches Historisches Museum: 65
Deutsches Museum: 42, 77, 95, 102
Bayerische Landtag – Landtagsamt: 18, 156
Privatbesitz: 57, 61, 99
Stadtarchiv München: 118, 119,
wikipedia.org (2. Oktober 2009): Titelbild, 20, 33, 38, 52, 69, 98, 106, 112, 130, 134, 143, 150
zeno.org (2. Oktober 2009): 9 (Fotografie von Joseph Albert), 123 (Fotografie von N. Ratschkow)